COMPTES RENDUS

DES TRAVAUX

DU CONGRÈS AGRICOLE LIBRE DE NANCY

(23, 24, 25 ET 26 JUIN 1869)

Nancy, imprimerie de Sordoillet et fils, rue du Faubourg Stanislas, 3.

COMPTES RENDUS DES TRAVAUX

CONGRÈS AGRICOLE LIBRE

TENU A NANCY

LES 23, 24, 25 ET 26 JUIN 1869

SOUS LA PRÉSIDENCE DE S. EXC. M. DROUYN DE LHUYS

Président de la Société des agriculteurs de France,
Membre honoraire de la Société royale d'Agriculture d'Angleterre,
Sénateur, membre du Conseil privé, membre de l'Institut,

PUBLIÉS AU NOM DU BUREAU

PAR

M. L. GRANDEAU

Secrétaire général du Congrès, Secrétaire de la Société des agriculteurs de France,
Membre de la Société royale d'Agriculture d'Angleterre
Directeur de la Station agronomique de l'Est, etc.

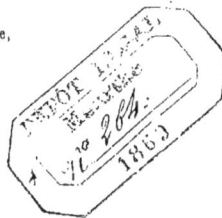

(AVEC 6 PLANCHES)

LIBRAIRIE AGRICOLE DE LA MAISON RUSTIQUE

26, RUE JACOB, 26

—

1869

Les Membres du Congrès agricole libre de Nancy ont décidé que les procès-verbaux des Séances si utilement remplies des 23, 24, 25 et 26 juin 1869, ainsi que le texte des discours prononcés dans le cours de la Session, seraient réunis en un volume et publiés par les soins du Bureau.

La publication des travaux inscrits à l'ordre du jour et que leurs auteurs n'ont pu exposer verbalement, faute de temps, a été également votée par l'assemblée.

Le Bureau du Congrès s'est efforcé de reproduire aussi fidèlement que possible, dans les pages suivantes, les intéressantes discussions de la Session de Nancy; il a fait appel à toutes les personnes qui y ont pris part afin d'obtenir d'elles le texte de leurs discours, et ce n'est qu'à défaut de ces documents personnels qu'il a analysé, d'après les procès-verbaux, les diverses communications faites en séance. Il a pensé, en outre, que la publication, sous forme d'introduction, des documents relatifs à l'organisation du Congrès, devait trouver place dans ce Recueil, ainsi que la liste complète des adhérents.

Le Secrétaire général du Congrès,

L. GRANDEAU.

Nancy, le 15 Juillet 1869.

INTRODUCTION

Dans sa séance du 27 janvier 1869, le Conseil de la Société des agriculteurs de France, préoccupé de la pensée de faire entrer le plus tôt possible cette grande association dans la voie de décentralisation agricole, qui est, à la fois, l'un des buts qu'elle se propose et l'un des éléments de sa force, a décidé l'organisation de congrès agricoles dans chaque chef-lieu de concours régional. Voici le texte des dispositions arrêtées à cette date par le Conseil d'administration :

1. — La Société des agriculteurs de France organisera, en 1869, un Congrès régional dans chaque chef-lieu de concours régional, hormis toutefois dans les villes qui ne seraient pas en mesure d'assurer le succès du Congrès.

2. — Un Comité d'organisation sera institué pour chaque Congrès par le Président de la Société des agriculteurs de France.

Ce Comité sera composé de cinq membres appartenant à la région. Il nommera son Président. Il sera chargé de prendre toutes les mesures d'organisation préalable. Il prononcera l'admission des nouveaux membres qui se présenteraient dans la région pour être inscrits sur les listes de la Société.

3. — Il s'adjoindra une commission de personnes appartenant également à la région, et arrêtera, de concert avec elles, le programme de la session du Congrès.

4. — La session de chaque Congrès régional sera ouverte par le Comité. Le Comité présidera aussi à l'élection et à l'installation du bureau du Congrès.

5. — Tout membre de la Société peut prendre part à tout Congrès ; il est

électeur et éligible pour les fonctions de membre du bureau du Congrès auquel il assiste.

6. — Le bureau de chaque Congrès se composera de :

1 Président,

2 Vice-Présidents,

2 Secrétaires.

7. — Après l'élection du bureau, les personnes étrangères à la Société seront admises au Congrès, moyennant une cotisation de 5 francs, applicable aux frais de la réunion.

8. — La session de chaque Congrès durera trois jours et coïncidera avec la tenue des concours régionaux.

9. — Les procès-verbaux seront transmis au secrétariat général de la Société, à Paris, par les Présidents des Congrès ; ils seront l'objet d'un rapport d'ensemble, fait à l'ouverture de la session générale de la Société.

La reconnaissance, par l'Etat, de la Société des agriculteurs de France était indispensable pour qu'elle pût faire acte de Société et instituer les congrès régionaux décidés en principe par les statuts votés dans l'assemblée générale du 16 décembre 1868. A la date du 15 février 1869, les statuts n'ayant pas encore reçu l'approbation nécessaire, Son Exc. M. le président Drouyn de Lhuys adressait à chacun des membres de la Société l'extrait du procès-verbal de la séance du Conseil que l'on vient de lire, accompagné de la lettre suivante :

MONSIEUR,

L'article 4 de nos Statuts votés le 16 décembre 1868 dans notre session générale, porte que la Société pourra tenir dans les départements des concours et des congrès régionaux. Le conseil a jugé que nous devions exécuter, dès cette année, une partie de ce programme, et, le 27 janvier dernier, il a adopté un règlement dont vous trouverez ci-joint le texte, pour organiser, en 1869, des Congrès régionaux aux chefs-lieux mêmes des concours officiels.

Mais pour qu'elle puisse instituer ces Congrès, il faut que la Société soit reconnue. Le conseil a donc invité son Président à faire les démarches les plus actives pour hâter l'approbation des Statuts. Dès la fin de notre session générale, ces démarches avaient été faites ; elles ont été renouvelées depuis, et j'espère qu'elles vont aboutir au résultat que nous désirons.

Toutefois, malgré les dispositions bienveillantes que l'administration nous témoigne, cette approbation pourrait nous parvenir trop tard pour qu'il fût possible de préparer avec une suffisante maturité nos premiers Congrès régionaux. Le conseil se verrait alors, à regret, dans la nécessité d'en ajourner l'ouverture à un moment plus favorable; mais les intérêts agricoles ne devraient pas souffrir de ces délais. Si nous ne pouvions pas nous réunir, en cette occasion, comme membres de la grande Société que nous avons eu l'honneur de fonder ensemble, les agriculteurs pourraient le faire du moins en vertu du droit commun et comme simples citoyens français. Vous savez, en effet, Monsieur, que la loi votée en 1868 permet d'organiser des réunions publiques après une simple déclaration et sous la responsabilité de sept personnes. Ainsi, dans le cas où la Société ne serait pas mise en mesure de fonder cette année, par son intervention directe, des Congrès régionaux, cette loi de 1868 offrirait aux cultivateurs le moyen de discuter les questions qui les touchent, et de faire connaître leurs vœux. Par là, en attendant une organisation plus complète, chacune de ces réunions apporterait à notre Société un contingent de faits qui rendraient nos sessions générales de plus en plus fécondes, parce qu'elles s'inspireraient des besoins des agriculteurs consultés dans leur propre pays. Par là aussi se trouverait réalisé dans le monde agricole le désir tant de fois exprimé par l'Empereur de voir l'initiative individuelle appliquer ses efforts au développement d'œuvres éminemment utiles.

Recevez, Monsieur, l'assurance de ma considération la plus distinguée et de mes sentiments dévoués.

Le Secrétaire général,   *Le Président de la Société,*

E. LECOUTEUX.   DROUYN DE LHUYS.

Cet appel à l'initiative privée, adressé par le Président aux membres de la Société des agriculteurs de France, a été entendu. Sur divers points se sont organisés des congrès libres : Arras, Lyon, Aix et Beauvais ont eu cette année leurs assises agricoles.

La Lorraine, pays essentiellement agricole et qui « compte tant d'esprits fiers et intelligents, ne voulant relever que d'eux-mêmes » (1), suivant l'heureuse expression de l'un de ses représentants les plus autorisés, ne pouvait manquer de s'associer à ce mouvement. Un comité provisoire (2) fut bientôt constitué et, le 31 mai dernier, j'annonçais aux organisateurs du Congrès le résultat des démarches

---

(1) Voir le toast de M. Chevandier de Valdrôme.

(2)   *Liste des membres du Comité d'organisation :*

DE SCITIVAUX DE GREISCHE, membre fondateur de la Société des agriculteurs de France, Président de la Société centrale d'agriculture de la Meurthe, *Président.*

dont j'avais été chargé auprès de S. Exc. M. Drouyn de Lhuys et de
M. E. Lecouteux. Le président et le secrétaire général de la Société
des agriculteurs de France avaient accepté, avec un empressement
très-flatteur pour nous, de venir prendre part à nos travaux. Le
succès du futur Congrès était dès lors assuré.

Dans sa séance du 31 mai, le Comité d'organisation prit, à l'unanimité, les résolutions suivantes :

Bᵒⁿ GUERRIER DE DUMAST, correspondant de l'Institut, Président de la Société
régionale d'acclimatation, *Vice-Président*.

L. GRANDEAU, Secrétaire de la Société des agriculteurs de France, Directeur
de la station agronomique de l'Est, *Secrétaire*.

FRAISSE, Secrétaire de la Société centrale d'agriculture de la Meurthe, *Secrétaire adjoint*.

BRUNEAU, Secrétaire de la Société régionale d'acclimatation, *Secrétaire adjoint*.

GOURIER, membre de la Société centrale d'agriculture, *Trésorier*.

DE METZ-NOBLAT, membre de la Société des agriculteurs de France.

DE GUAITA, membre du Conseil général de la Meurthe, membre fondateur de
la Société des agriculteurs de France.

L. DE MONT, membre de la Société centrale d'agriculture.

THIRY, agriculteur, membre de la Société centrale d'agriculture.

GENAY, agriculteur, Secrétaire du Comice agricole de Lunéville.

DE MEIXMORON-DOMBASLE, fabricant d'instruments aratoires, membre fondateur
de la Société des agriculteurs de France.

N. BRICE, directeur de la ferme-école de la Malgrange, membre fondateur de
la Société des agriculteurs de France.

F. QUINTARD, Trésorier de la Société centrale d'agriculture.

NANQUETTE, Directeur de l'Ecole impériale forestière, membre fondateur de
la Société des agriculteurs de France.

BINGER, Vice-Président de la Société centrale d'agriculture.

Dr HENRION, Président de la Commission d'horticulture.

DELCOMINETE, membre de la Société centrale d'agriculture.

Bᵒⁿ DE LA COSTE, membre fondateur de la Société des agriculteurs de France,
ex-Secrétaire de la Commission supérieure de l'Enquête agricole.

LAFONTAINE, vétérinaire, membre de la Société centrale d'agriculture.

LOUIS (Ch.), cultivateur,   id.   id.

LOUIS (A.), cultivateur,   id.   id.

GUTTON, Directeur des Tabacs.

ROLLIN (fils), cultivateur, membre de la Société centrale d'agriculture.

BURTIN, cultivateur,   id.   id.

FLICHE, professeur à l'Ecole forestière.

1° Un Congrès agricole libre se constituera à Nancy sous l'empire de la loi du 6 juin 1868, sur les réunions non politiques, qui vient fort à propos, comme l'a indiqué la circulaire de M. Drouyn de Lhuys, pour donner à l'agriculture le moyen de faire acte d'initiative locale et de décentralisation agricole.

2° Le Congrès s'ouvrira le mercredi 23 juin et durera jusqu'au samedi 26 inclusivement.

La séance d'inauguration aura lieu le mercredi 23 juin à 8 heures du soir. — Les séances des 24, 25 et 26 juin auront lieu de 8 heures à midi.

3° Pour subvenir aux dépenses résultant de l'aménagement du local et aux frais de publicité, circulaires, cartes... il sera perçu un droit d'entrée fixé à 1 franc par séance. Toutefois les personnes qui auront adhéré au Congrès d'ici au 20 juin seront admises sur la présentation de leur carte à toutes les séances, moyennant le prix de 2 francs, une fois payés, pour la durée du Congrès.

Le 1er juin, une circulaire dont voici le texte était adressée, par les soins du bureau, aux agriculteurs de l'Est de la France. Grâce à l'obligeant concours que nous ont prêté les présidents et les secrétaires des Comices et Sociétés d'agriculture de la région, cette circulaire a pu recevoir efficacement la plus grande publicité.

LETTRE

ADRESSÉE AUX AGRICULTEURS DE L'EST DE LA FRANCE

par le Comité d'organisation provisoire.

Nancy, le 1er Juin 1869.

MONSIEUR,

Un grand nombre d'agriculteurs de la région de l'Est et de membres de la Société des agriculteurs de France se proposent de se réunir ici, en Congrès, au moment du prochain Concours régional. Un comité d'organisation s'est formé pour préparer ce Congrès, recueillir les adhésions des personnes qui désireront y prendre part et arrêter provisoirement le programme des questions qui y seront traitées.

Le succès si remarqué du Congrès libre de Lyon nous donne tout lieu d'espérer que la réunion de Nancy sera nombreuse et brillante.

Les agriculteurs de l'Est de la France tiendront à honneur, nous en sommes certains à l'avance, d'affirmer de nouveau, en cette circonstance, combien sont vivantes chez eux les idées d'initiative individuelle et de décentralisation. S'associant ainsi d'une manière étroite à la pensée féconde qui a inspiré les fondateurs de la Société des agriculteurs de France, propriétaires, cultivateurs et savants viendront ici au mois de juin agiter quelques-unes des graves questions dont la solution ne peut sortir que d'une discussion libre et calme à la fois.

Son Exc. M. Drouyn de Lhuys, président de la Société des agriculteurs de France, a bien voulu accepter de venir présider les séances du Congrès de Nancy. L'ardent et infatigable promoteur de cette association, M. Lecouteux, secrétaire général, a mis le même empressement à répondre à notre invitation.

Nous remercions sincèrement de cette marque de sympathie les deux hommes aux noms desquels est liée d'une manière indissoluble la fondation de la grande association des agriculteurs de France.

Nancy est le siége de la première Station agronomique française : aussi votre comité a-t-il pensé qu'il devait convier au futur Congrès les membres des associations allemandes auxquelles revient l'honneur de cette utile création au delà du Rhin. Nous avons l'espoir que notre appel sera entendu de ce côté aussi et que nous compterons dans nos rangs quelques-uns des hommes éminents qui ont porté si loin, depuis une vingtaine d'années, les progrès de la science agronomique.

Nous venons aujourd'hui en toute confiance faire appel à votre zèle et à votre dévouement aux intérêts agricoles du pays et solliciter votre adhésion au Congrès.

Nous pensons ne pouvoir mieux vous faire connaître l'esprit de la réunion du mois de juin qu'en mettant sous vos yeux le procès-verbal de la séance du comité, dans laquelle ont été arrêtées les principales dispositions relatives à la tenue et aux délibérations du Congrès.

Le programme ci-joint n'est que provisoire ; aussi le comité vient-il vous prier instamment de vouloir bien lui faire connaître par écrit, avant le 20 de ce mois, les questions sur lesquelles vous désireriez appeler l'attention de l'assemblée. Les sujets que vous vous proposerez de traiter seront indiqués dès la première séance du Congrès, et l'assemblée fixera ainsi, en parfaite connaissance de cause, son ordre du jour définitif.

Nous espérons, Monsieur, que vous voudrez bien user de toute votre influence auprès des agriculteurs de votre région pour les engager à s'unir à nous et à contribuer par leur présence au succès du Congrès qui va s'ouvrir.

Dès que vous aurez fait parvenir au secrétaire du comité votre adhésion personnelle, vous recevrez une carte de membre du Congrès, donnant droit à certains avantages qui seront ultérieurement indiqués.

Veuillez agréer, Monsieur, l'expression de nos sentiments distingués.

Le Président du Comité d'organisation provisoire,

Scitivaux de Greische.

Le Secrétaire,

L. Grandeau.

Programme provisoire des Travaux du Congrès agricole de Nancy.

MERCREDI 23 JUIN.

Séance d'inauguration à 8 heures du soir. — Nomination et installation du bureau.

JEUDI 24 JUIN.

Séance de 8 heures à midi. — Culture intensive. — L'industrie sucrière. — Engrais chimiques.

2 heures. — *Excursion au château de Remicourt.*

VENDREDI 25 JUIN.

Séance de 8 heures à midi. — De l'emploi du sel en agriculture. — Dénaturation des sels. — Utilisation des eaux d'égout.

2 heures. — *Excursion à Varangéville. Visite de la mine et de la saline.*

SAMEDI 26 JUIN.

Enseignement agricole. — Vote relatif à la création d'une ferme régionale dans l'Est. — Stations agronomiques. — Rapport sur les travaux de la station de l'Est pendant l'année 1868-1869.

Visite à la station agronomique, au champ d'expériences et à la ferme-école de la Malgrange.

7 heures. — *Banquet offert au Président du Congrès.*

Plus de 500 adhésions parvinrent au Comité en moins de huit jours.

La proximité de l'Allemagne, l'existence à Nancy de la première station agronomique française et le caractère scientifique du futur Congrès étaient autant de motifs pour nous de convier à venir prendre part à nos travaux les savants agronomes d'outre-Rhin. M. Drouyn de Lhuys et M. Lecouteux voulurent bien se joindre à nous et inviter par la lettre dont voici le texte les associations allemandes à se faire représenter au Congrès de Nancy :

SOCIÉTÉ
des
AGRICULTEURS DE FRANCE.

Paris, le 4 Juin 1869.

PRÉSIDENCE

PARIS
43, rue du Bac.

MONSIEUR LE PRÉSIDENT,

Un congrès agricole s'ouvrira à Nancy (Meurthe) le 23 juin prochain ; sa durée sera de trois jours, et j'ai l'honneur de joindre à cette lettre le programme des questions qu'on se propose d'y traiter.

Les membres de la Société des agriculteurs de France qui organisent ce congrès seraient très-heureux si l'association que vous présidez voulait bien s'y faire représenter par des délégués.

Nancy est le siége de la première station agronomique française, dont l'Allemagne lui a fourni le modèle : c'est un motif de plus, pour les membres du futur Congrès de Nancy, de préparer un accueil sympathique aux maîtres de la science agronomique en Allemagne.

Je vous serais donc reconnaissant, Monsieur le Président, de vouloir bien transmettre à vos collègues l'invitation que j'ai l'honneur de leur adresser au nom de la Société des agriculteurs de France. Nous espérons qu'il nous sera permis de compter à Nancy sur le cordial concours des Sociétés agricoles allemandes, comme nous avons obtenu récemment, à notre congrès de Lyon, celui des Sociétés agricoles de la Suisse et de l'Italie.

Agréez, je vous prie, Monsieur le Président, l'assurance de mes sentiments de haute considération.

Le Président de la Société,

DROUYN DE LHUYS.

Le Secrétaire général,

E. LECOUTEUX.

Notre attente n'a point été déçue. Des diverses régions de l'Allemagne nous sont arrivées en grand nombre les plus sympathiques adhésions. Malgré le vif regret que nous éprouvons de n'avoir pu compter au nombre de nos hôtes plusieurs savants éminents, retenus au delà du Rhin par des causes diverses, nous avons encore le droit d'être fiers de l'accueil fait à nos invitations par les agronomes allemands, car treize d'entre eux ont répondu à notre appel et sont venus prendre part aux travaux du Congrès. Qu'ils reçoivent ici d'une manière toute spéciale nos cordiales marques de gratitude.

Le Comité d'organisation eût désiré aussi voir siéger au Congrès les membres de la Société impériale et centrale d'agriculture de France. La lettre suivante a été adressée individuellement par le Secrétaire du Comité à chacun des membres de cette Société.

COMITÉ
D'ORGANISATION
CONGRÈS AGRICOLE DE NANCY

.Nancy, le 12 juin 1869.

MONSIEUR,

J'ai l'honneur de vous adresser ci-joint le programme du Congrès agricole libre qui s'ouvrira le 23 de ce mois à Nancy, sous la présidence de S. Exc. M. Drouyn de Lhuys

Le Comité d'organisation, dont je suis ici l'interprète, serait très-heureux de vous compter au nombre des adhérents au futur Congrès

Nous espérons que vous voudrez bien nous faire l'honneur de nous envoyer votre adhésion et de venir prendre part à la discussion des questions inscrites à l'ordre du jour ; vous donnerez par là à l'agriculture française une nouvelle marque de l'intérêt que vous lui portez et vous vous créerez ainsi un titre de plus à la reconnaissance des agriculteurs.

Veuillez agréer, Monsieur, l'expression de mes sentiments les plus distingués.

Pour le Comité d'organisation,
Le Secrétaire,

L. GRANDEAU.

Cette lettre est demeurée sans réponse : MM. Drouyn de Lhuys, Lecouteux, Chevandier de Valdrôme et J. A. Barral, membres du Conseil de la Société des agriculteurs de France, et dont le concours à ce titre nous était assuré, ont été les seuls représentants de la Société centrale d'agriculture au Congrès.

Lorsque le Comité d'organisation, fort des nombreuses adhésions qui lui étaient parvenues de toutes parts, put apprécier avec quelque exactitude le nombre des membres du Congrès, il se préoccupa du choix d'un local approprié aux exigences de la circonstance. M. Welche, maire de Nancy, avec une bonne grâce parfaite, mit à sa disposition la grande salle de l'Université. Vint ensuite la déclaration signée par sept personnes, conformément aux prescriptions de la loi du 6 juin 1868 (1). Ces préliminaires terminés et les formalités exigées par la loi une fois remplies, restait au Comité d'organisation à préparer à ses hôtes une réception digne d'eux.

Ce n'est pas aux membres du Comité à dire s'ils ont su mener à bonne fin la tâche qu'ils s'étaient spontanément imposée ; mais on nous permettra sans doute d'affirmer ici que nous n'avons rien négligé pour atteindre le but proposé. Nous ajouterons que nous avons été aidé de la manière la plus gracieuse et la plus efficace par les hôtes dont le souvenir restera présent à la mémoire de tous les membres du Congrès, MM. de Scitivaux de Greische, à Remicourt ; Daguin, Raspony et Pfetsch, à Varangéville ; Brice et Leroy, à la Malgrange, ont singulièrement contribué, par leur accueil si cordial, au succès des excursions inscrites au programme du Congrès. Nous avons emprunté aux excellents comptes rendus que M. Ronna a publiés dans le *Journal d'agriculture pratique* le récit de ces promenades qui n'ont pas été sans doute la partie la moins utile du Congrès, par suite des relations amicales qu'elles ont établies, créées ou resserrées entre ses divers membres.

Quelques mots, maintenant, des séances du Congrès. Une analyse sommaire des travaux qui ont occupé la session du mois de juin serait superflue. On trouvera plus loin, en effet, reproduits *in extenso,* les discours et mémoires que l'assemblée a entendus avec tant d'intérêt.

Le plan du travail confié au bureau était tout tracé ; nous nous

---

(1) Cette déclaration était signée par MM. de Scitivaux de Greische, Bᵒⁿ Guerrier de Dumast, L. Grandeau, Fraisse, Gourier, Bruneau et F. Quintard, auxquels il en fut donné acte dans les termes suivants :

Le Préfet de la Meurthe donne acte à MM. Bruneau, secrétaire de la Société régionale d'acclimatation, et consorts, du dépôt fait à la préfecture le 16 juin 1869, conformément au titre 1ᵉʳ de la loi du 6 juin 1868, d'une déclaration préalable à la réunion qu'ils ont l'intention d'organiser le mercredi 23 juin à 8 heures du soir, dans la grande salle de l'Université, rue Stanislas, à Nancy, pour procéder à la nomination et à l'installation du bureau du Congrès agricole libre de Nancy et fixer l'ordre du jour des séances qui auront lieu les 24, 25 et 26 juin courant de 8 heures à midi.

Nancy, le 16 juin 1869.

Le *Préfet,*

PODEVIN.

A M. Bruneau, rue Isabey, 17, Nancy.

sommes bornés à suivre pas à pas chacun des orateurs et à reproduire aussi fidèlement que possible, tantôt à l'aide des documents
remis par les auteurs, tantôt avec le seul secours des procès-verbaux
de séance, les discussions du Congrès.

Nous désirons cependant présenter ici quelques observations relativement au classement des notes remises au bureau par les orateurs
que le défaut de temps a seul empêché de prendre la parole, bien
qu'ils se soient fait inscrire à l'ordre du jour. Chacune de ces communications a été placée à son rang, mais nous avons dû écarter un
certain nombre de travaux, adressés au Bureau après la clôture du
Congrès. Quelques-uns de ces travaux ne sont pas sans intérêt, mais
nous ne nous sommes pas crus autorisés à les publier, leurs auteurs
n'ayant pas demandé la parole dans le cours de la session, ou ne
l'ayant pas prise bien que présents à la séance où s'est discutée la
question qu'ils se proposaient de traiter. — Nous avons également
rejeté quelques observations critiques sur les opinions émises dans le
cours de la discussion par les orateurs; l'insertion de ces observations,
sous forme d'appendice aux procès-verbaux, nous ayant paru de
nature à provoquer de justes réclamations de la part des personnes
mises en cause sans pouvoir répondre.

Le Congrès libre de Nancy a présenté, au plus haut point, la double
signification que ses organisateurs avaient cherché à lui donner.

D'une part, grâce à l'empressement des agronomes allemands à
répondre à notre appel, cette réunion avait un caractère international
très-nettement accusé; de l'autre, le Comité n'a pas eu moins à se
réjouir de la faveur marquée avec laquelle a été accueillie, dans la
région de l'Est, l'idée d'un Congrès entièrement dû à l'initiative
privée et dont la portée ne saurait être atténuée en rien par quelques
rares abstentions systématiques.

Cette pensée féconde que *l'agriculture doit faire ses affaires par
elle-même,* pensée qui a inspiré depuis deux ans les efforts des fondateurs de la Société des agriculteurs de France, s'est affirmée de la
manière la plus heureuse dans les actes des membres du Congrès de
Nancy; elle était constamment présente à l'esprit de tous et chacun
de nous a remporté la conviction profonde que de sa réalisation dé-

pend la force et la grandeur de l'agriculture française. — En nous séparant nous étions tous pénétrés de cette vérité, si éloquemment exprimée par notre illustre président, « que la féconde carrière qu'ou-
» vrent aux peuples modernes l'initiative individuelle et l'association
» spontanée des citoyens est pour notre siècle et notre pays, la vraie
» forme du progrès, la véritable solution des redoutables problèmes
» qui troublent devant nos yeux l'avenir. »

Tous aussi nous avons compris que la démonstration éclatante de cette vérité « est le service que nos populations rurales doivent
» attendre de la Société des agriculteurs de France et des Congrès
» qui se tiennent sous ses auspices. »

Le succès complet du Congrès agricole libre de Nancy est de nature à ouvrir les yeux des moins clairvoyants : il montre, en tous cas, l'empressement des populations de l'Est de la France à affirmer hautement leur confiance dans cet axiome fondamental des sociétés modernes « que personne ne peut mieux faire les affaires des citoyens d'un pays que les citoyens eux-mêmes. »

L. GRANDEAU,
Secrétaire général du Congrès.

CONGRÈS AGRICOLE LIBRE

DE NANCY

SÉANCE D'INAUGURATION

23 JUIN 1869

La séance est ouverte à huit heures un quart du soir.

Prennent place au bureau :

MM. de Scitivaux de Greische, *Président du Comité d'organisation du Congrès;*

Bon Guerrier de Dumast, *Vice-Président;*

L. Grandeau, *Secrétaire;*

Fraisse, Bruneau, *Secrétaires adjoints;*

Gourier, *Trésorier.*

Les autres membres du Comité d'organisation, les invités
et les délégués des associations étrangères siégent sur
l'estrade.

M. le Président, après avoir souhaité la bienvenue aux
membres du Congrès, donne la parole au secrétaire pour l'exposé des travaux du Comité d'organisation (1).

M. L. Grandeau résume verbalement les mesures que le
Comité a prises en vue d'assurer le succès du Congrès : il insiste

---

(1) Voir dans l'Introduction les pièces officielles.

particulièrement sur deux points : il rappelle premièrement que le Congrès s'est constitué par association libre sous le bénéfice de la loi du 6 juin 1868 sur les réunions publiques non politiques : il fait ressortir en second lieu le caractère international du Congrès et remercie, au nom du Comité, les agronomes et les savants allemands qui ont répondu avec tant d'empressement à l'appel qui leur a été adressé.

M. le Président propose à l'assemblée d'appeler par acclamation Son Exc. M. Drouyn de Lhuys à la présidence.

L'assemblée tout entière acclame M. Drouyn de Lhuys qui vient prendre possession du fauteuil.

Après avoir remercié l'assemblée de l'accueil sympathique qui lui est fait, M. Drouyn de Lhuys donne la parole à M. L. Grandeau pour une proposition relative à la constitution du bureau du Congrès.

M. L. Grandeau s'exprime ainsi :

« Messieurs, le Comité d'organisation du Congrès n'a pas la prétention de vous imposer le choix des membres du bureau définitif; je me bornerai à vous présenter, en son nom, une liste de candidats en priant chacun de vous d'y apporter telle modification qui lui paraîtrait convenable. L'assemblée, en effet, ne saurait être liée par le choix provisoire du Comité d'organisation. Pour la nomination du bureau, comme pour la fixation de l'ordre du jour des séances, elle doit exercer souverainement son choix. Cette réserve faite, voici la liste de candidats que nous avons l'honneur de proposer à vos suffrages :

Vice-Présidents.

DE SCITIVAUX DE GREISCHE, président du Comité d'organisation, président de la Société centrale d'agriculture de la Meurthe, membre fondateur de la Société des agriculteurs de France.

Bᵒⁿ GUERRIER DE DUMAST, vice-président du Comité d'organisation, président de la Société régionale d'acclimatation.

M. H. DE RATH, conseiller d'État, président de l'Association agricole prusso-rhénane, membre du Collége d'économie rurale de Berlin et de la Société des agriculteurs de France, délégué de la Prusse.

A. Müller, secrétaire de l'Association centrale agricole de Bavière, délégué de la Bavière.

E. Lecouteux, secrétaire général de la Société des agriculteurs de France, rédacteur en chef du *Journal d'agriculture pratique*, membre de la Société impériale et centrale d'agriculture de France, membre honoraire de la Société royale d'agriculture d'Angleterre.

Chevandier de Valdrôme, député au Corps législatif, membre du conseil de la Société des agriculteurs de France, président de la Société forestière, membre de la Société impériale et centrale d'agriculture.

Secrétaire général.

L. Grandeau, secrétaire du Comité d'organisation, secrétaire de la Société des agriculteurs de France, directeur de la Station agronomique de l'Est, membre de la Société royale d'agriculture d'Angleterre.

Secrétaires.

Fraisse, secrétaire-adjoint du Comité, secrétaire de la Société centrale d'agriculture de la Meurthe.

B^{on} de La Coste, membre du Comité d'organisation, membre fondateur de la Société des agriculteurs de France, ex-secrétaire de la Commission supérieure de l'enquête agricole.

de Metz-Noblat, membre du Comité d'organisation, secrétaire adjoint de la Société centrale d'agriculture de la Meurthe, membre de la Société des agriculteurs de France.

A. Tachard, député au Corps législatif, secrétaire de la Société des agriculteurs de France.

Trésorier.

E. Gourier, trésorier du Comité d'organisation, membre de la Société centrale d'agriculture de la Meurthe.

Commissaires.

de Meixmoron-Dombasle, membre du Comité d'organisation, membre fondateur de la Société des agriculteurs de France.

Bruneau, secrétaire-adjoint du Comité d'organisation, secrétaire de la Société régionale d'acclimatation.

Thiry, membre du Comité d'organisation, membre de la Société centrale d'agriculture de la Meurthe.

Delcominete, membre du Comité d'organisation, membre de la Société centrale d'agriculture de la Meurthe.

L'assemblée ratifie, par les applaudissements avec lesquels elle accueille successivement la lecture de chacun des noms qui précèdent, le choix du Comité provisoire, et M. le Président déclare le bureau constitué. Les membres, ainsi élus par acclamation, prennent place au bureau.

M. le Président se lève et prononce le discours suivant fréquemment interrompu par des applaudissements :

MESSIEURS,

Lorsqu'au delà des mers, une grande nation, ayant conquis son indépendance, voulut honorer la mémoire de son libérateur, elle écrivit sur la tombe de ce grand citoyen : « Il fut le « premier dans la guerre et le premier dans la paix. » Cet éloge ne peut-il pas, à juste titre, s'appliquer à la riche et noble région qui, en ce jour, est le théâtre des luttes paisibles de l'Agriculture ? Devant le beau spectacle dont votre bienveillante hospitalité me permet d'être le témoin, je me rappelle cette exclamation du grand poëte de Rome :

« Salut, terre en moissons, en héros si fertile ! »

Le caractère particulier du magnifique pays que dominent les Vosges et que baignent la Meurthe, la Meuse, la Moselle et le Rhin, c'est le jeu régulier des institutions traditionnelles, la persistance des antiques mœurs, le libre développement de l'esprit provincial dans le cercle toujours respecté de l'unité française : c'est, en un mot, l'ardent amour de la petite et de la grande patrie. En posant la main sur la poitrine de ce peuple, on sent battre le cœur et tressaillir les muscles de la France. Vingt-cinq ans à peine après s'être rangée sous le sceptre de nos rois, la Lorraine se montrait, parmi toutes les provinces de la vieille monarchie, la plus empressée à prendre sa part des sacrifices et des dangers communs, comme la plus prodigue de son sang et de son or. A l'heure des grandes commotions et du péril suprême, lorsque la patrie faisait appel à l'énergie de ses enfants, ce fut le département des Vosges qui, le premier, paya la totalité de ses impôts et mérita, par ce patriotique exemple, une manifestation glorieuse de la reconnaissance nationale. Ce furent les Vosges encore et la Meurthe qui envoyèrent le plus vite des défenseurs à la frontière, et qui, outre leur contingent normal, mirent sur pied vingt-huit bataillons de volontaires. Le plus jeune fils de

l'ancienne France devenait le plus hardi soldat de la France
nouvelle. Depuis lors, sa vocation ne s'est pas démentie. Citerai-je tous les héros sortis, pendant nos grandes luttes, du
sein de cette généreuse province, pépinière de guerriers? Les
Ney, les Victor, les Oudinot, les Gouvion-Saint-Cyr : on en
compte jusqu'à dix qui ont conquis sur le champ de bataille
le bâton de maréchal, phalange sacrée, témoins immortels
de la valeur lorraine. Mais pour vous, l'héroïsme militaire
n'est qu'une des formes du courage. Si la statistique nous apprend que les départements Lorrains sont ceux qui donnent à
la France le plus de soldats, elle nous dit aussi que leur population féminine fournit au soulagement des misères le plus
de sœurs de la charité.

C'est par de telles vertus qu'un peuple se préserve de la
corruption et de la décadence ; c'est par l'abnégation personnelle, l'abjuration des passions égoïstes, le mépris des basses
jouissances, le respect et l'amour des choses vraiment grandes,
qu'il s'élève, se fortifie, s'illustre dans toutes les carrières vi-
riles. Le courage et le travail sont frères jumeaux; vous ne
les séparez pas, et ces deux génies sévères ont marqué de leur
puissante empreinte toutes les pages de votre histoire. Vos magistrats, vos savants, vos artistes n'ont pas moins contribué à
votre gloire que vos guerriers. Les Boulay de la Meurthe, les
Henrion de Pansey, les Zangiacomi, les Louis ont honoré le
nom lorrain dans les plus hautes dignités civiles. Je dirai
même qu'en repassant vos anciennes annales, j'y trouve la
trace d'une prédilection signalée pour les arts de la paix.
N'est-ce pas votre Callot, si original et si profond sous une
apparence souvent grotesque, qui exerçait son vigoureux burin
à reproduire en traits inimitables les misères de la vie du
soldat? Quelle philosophie dans cette célèbre suite d'images
vulgaires, où une pensée élevée se cache sous les haillons
d'une réalité navrante ? N'est-ce pas une inspiration semblable qui poussait votre grand peintre, l'immortel Claude, à
dérouler aux yeux de ses contemporains et à rehausser de
toutes les splendeurs de son pinceau magique le charme de la
campagne paisible ? Quel artiste a jamais su encadrer le travail de l'homme dans une plus magnifique nature, l'éclairer
d'un soleil à la fois plus étincelant et plus serein ? Qu'ont
chanté vos poëtes ? N'est-ce pas encore à peindre la vie régulière des champs, le retour périodique des saisons et les tran-
quilles occupations qu'elles ramènent, que s'est consacrée la
muse aimable, bien que didactique, de Saint-Lambert ?

Au reste, Messieurs, ce n'est pas seulement dans les beaux-
arts et les belles-lettres que je veux chercher l'indice de vos
tendances favorites ; j'en trouve des témoignages plus positifs
dans vos efforts pour développer la richesse et la prospérité de
cette région, dans tant de fondations utiles, dont l'Agriculture
en particulier a lieu de se féliciter.

Du berceau des Guise et des trophées de nos maréchaux,
portons nos regards vers le manoir de Mathieu de Dombasle :
quelle perspective nouvelle se présente devant nous !

Mathieu de Dombasle avait douze ans, lorsque la Révolution lui fit interrompre ses études. Livré à lui-même, il paraît
chercher avec anxiété, par de pénibles tâtonnements, le rôle
qu'il doit remplir en ce monde. Nous le voyons d'abord s'a-
donner à la peinture, puis à la musique ; plus tard, il s'engage
sous les drapeaux de la République ; mais une grave maladie
l'oblige de quitter la carrière des armes, et dès lors il se voue
avec passion au culte des sciences : Mathieu de Dombasle
avait enfin trouvé le milieu où il devait se mouvoir.

Vous n'attendez pas que je vous raconte une vie que vous
connaissez mieux que moi. Je n'ai que faire de réveiller ici
le souvenir d'un homme que le bronze a laissé vivant au
milieu de vous, et dont les traditions sont d'ailleurs recueillies et perpétuées par une famille digne de lui. Il me suffira
de vous rappeler les progrès que votre illustre compatriote a
fait faire à l'industrie, alors naissante, du sucre de betterave ;
ses études sur les inconvénients de l'assolement triennal et
sur les avantages de l'assolement alterne, au point de vue de
la nourriture du pauvre, de l'accroissement de la population
et de l'avenir de l'industrie française. C'était poursuivre la
solution d'un problème à la fois agricole et social. Je ne puis
omettre non plus de redire le nom de cette ferme de Roville, où
Mathieu de Dombasle, pendant vingt années, mit en pratique
les théories exposées dans ses écrits ; cette école de Roville,
où les agriculteurs les plus éminents venaient chercher des
conseils ; où le grand agronome inventait la charrue qui con-
servera son nom, et jetait les fondements de la fabrique qui, à
cette heure, a livré 43,000 instruments à l'agriculture.

L'étendue de ses connaissances est prodigieuse, et sa fécondité est inépuisable : les questions concernant l'analyse des
eaux, les douanes, les sucres, les céréales, les vins, la chimie
et la mécanique agricoles, la législation, l'amélioration des
races, les voies de communication, la sylviculture, etc., etc.,
lui sont également familières. Il parle de tout en maître, et

ses écrits sont dans les mains de tous les agriculteurs. Rien n'arrête sa persévérance : ni l'insuffisance des ressources d'exploitation, ni l'ingratitude du sol, ni la baisse des produits, ni l'épizootie qui dépeuple ses étables, ni la révolution de de 1830 qui disperse ses élèves et le force de vendre une partie de ses instruments. La mort seule pouvait triompher de cette fière nature ; elle le frappa, vous le savez, en 1843. Mathieu de Dombasle laissait à la France ce grand exemple d'avoir fondé le premier un établissement consacré à l'enseignement théorique et pratique de l'agriculture.

Tandis que, sur le domaine de Bechelbronn, dans un autre département de cette même région, les savantes investigations de M. Boussingault découvraient les éléments constitutifs des divers engrais, un de vos collègues, que la Société des Agriculteurs de France s'honore de compter aussi dans ses rangs, se préparait à inaugurer les *stations agronomiques,* dont il avait pu, en Allemagne, apprécier l'importance. Le concours des Ministres de l'Agriculture et de l'Instruction publique ne lui a pas fait défaut, et aujourd'hui la première station agricole de France, organisée depuis peu de mois, dispose d'un laboratoire pourvu de tous les appareils nécessaires, et de divers champs d'expérience.

Vous n'ignorez pas, Messieurs, quel est le but de ces stations agronomiques. Recherches scientifiques sur la production des végétaux et des animaux ; propagation, par l'enseignement et par toute la publicité possible, des connaissances acquises au laboratoire et dans les champs d'essais ; analyses économiquement faites, pour les agriculteurs et les négociants, des terrains, des eaux, des amendements et des engrais ; conseils et renseignements sur les améliorations à introduire dans la culture ; création de champs d'expériences indispensables à toute exploitation rurale bien entendue ; réaction contre la routine : tel est, Messieurs, en résumé le vaste programme des stations agricoles. La Lorraine et l'Alsace étaient dignes d'initier la France rurale à la science qui dérobe à la nature ses secrets les plus intimes et pénètre, pour ainsi dire, dans son laboratoire mystérieux.

Mais à quel titre, Messieurs, un simple amateur d'agronomie viendrait-il traiter un si grave sujet en présence des princes de la science que l'Allemagne a envoyés vers nous ? Qu'ils me permettent, à cette occasion, de leur offrir la bienvenue et de leur dire combien nous sommes heureux de voir aux prises Français et Allemands dans cette rencontre pacifique. Nous regrettons que l'illustre baron Liebig manque à l'appel. Retenu loin de nous par l'état de sa santé, il a bien voulu nous faire parvenir l'assurance de la sympathie avec laquelle il s'associe de loin à nos travaux.

C'est encore à Nancy, Messieurs, que fut créée, sur le modèle de celles de l'Allemagne, cette belle École forestière, où, depuis 1824, les élèves affluent de toutes les parties du monde : c'est dans votre ville que, sous l'habile direction de savants professeurs, tant de jeunes gens viennent puiser les vrais principes de la sylviculture ; c'est enfin à votre École que la France doit le magnifique travail de sa carte forestière.

Dans votre heureuse contrée, le voyageur rencontre à chaque pas un établissement utile.

Ici, la Société centrale d'Agriculture de la Meurthe, fondée en 1820 par Mathieu de Dombasle et qui compte aujourd'hui quatre cent vingt-cinq membres.

Là, la Société régionale d'Acclimatation, dont personne n'est mieux que moi à même d'apprécier les services et de proclamer les vaillantes initiatives.

Plus loin, la ferme-école de la Malgrange, dont vous reconnaissez tous la bonne installation et la direction si judicieuse. Permettez-moi, Messieurs, d'invoquer ici un souvenir que pourra confirmer mon honorable confrère, M. le baron de Dumast. N'est-ce pas à la Malgrange qu'Henri IV envoya à sa sœur les premiers marrons qui furent importés en France par l'un de nos ambassadeurs ? Vous voyez que l'alliance entre la diplomatie et l'acclimatation ne date pas de nos jours. Telle est l'origine de ces beaux arbres qui ont abrité tour à tour sous leur ombrage Voltaire, Dom Calmet, le marquis de Boufflers, Drouot et Molitor, c'est-à-dire l'esprit, l'érudition et la gloire militaire.

Je m'arrête, Messieurs, car la cordiale hospitalité qui nous est offerte vous permettra bientôt d'achever sur les lieux mêmes cette description.

En Lorraine, ainsi que je le disais en commençant, la charité se trouve toujours à côté de l'héroïsme et de la science. Cette remarque me conduit par une transition naturelle à la Colonie agricole pénitentiaire de Gentilly, créée par M. le comte de Suzainnecourt, institution éminemment salutaire, qui ouvre à trois cent soixante-dix jeunes détenus la voie d'une expiation indulgente et d'une honorable réhabilitation.

Parlerai-je de votre Association mutuelle contre la grêle, qui peut servir de modèle à tous les établissements de ce genre ?

Demanderai-je aux annales des temps passés ou à l'histoire contemporaine le témoignage des heureux et constants efforts de vos Académies littéraires ou scientifiques pour féconder toutes les parties du domaine de l'esprit humain ? Ce serait une trop longue tâche. Je me contenterai de signaler le résultat final de cette généreuse propagande, en rappelant que, grâce aux progrès de l'instruction primaire, votre population ne compte que deux pour cent d'individus illettrés.

Je termine, Messieurs, tout en la laissant incomplète, l'énumération des titres que vos contrées ont acquis à la reconnaissance de la France agricole. J'ignore quelles sont les destinées politiques et sociales que la Providence réserve à notre patrie : mais j'ai la conviction profonde que c'est dans les sillons qu'elle en déposera le germe. Sortons de ces régions où l'on sème du vent pour récolter des tempêtes ; bâtissons sur la terre ferme ; attachons-nous au *fonds qui manque le moins.* Plus nous développerons parmi les populations rurales le dévouement au devoir, le sentiment de leurs droits, la conscience de leur force et l'intelligence de leurs véritables intérêts, plus nous assurerons la puissance et la prospérité de notre pays. Je plains sincèrement les aveugles qui ne voient pas ces éclatantes vérités. Quant à nous, Messieurs, animés d'une foi vive, nous marcherons avec une persévérance infatigable dans la voie où nous sommes entrés, et la Société des Agriculteurs de France, poursuivant la patriotique campagne qu'elle a entreprise, inscrira avec orgueil sur sa feuille de route la glorieuse étape de Nancy. (*Longs et chaleureux applaudissements.*)

M. de Rath remercie cordialement l'assemblée de l'accueil fait aux délégués des associations agricoles allemandes, et de l'honneur, accordé à deux d'entre eux, de siéger au bureau. Il rappelle qu'il vient pour la troisième fois étudier les progrès de l'agriculture française, et témoigne du vif intérêt que lui et ses compatriotes, dont il est l'interprète, se promettent de prendre aux discussions du Congrès. (*Applaudissements.*)

La parole est donnée à M. le Secrétaire général pour faire connaître les noms des délégués des associations allemandes ainsi que les motifs qui ont empêchés quelques-uns des adhérents d'assister aux séances du Congrès.

M. LE SECRÉTAIRE GÉNÉRAL : Messieurs, je viens au nom

du Comité d'organisation exprimer aux agronomes allemands la joie que nous éprouvons à les voir siéger parmi
nous. Grâce à l'empressement avec lequel l'Allemagne a
répondu à notre appel, le Congrès agricole libre de Nancy
a l'honneur de compter au nombre de ses membres les savants étrangers dont voici les noms :

Délégués de la Prusse. — M. de Rath, président de l'association agricole prusso-rhénane, délégué du collége d'économie rurale de Berlin; — M. Limbourg, président de la
Société agricole de Bitbourg, délégué de la Société centrale
d'agriculture prusso-rhénane.

Délégué de l'Autriche. — M. Th. de Gohren, professeur
de chimie agricole à l'Institut agronomique de Tetschen-
Liebwerd (Bohême).

Délégués de la Bavière. — M. Adam Müller, secrétaire
général de l'association agricole de Bavière; — M. le baron
de Moreau, membre de la même association; — M. le professeur Lehmann, directeur de la station agronomique centrale
de Bavière.

Délégué de la Bavière Rhénane. — M. Henri Villeroy,
cultivateur au Rittershoff, délégué de la Société d'agriculture de la Bavière Rhénane.

Délégués du Würtemberg. — M. de Fehling, professeur
de chimie à l'école polytechnique de Stuttgart, conseiller
aulique; — M. Hofacker, inspecteur général des haras du
Würtemberg.

Délégués du grand-duché de Bade. — M. Schenck, directeur des salines badoises (Bade); — M. le docteur Nessler,
directeur de la station agronomique de Karlsruhe.

Délégué de Lippe-Detmold. — M. le baron de Stietencron,
président de la Société d'agriculture de Lippe-Detmold.
(*Applaudissements.*)

Saxe. — M. Kühn, directeur de la station agronomique
de Möckern, près Leipsig.

Nous avons reçu également les adhésions sympathiques d'un certain nombre d'agronomes d'outre-Rhin que leurs travaux ou l'état de leur santé ont seuls empêché de se joindre à nous. En voici la liste :

M. le professeur Henneberg, directeur de la station agronomique de Weende-Göttingen ; — M. le professeur Stohmann, directeur de la station agronomique de Halle ; — M. le professeur Wolff, directeur de la station agronomique de Hohenheim ; — M. le docteur Hellriegel, directeur de la station agronomique de Dahme ; — M. le docteur Nobbe, professeur à l'Institut agronomique et forestier de Tharandt ; — M. l'inspecteur des forêts Nördlinger, professeur à l'école de Hohenheim.

L'illustre promoteur des stations agronomiques allemandes, M. le baron de Liebig, m'écrivait ces jours derniers qu'il avait longtemps tardé à répondre à notre invitation, dans l'espoir que, sa santé s'améliorant, il pourrait m'annoncer son arrivée pour l'ouverture du Congrès. A notre très-grand regret, il n'en a pas été ainsi, et je vais donner lecture de la lettre par laquelle il s'est excusé auprès de M. le Président de ne pouvoir venir prendre part à nos travaux :

Munich, 11 juin 1869.

Excellence,

Les questions qui vont être traitées au Congrès des agriculteurs de France, qui se réunira à Nancy, m'intéressent vivement, et je regrette beaucoup que l'état de ma santé et les devoirs de ma position m'empêchent d'y prendre part.

C'est avec une vive satisfaction que j'ai salué la fondation de la première station chimico-agronomique de France. Ces stations ont eu une influence extrêmement utile en Allemagne ; elles ont contribué à développer l'agriculture expérimentale, l'art de faire des expériences d'une valeur réelle et à répandre dans la grande population rurale les principes scientifiques simples et la connaissance des lois naturelles qui dominent le rendement croissant et la fertilité permanente des terres, vraies bases de la pratique et du progrès.

La station de Nancy est dans les meilleures mains ; non-seulement M. Grandeau possède les connaissances et l'expérience nécessaires pour assurer le succès de cette entreprise ; mais encore il est animé du plus vif désir (d'un véritable enthousiasme), de faire disparaître l'abîme qui sépare encore la théorie de la pratique, et il est convaincu, avec moi, qu'avant que cela soit accompli, il n'y aura pas de progrès général et durable.

Le Comité général des Sociétés agricoles de Bavière, qui réside à Munich, va députer deux de ses membres pour assister au Congrès de Nancy, M. A. Müller, secrétaire général du Comité, et M. le baron de Moreau ; je prie Votre Excellence de vouloir bien leur accorder un accueil bienveillant.

Veuillez croire que je suis extrêmement sensible aux sentiments que Votre Excellence m'a exprimés dans sa lettre, et que j'apprécie sin-cèrement l'honneur qu'elle m'a fait par son invitation.

Agréez, etc.   LIEBIG.

Je crois devoir aussi, Messieurs, porter à votre connais-sance le nom des personnes étrangères à la région de l'Est qui ont adhéré au Congrès et sont présentes au milieu de nous :

MM. Deville (Henri Sainte-Claire), membre de l'Institut, administrateur de la Compagnie des chemins de fer de l'Est;

Courcel (baron de), membre fondateur de la Société des agriculteurs de France;

Daguin, juge au tribunal de commerce de la Seine, direc-teur-gérant des salines de Saint-Nicolas.

Lembezat, inspecteur général de l'agriculture;

Poinsot, chimiste, répétiteur à l'Ecole centrale des arts et manufactures;

Renouard, administrateur délégué de la compagnie des salines du Midi;

Ronna, ingénieur, co-propriétaire du *Journal d'agriculture pratique*.

J.-A. Barral, directeur du *Journal d'agriculture*;

Dosseur, adjoint à l'Inspection générale de l'agriculture;

Baudoin, inspecteur général de l'Instruction publiqué;

Comte d'Haussonville, membre de l'Institut.

J'ai reçu de M. E. Tisserand, directeur des domaines de la Couronne, la lettre suivante :

MINISTÈRE
de la
MAISON DE L'EMPEREUR
ET DES BEAUX-ARTS.

Division des établissements
agricoles de la Couronne.

Bayonne, le 20 juin 1869.

CHER MONSIEUR,

J'aurais accepté de très-grand cœur l'invitation que vous m'avez adressée pour le Congrès agricole de Nancy, si le service de l'Empereur ne m'avait obligé de partir d'urgence pour l'Espagne. Mais je m'associe avec le plus grand plaisir à cette manifestation et je n'ai qu'un regret, c'est de ne pouvoir suivre en personne les intéressantes discussions qui ne manqueront pas de se produire.

Je serai au moins parmi vous par la pensée.

Agréez, cher Monsieur, la nouvelle expression de mes sentiments dévoués.

EUGÈNE TISSERAND.

M. le marquis d'Andelarre s'est également excusé par lettre de ne pouvoir assister aux séances du Congrès, retenu qu'il est à Andelarre, par ses travaux agricoles.

Enfin, Messieurs, qu'il me soit permis, en terminant, de signaler l'abstention regrettable des membres de la Société impériale et centrale d'agriculture. MM. Drouyn de Lhuys, Lecouteux, Chevandier de Valdrôme et Barral, représentant tous quatre parmi nous le conseil de la Société des agriculteurs de France, sont les seuls membres de la Société impériale et centrale d'agriculture qui aient répondu à notre appel.

M. le Secrétaire général propose ensuite à l'assemblée de sanctionner par un vote le choix que le comité d'organisation a fait d'un certain nombre de questions pour être soumises à la discussion pendant la durée du Congrès.

L'ordre du jour provisoire est adopté, et le programme des trois séances du Congrès est ainsi arrêté :

Jeudi. — Culture intensive. — Engrais chimiques. — Semis en ligne.

Vendredi. — Question sucrière et distillerie. — Forêts et manufactures de l'Etat. — Dénaturation et emploi du sel en agriculture. — Eau de tabac. — Utilisation des eaux d'égout.

Samedi. — Stations agronomiques. — Rapport sur l'organisation et sur les travaux de la Société agronomique de l'Est. — Stations forestières et météorologiques. — Eaux de montagnes. — Prix de fauchage mécanique. — Vote relatif à la création d'une Ecole régionale dans l'Est. — Enseignement agricole. — Cadastre.

Le Congrès s'ajourne au lendemain matin à huit heures : la séance est levée à neuf heures et demie du soir.

SÉANCE DU 24 JUIN.

La séance est ouverte à huit heures et demie sous la présidence de S. Exc. M. Drouyn de Lhuys.

Prennent place au bureau : MM. de Rath, de Scitivaux, Bon de Dumast, Adam Müller, E. Lecouteux, Chevandier de Valdrôme; L. Grandeau, *Secrétaire général;* Tachard, de Metz-Noblat, Bon de la Coste et Fraisse, *Secrétaires;* E. Gourier, *Trésorier.*

La parole est donnée à M. Tachard pour la lecture du procès-verbal.

Le procès-verbal est mis aux voix et adopté.

M. le Secrétaire général dépose sur le bureau, au nom de M. l'Inspecteur général de l'agriculture, un certain nombre d'exemplaires du catalogue du Concours régional. — Il annonce en même temps qu'un pavillon spécial est mis à la disposition des membres du Congrès, dans l'enceinte du Concours. Des remerciements seront adressés à M. l'Inspecteur général.

M. L. Grandeau dépose en outre de la part de l'auteur quelques exemplaires d'une brochure intitulée : *Organisation théorique et pratique du crédit foncier rural et du crédit agricole combinés,* par M. F. Granié. — Le bureau a reçu également deux exemplaires du *Traité pratique de la culture de l'osier*, par M. A. Moitrier. Cet envoi est accompagné de la lettre suivante :

MONSIEUR LE SECRÉTAIRE GÉNÉRAL,

J'ai l'honneur de vous adresser deux exemplaires de mon traité sur la culture de l'osier dans notre département.

Cette culture ne date que de 1855, car avant cette époque, il y en avait à peine 2 ou 3 hectares divisés en petites parcelles que quelques vanniers avaient plantés pour leur usage. Ces deux ou trois hectares rapportaient, à peine, à leurs propriétaires 150 ou 200 fr. l'hectare, car l'osier à cette époque ne valait que 18 à 20 fr. les cent kilos ; à cette époque, l'hectare ne produisait pas 2,000 kilos ; c'était insignifiant. D'ailleurs l'osier et les paniers ne s'exportaient pas hors du lieu de production. Voilà le chiffre auquel s'élevait la production totale de l'osier dans notre département, plus quelques buissons qui croissaient spontanément sur le bord des rivages.

En 1855 nous avons importé cette culture dans la Meurthe, notamment dans l'arrondissement de Lunéville, et aujourd'hui il y a plus de 400 hectares d'oseraie ; tous les ans on fait de nouvelles plantations ; l'hectare qui ne produisait que 2,000 kilos en rapporte le double aujourd'hui, l'osier n'est plus vendu 18 à 20 fr., mais en moyenne 30, 35 et même 40 fr. les 100 kilos au commerce du pays qui le revend plus cher. Toutes ces plantations ont été faites dans des terrains qui n'avaient pas eu de valeur jusqu'à présent.

C'est pourquoi, Monsieur le Secrétaire général, je prends la liberté de vous adresser ce petit traité, afin de le faire connaître aux agriculteurs qui auraient des terrains propres à cette culture.

Agréez, etc.

23 Juin 1869.   A. MOITRIER.

M. Fléchet adresse au Congrès une brochure qui a pour titre : *Assurance obligatoire contre les pertes résultant de la mortalité du bétail,* rapport de M. Fléchet, membre du Conseil administratif de la Société agricole de l'Est de la Belgique.

L'ordre du jour appelle la discussion relative à la culture intensive.

La parole est à M. Lecouteux, secrétaire général de la Société des agriculteurs de France.

M. Lecouteux s'exprime en ces termes :

MESSIEURS,

Il y aura bientôt un demi-siècle que, non loin de Nancy, l'illustre Mathieu de Dombasle, votre compatriote, fondait la ferme et l'institut agricole de Roville. En ce temps-là commençait, sur le territoire de la France, la grande lutte de deux systèmes de culture : d'une part, le système de l'assolement triennal qui visait à l'abondance des céréales par l'étendue des surfaces emblavées combinée avec l'étendue des surfaces en jachère morte ; d'autre part, le système de la culture alterne, préconisé par Mathieu de Dombasle, qui visait à l'abondance des céréales par la réduction des terres emblavées en céréales et par l'extention des récoltes fourragères consacrées au bétail, c'est-à-dire à la production du fumier. Roville, Messieurs, fut en grande partie fondé pour vulgariser la culture alterne sans jachère. L'histoire de Roville, par conséquent, c'est l'histoire des débuts de la culture intensive en France. Et voilà comment je vous demande tout d'abord la permission de me placer sous la protection des souvenirs qui se rattachent à l'œuvre sympathique de Mathieu de Dombasle, le savant agronome auquel la France reconnaissante a élevé dans la ville de Nancy même une statue par souscription nationale, voulant ainsi perpétuer par le bronze la mémoire d'un homme utile qui sut conquérir l'estime publique par l'étendue de sa science non moins que par la dignité de son caractère et par son admirable talent de penseur, d'écrivain, d'applicateur et de vulgarisateur. Mathieu de Dombasle a été chef d'école dans toute la force du terme. Il a possédé l'art difficile de dire, avec la même franchise, ses succès et ses revers. Il a su s'élever par l'agriculture et pour l'agriculture. S'inspirer de ses leçons, s'incliner devant sa gloire, c'est, messieurs, se placer dans un milieu d'idées et de sentiments où, ce me semble, doit se rencontrer la vérité.

Qu'est-ce que la culture intensive ?

C'est la culture qui agit sur le sol avec toute l'intensité de moyens d'action dont peut disposer l'agriculture de notre époque. C'est la culture qui sature la terre de travail, d'engrais et de capital jusqu'à la limite nécessaire pour en obtenir des récoltes maxima. C'est la culture qui vise à des récoltes montant, par hectare, à 25, 30 et 40 hectolitres de froment, à 50, 60 et 80,000 kilogr. de betteraves, à 5 et 6,000 kilogr. de trèfle et autres fourrages fauchables, et les autres récoltes, à l'avenant. C'est enfin la culture qui a la juste prétention de dépenser d'autant moins par hectolitre ou par quintal de récoltes qu'elle dépense davantage par hectare.

La culture intensive est donc nécessairement une culture à gros capital. Mais, pour elle, le gros capital, c'est le grand moyen de produire à bon marché, le grand moyen d'abaisser les prix de revient, le grand moyen de faire des bénéfices en agriculture.

Voulez-vous la preuve, messieurs, que ces prétentions de la culture intensive sont fondées?

L'admirable comptabilité de Roville jette la plus vive lumière sur cette question. Elle nous apprend, entre autres choses, que, de l'année 1829 à l'année 1835, le rendement moyen du blé n'a pas dépassé, par hectare, 1,432 litres, c'est-à-dire à peu près la moitié de la récolte qu'il est permis d'attendre d'une culture à grands rendements. En ces conditions, voici comment Mathieu de Dombasle établissait son compte de froment :

Frais par hectare.
1° Frais fixes.

Loyer............................	44 fr.	90	
Frais généraux	52	37	186 fr. 07
Labours et autres cultures..........	45	27	
Semences.........................	45	53	

2° Frais variables.

Fumure...........................	74	56	
Frais de moisson	18	35	108 05
Battage, soins au grenier, transport au marché..............................	15	34	

Total des frais.........	294	12
A déduire la valeur de 2,491 kil. de paille à 20 fr. le millier métrique...........................	49	83
	244	29

Si donc, on répartit cette somme de 244 fr. 29 c. sur les 1,432 litres de grains récoltés par hectare, on trouve que le prix de revient de chaque hectolitre de blé est de 17 fr. 05.

Il faut le dire : la ferme de Roville n'était un type de culture intensive que par la perfection avec laquelle s'y exécutait le travail. Les
labours, les sarclages, la préparation des semences ne laissaient rien
à désirer. Le sol était en parfait état de labour et de propreté. La
couche arable était de $0^m,25$ de profondeur. Mais il s'en fallait de
beaucoup que les fumures fussent en rapport avec les nécessités d'une
culture intensive. La qualité du travail donnait droit à des récoltes de
25 à 30 hectol. de blé. L'insuffisance des fumures ne permit pas, dans
la période septennale de 1829 à 1835, de dépasser une moyenne
générale de 1,432 litres.

Que serait-il arrivé à Roville si l'on eût pu y doubler les fumures
et, par suite, les récoltes?

Evidemment, les frais fixes, montant à 186 fr. 07 n'auraient pas
été augmentés d'un centime. Il aurait suffi de doubler les frais variables, les frais de fumure d'abord, et les frais de moisson et de battage
qui varient, sans doubler cependant, avec le nombre d'hectolitres
récoltés. On aurait eu ainsi :

Frais fixes......	186 fr.	07
Frais variables (au lieu de 108 fr. 05).............	216	10
Total des frais.................	402	17
A déduire pour la paille (au lieu de 49 fr. 85).......	99	66
	502	51

La récolte étant doublée, c'est-à-dire montant à 28 hectol. 64 litres,
l'hectolitre serait revenu à 10 fr. 67.

On pourra soutenir, Messieurs, qu'une fumure double n'entraîne
pas toujours et partout une récolte double, mais il n'en reste pas
moins vrai qu'en général, toutes choses égales d'ailleurs, les récoltes
sont proportionnelles aux fumures placées en de bonnes conditions
d'élaboration dans le sol. On a même constaté souvent que plus une
terre est améliorée par les fumures répétées, plus chaque quintal
d'engrais ajouté produit d'effet utile. C'est ainsi, dit-on, que les fermiers à bout de bail rentrent dans leurs avances lorsqu'ils ont débuté
par de grosses fumures et qu'ils finissent par de petites. En ce cas,
il y a des substances fertilisantes qui, lentes à devenir assimilables,
arrivent enfin, après plusieurs années d'inertie, à s'engager dans
l'alimentation végétale. Elles sont parvenues à leur point d'utilisa-

3

tion. Il n'en faut pas davantage pour que de petites fumures suc-
cédant à de grosses fumures paraissent engendrer proportionnellement plus de récoltes. Toujours est-il qu'un fait reste à l'abri de toute
contestation : les récoltes croissent en raison des engrais. Toujours
est-il aussi que, dans une ferme où le travail a été porté à sa plus
haute perfection, il est d'un intérêt immense de fumer le sol au maximum pour en obtenir des récoltes maxima, puisque :

1° Avec une petite fumure on dépense, par hectare, 294 fr. 12 pour
récolter 1,432 litres de blé qui reviennent à 17 fr. 05 l'hectolitre ;

2° Tandis qu'avec une fumure au maximum, on dépense 402 fr. 17
par hectare, pour récolter 2,864 litres de froment qui ne reviennent
qu'à 10 fr. 67.

Ainsi, deux moyens de multiplication des hectolitres de blé sont en
présence. On peut obtenir 29 à 30 hectolitres de blé sur un seul hectare où l'on dépense 402 fr. 17. Ou bien, on peut les obtenir sur
2 hectares à petite fumure qui exigent une dépense de 294 fr. 12 l'un,
ou de 588 fr. 24 pour les deux.

Dans le premier cas, on dépense moins par hectare, il est vrai,
mais on a l'hectolitre de blé à 17 fr. 05. Dans le second cas, la dépense par hectare est augmentée, c'est vrai encore ; mais, en revanche, la dépense par hectolitre est diminuée.

Il faut donc que la culture à petites avances cesse d'avoir des prétentions à passer pour la culture la plus économique. En fait, elle est
plus dépensière que la culture à gros capital, car de ce qu'elle dépense moins par hectare, il en résulte précisément qu'elle dépense
davantage par hectolitre, c'est-à-dire qu'elle a de plus gros prix de
revient et de plus faibles bénéfices. Il y a des années et des années
que la petite culture nous crie cette vérité par-dessus les toits. Il y a
longtemps que la petite culture ne prospère que parce qu'elle n'embrasse que ce qu'elle peut bien étreindre. Plus les salaires et les
fermages augmentent, plus il devient de toute rigueur que la grande
culture se décide à rechercher l'abondance, la variété, la sécurité et
la production à bon marché de ses récoltes dans l'abondance et la variété des fumures, plutôt que dans l'étendue des surfaces emblavées.

Il y a, Messieurs, quant au point de vue du placement des capitaux
agricoles, un très-haut enseignement dans ce qui précède. Voyez la
triste opération financière que font ceux qui, sous prétexte de cultiver

avec économie, ne dépensent que 294 francs par hectare de blé, à la manière de Roville. Il sont obligés, je le répète en insistant sur ce point, de dépenser 588 fr. pour récolter 28 à 29 hectolitres de blé revenant à 17 fr. 05 l'un. Voyez, au contraire, ce que font les cultivateurs qui visent aux grosses récoltes par les fortes fumures. Ceux-là peuvent récolter 28 à 30 hectolitres de blé sur un seul hectare, et ils arrivent à ce résultat que l'hectolitre ne leur revient qu'à 10 fr. 67.

Tels sont donc les avantages des capitaux-engrais. Ils font entrer l'agriculture dans la voie des placements à gros intérêts, car, il faut le dire et le redire sans cesse, l'engrais éparpillé sur de vastes surfaces, c'est le régime des petites récoltes et des petits profits. Au contraire, l'engrais appliqué au maximum, c'est le régime des grosses récoltes et des gros profits. Or l'agriculture française récolte en moyenne 14 hectolitres de blé par hectare. Il ne faut pas s'étonner qu'elle place ses capitaux à petits intérêts. Elle s'arrête justement à la limite où cesseraient les sacrifices et où viendraient les bénéfices. Avec des récoltes de 14 hectolitres, elle se borne à couvrir ses frais. Ce n'est qu'à partir des rendements supplémentaires, pour lesquels il suffirait d'avances consistant uniquement en frais de fumure, qu'elle deviendrait une industrie lucrative.

Et ce qui est vrai pour le blé l'est à plus forte raison pour les récoltes-racines et les récoltes industrielles qui comportent une très-haute main-d'œuvre. C'est par l'application du principe de la fumure du sol au maximum qu'on réduira le prix de revient de ces récoltes dans les pays où le prix du sol et du travail sont arrivés à un certain taux. C'est par là aussi que se sauvera la grande culture dans toutes les situations où le régime pastoral, le régime forestier et le régime de la jachère morte ne sont plus de bons moyens économiques d'exploitation du sol. Notons bien, Messieurs, que, grâce aux engrais minéraux et aux engrais azotés que l'agriculture de notre époque peut se procurer en dehors du bétail, la question de la fumure du sol au maximum a fait un pas immense. Il fallait autrefois beaucoup de temps et de capital pour multiplier le fumier par le fumier lui-même. On peut marcher plus vite aujourd'hui en fertilisant tout à la fois le sol et par les fumiers et par les engrais extérieurs provenant du commerce et de l'industrie. Cette alliance des fumiers et des engrais commerciaux accroît les facilités d'installation de la culture intensive. J'en éprouve, à chaque instant, pour mon propre compte, les heureux effets dans l'amélioration du domaine que je fais valoir en pleine Sologne, pays ou abondent les mauvaises terres autant qu'y manquent les fumiers de ferme. J'aurais reculé devant la tâche si, conformément aux anciennes formules de culture intensive, j'avais dû viser à accumuler promptement une tête de gros bétail par hectare, afin de saturer le sol par des fumures de 60 à 80,000 kilogrammes. J'ai, au contraire, marché avec confiance dès qu'il m'a été démontré qu'avec des fumures de 20 à 25,000 kilogr. de fumier et le reste en guano, phosphate, chaux, matières animales ou engrais chimiques, j'improviserais vite de grosses récoltes en état de rémunérer leurs frais de production. Ces grosses récoltes, elles peuvent au moins se défendre contre les excès de froid, de chaleur, de sécheresse et d'humidité, qui, je le vois chaque jour dans mon voisinage, mettent en danger le sort des petites récoltes souvent compromises. Terres améliorées, production plus abondante, plus régulière, plus indépendante des saisons : voilà des faits agricoles qu'il est facile de vérifier dans les pays en voie d'amélioration où les extrêmes se touchent de près.

Je m'arrête là, Messieurs, et je vous remercie de l'attention bienveillante que vous venez de m'accorder. La question de la culture intensive est une de celles qui devaient être mises des premières à l'ordre du jour dans le pays de Mathieu de Dombasle. Ne prenez pas trop au pied de la lettre, je vous prie, ce que je vous ai dit de la récolte doublée par une fumure double, car il n'est pas nécessaire que les avantages des grosses fumures soient poussés à ce point pour que les grosses fumures apparaissent comme le plus puissant moyen de produire à bon marché dans les terres où, comme à Roville, la couche arable est arrivée à un bon état d'ameublissement et de propreté. La récolte ne fût-elle pas doublée, il serait encore très-profitable, messieurs, de concentrer les engrais, au lieu de les éparpiller. Ne dites pas que les chiffres de Mathieu de Dombasle ont vieilli. Ne dites pas qu'aujourd'hui les salaires ont augmenté. Toutes ces différences n'amoindriraient en rien ma démonstration. Toujours vous auriez à comparer deux systèmes, l'un à petites fumures, l'autre à grosses fumures. Et la logique voudrait que les frais fixes portés d'un côté le fussent aussi de l'autre. Quant aux frais variables, il faudrait également adopter les mêmes prix d'unité pour le quintal de fumier, pour le battage, pour le transport au marché. Soyez donc persuadés que tout l'avantage resterait aux grosses fumures, pourvu toutefois que le prix des engrais fût toujours en rapport avec le prix des excédants de produits. Veuillez vous poser cette question : *Étant donnée une quantité d'engrais, sur quelle surface faut-il l'employer pour en obtenir le plus de récolte au moindre prix de revient?* Il n'y a pas de plus grosse question agricole que celle-là, car il n'y en a pas qui mette le cultivateur plus directement en contact des causes qui engendrent les profits ou les pertes de l'agriculture de notre époque. Tout cela vaut donc la peine d'être expérimenté et d'être discuté dans nos congrès.

Que si maintenant, vous m'objectez, Messieurs, que de très-nombreux cultivateurs font d'assez bonnes affaires avec de petites récoltes à l'hectare, je me garderai bien de contester ce fait qui est l'un des traits essentiels de notre situation économique. Il n'est que trop vrai que, dans beaucoup de pays, il est plus facile aux cultivateurs de se procurer de la terre que du capital et, par suite, d'éparpiller leurs forces au lieu de les concentrer. Mais, soyez-en certains, la manière de vivre de ces cultivateurs est pour beaucoup dans leur demi-succès. Beaucoup, en ce cas, s'imposent de dures privations ; beaucoup, en ce cas, se livrent à des spéculations où ils excellent dans l'art de bien vendre et de bien acheter. Tous s'attachent à payer le travail en nature. Ils réduisent leur personnel salarié en argent. Bref, ils travaillent plutôt pour leur propre consommation que pour le débouché. Tels, messieurs, vivent encore en dehors de la vie d'échange de nombreux cultivateurs. Ce n'est là, croyez-le bien, qu'une affaire de chemins, de canaux, de conditions qui les appelleront bientôt à entrer dans le courant des affaires générales du pays. Il n'y a pas à lutter contre ce nouvel ordre de choses. L'agriculture est appelée à se transformer en industrie faisant valoir des capitaux. Plus elle ira, moins elle devra céder à l'ambition des grandeurs territoriales. De deux choses l'une : ou les grands domaines se morcelleront jusqu'à ce qu'ils soient au niveau des capitaux d'exploitation disponibles, ou les capitaux agricoles se grossiront de manière à empêcher le démembrement excessif des grandes propriétés. Il est plus probable, cependant, que les deux solutions seront données à la fois à cet immense problème : mais ce qui est inexorable, ce qui sera la loi suprême, c'est que le travail agricole ne trouvera sa rémunération que par un bon équilibre entre la surface du sol exploité et la quotité du capital assigné à chaque hectare. Tôt ou tard, il faudra fumer le sol au maximum pour en obtenir des récoltes abondantes, variées, certaines et à prix de revient minimum. Si les congrès contribuent à répandre ces vérités, ils auront, n'en doutons pas, de très-beaux titres à la reconnaissance du monde agricole.

Le docteur Nessler, directeur de la station agronomique de Carslruhe, cite des exemples de résultats obtenus pour l'amélioration des terres par l'emploi des terres tourbeuses et des tourbes mêlées aux cendres de bois.

La parole est à M. de Boullenois, président du comice de Vouziers, qui s'exprime ainsi :

MESSIEURS,

Après les paroles que nous venons d'entendre il y aurait certainement, de ma part, témérité à demander à une assemblée aussi distinguée un moment d'attention, s'il ne s'agissait pas de tout autre chose que d'une lutte oratoire.

Heureusement nous avons créé notre réunion dans l'espoir de faire en famille, et dans les termes qui nous sont familiers, les affaires qui nous intéressent à un si haut point que nous n'avons pas hésité à nous séparer de nos occupations les plus pressantes et à faire un long et pénible trajet.

Messieurs, ce n'était pas tout à fait cette question spéciale : *la culture intensive*, dont je désirais vous proposer l'étude, mais elle se lie si étroitement à celle que je croyais devoir prendre pour base et elle me conduit si directement au même résultat que je vais essayer de la suivre un instant avec vous.

Il y a, vous le savez tous, Messieurs, en dehors de ce qu'on pourrait appeler une opération agricole, comme un drainage, une irrigation, un défoncement, etc... il y a trois entreprises agricoles bien distinctes.

La première qui est le point de départ essentiel de l'agriculture, c'est *l'exploitation du sol* proprement dite, sans adjonction de ce qu'on est convenu d'appeler une industrie agricole.

La seconde, c'est *l'industrie agricole* s'alimentant au moyen de produits achetés plus ou moins directement à des cultivateurs exploitant le sol.

La troisième, c'est la réunion des deux autres dans les mêmes mains, sur le même terrain, c'est-à-dire *une exploitation du sol* avec une industrie annexe.

La première de ces entreprises, — dans les conditions qui nous régissent, — ne peut, si ceci n'était pas universellement reconnu, il serait facile de l'établir, — la première de ces entreprises ne peut produire, pour tous ses capitaux engagés, un profit net, un intérêt suffisant. C'est là qu'est le mal, c'est là qu'est la plaie, c'est ce que nous avons à étudier si nous ne voulons pas faire comme ce médecin qui entraînerait son malade en grands frais et grandes fatigues avant d'avoir bien défini sa maladie.

L'honorable M. Lecouteux a dit qu'il importait principalement de savoir ce que coûte un hectolitre de blé, qu'il me permette d'ajouter ma dernière opération arithmétique, opération suprême pour le père de famille, c'est la balance entre les frais et les profits.

La seconde entreprise est plutôt une affaire industrielle ordinaire qu'une entreprise véritablement agricole, puisqu'elle opère séparément avec des produits achetés sur le marché agricole, avec des produits que lui cède à perte sa sœur aînée que nous avons nommée l'exploitation du sol.

Quoi qu'il en soit, cette entreprise ainsi que toutes les autres entreprises industrielles spéciales auxquelles elle ressemble en tous points, peut, selon qu'elle est bien ou mal montée ou selon qu'elle est bien ou mal conduite, obtenir un succès ou un échec; et devant le sujet qui nous occupe son étude devient forcément une chose secondaire.

Enfin la troisième entreprise agricole, celle qui réunit les deux autres, sur *le même terrain et dans la même main*, demande des conditions de fortune et des aptitudes multiples tellement difficiles à rencontrer que, malgré les avantages qu'elle semble présenter et ses résultats fructueux fussent-ils plus certains, nous ne pouvons, en face des prohibitions et des impôts et droits spéciaux établis, en proposer l'emploi d'une manière générale lorsqu'il s'agit de rechercher les moyens de faire dorénavant prospérer l'agriculture en France.

D'ailleurs, si pour obtenir un succès dans l'ensemble de ces deux entreprises agricoles réunies, la seconde devait couvrir, par un excédant de bénéfices par elle obtenu, les pertes de la première, il demeurerait entendu une fois de plus que le travail de cet immense atelier agricole couvrant nos millions d'hectares fertiles, au lieu de produire : *fortunes privées et fortune publique*, — n'apporte pas aux travailleurs une rémunération suffisante, — prive la nation de la sécurité et de la confiance qu'enfante une abondante production, et appauvrit son trésor qu'alimenteraient un plus grand commerce agricole et une plus large exportation agricole.

Entrant ici dans le cœur de la question, celle de la culture intensive, nous sommes tous d'accord, je pense, que cette culture est à peu près tout ce que notre champêtre horizon montre à nos regards inquiets pour apporter à l'exploitation du sol, qui souffre, quelque chance de prospérité.

Nous le reconnaissons d'autant plus que partout où peut s'établir une industrie sucrière ou une distillerie, les hectares de terre arable qui les avoisinent ont aussitôt à leur trop chétif *avoir* l'inscription d'un produit nouveau qui aide à atténuer quelque peu le chiffre trop considérable de leur *doit*.

Mais cette faible ressource peut-elle s'étendre également sur les hectares qui s'éloignent des sucreries ? Non ! elle décroît en proportion de l'éloignement et s'éteint tout à fait à une faible distance de l'usine. D'ailleurs elle ne peut s'appliquer à toutes les qualités de terre arable.

Le remède n'est donc pas assez radical et il faut que nous en trouvions un autre. Mais avant de vous en proposer un, laissez-moi, Messieurs, dire que loin de moi est la pensée de supposer dans cette question un embarras quelconque pour les finances publiques.

Les agriculteurs connaissent leurs devoirs et feront toujours avec entrain, pour la marche et la gloire de leur pays, les sacrifices qu'il attend d'eux. Permettez-moi de vous dire aussi que je suis de ceux qui ont gémi quand ils ont vu que le soutien de la cause la plus honnête, la plus pacifique, avait été entrepris sans mandat de notre part par ceux qui, selon le tableau si vivant que nous montrait hier notre sage et digne Président, « par ceux qui soufflent le vent pour produire la tempête. » Certes, sans cette fatale intervention, l'enquête agricole eut mis sous les yeux de l'Empereur une situation plus exacte de l'état de l'agriculture en France et une meilleure définition des causes qu'il faut combattre et de l'amélioration qu'il faut apporter.

Cette amélioration, vous la connaissez, Messieurs.

Puisque sur le seuil même de la voie du progrès agricole nous rencontrons une barrière presque infranchissable, puisque sur les principaux produits de la culture intensive et en dehors de tous les autres impôts et charges que nous supportons déjà et dont chaque praticien ici présent consigne chaque année le total considérable sur ses livres de compte, se dresse un autre impôt équivalant presque à une prohibition par la forme et par le fond pour la distillation des grains par exemple, *c'est le dégrèvement de cet impôt que j'ose vous proposer de demander.*

Cet impôt spécial sur les sucreries, ces droits, ces prohibitions sur la distillation du grain, aussitôt retirés, les industries agricoles dégagées de la nécessité de s'établir grandiosement se multiplieront sous des formes ingénieusement adaptées aux exigences de l'éparpillement des centres de production, les engrais résultant de la consommation des résidus foisonneront, et le nombre et la qualité des hectares en froment augmentant, la solution du problème du blé à bon marché rémunérant suffisamment le producteur, que cherche avec tant d'ardeur tout gouvernement paternel, sera obtenue.

Mais ce n'est pas le seul mérite de l'extension de la culture intensive. Pour ces hommes des campagnes qui souvent cherchent en vain dans les villes une condition mieux adaptée à leurs facultés, à leur instruction que ne l'est celle d'un garçon de cour ou d'un garçon de charrue, la multiplication des industries agricoles enfantera de nombreux emplois variés qui les retiendront dans leur pays, dans leur famille, dans un milieu enfin, où la démoralisation n'a pas encore le caractère anti-social des grands centres de population.

On a déjà dit : comment remplacerait-on les ressources qu'apportent à l'Etat les impôts sur le sucre et les droits sur les alcools?

Messieurs, nous ne sommes pas ici une assemblée délibérante chargée de traiter cette question, chargée de trouver des impôts qui n'arrêtent pas l'essor du travail et de la fortune publique. Notre but, notre devoir est d'éclairer par nos vœux étudiés, motivés et sincères notre gouvernement sur la véritable situation de l'agriculture. Et si nous parvenons à l'éclairer il ne cherchera pas ailleurs que dans le vif de la question les moyens de nous venir en aide. Il n'écoutera pas ces théoriciens des villes qui, confondant les spéculations à courtes échéances avec nos entreprises agricoles à longues échéances, ont prétendu que la création d'un crédit foncier donnerait aux laboureurs, à ceux qui exploitent le sol, le moyen de retirer de leur travail un intérêt suffisant *de tous leurs capitaux engagés*, ces théoriciens qui nous recommandent de tracer sans cesse des sillons, de faire de la culture intensive et qui imprudemment appellent dans les villes nos ouvriers; ces théoriciens qui, partisans de conventions internationales subitement établies, lèvent les barrières qui gênaient les étrangers et conservent justement celles qui nous arrêtent et nuisent à la nation. Ces théoriciens qui nous traitent de gens arriérés et font dans leur cabinet une agriculture pleine d'esprit.

Que ces hommes se rassurent, le jour où un impôt spécial ne frappera plus les cultures qui nous permettront de devenir des agronomes au lieu de demeurer de simples et grossiers laboureurs, le jour où, pour les concurrents étrangers et français on fixera des poids égaux, notre esprit se développera à ce point que nous saurons soutenir l'honneur et la fortune de notre pays en trouvant enfin pour tous nos capitaux engagés un intérêt suffisamment rémunérateur.

Terminant ici des considérations dont le nombre et l'importance exigeraient un travail au-dessus de mes forces et plus de temps que celui dont nous pouvons disposer, j'ai l'honneur de vous proposer d'adopter le vœu suivant :

Qu'il devienne possible de supprimer les entraves, les impôts et les droits en ce qui concerne :

1° La distillation des grains et autres produits agricoles français ;

2° Le sucre de betteraves ;

Ces impôts dussent-ils être remplacés par d'autres ne faisant pas un obstacle directement opposé au développement et au perfectionnement de la culture et de ses produits.

M. Paul Genay, secrétaire du comice de Lunéville, fait remarquer au Congrès que, d'après les calculs de M. de Dombasle, les quantités de fumures employées à Roville dans les dernières années sont précisément en sens contraire des récoltes obtenues.

M. Lecouteux ne pense pas que les objections de M. Genay atteignent en aucun point son argumentation ; il reconnaît qu'il n'y a pas toujours équivalence exacte entre l'augmentation de fumier et l'accroissement des produits, mais il maintient qu'il y a plus d'avantage à doubler les engrais que les surfaces cultivées.

M. Gutton, en réponse aux observations de M. Genay, fait remarquer que dans le tableau formé par M. Lecouteux d'après les résultats inscrits sur les registres de Roville au sujet des frais de culture du froment, le chiffre total de la dépense par hectare étant de 294 francs, ce chiffre pouvait être divisé en deux parties, l'une fixe ou presque fixe et l'autre très-variable.

Ainsi le loyer de la terre, le faucillage, le labourage qui constituent des dépenses peu variables entrent dans le chiffre total pour. 220 fr.
et le fumier pour. 74

$$\text{Total égal.} \quad . . . . . \quad 294$$

Pour une production de 14 hectolitres de froment M. Gutton pense avec M. Lecouteux qu'en doublant le chiffre des engrais, l'hectare de froment rapportera davantage, et que ce rapport supplémentaire sera plus que suffisant pour diminuer notablement le prix de revient de l'hectolitre de froment. En effet, avec une fumure régulièrement persistante et devant amener le sol à un état de richesse convenable, au bout de peu de temps, l'expérience démontre qu'on peut obtenir 28 hectolitres de froment. Il est évident que chaque hectolitre dans ce cas coûtera moins à produire qu'à Roville, puisqu'une seule partie de la dépense, le quart environ, a augmenté, les autres restant stationnaires. En d'autres termes la dépense totale aura augmenté d'un quart chaque année et au bout d'un certain nombre d'années la production sera doublée.

M. de Scitivaux de Greische fait remarquer à l'occasion

de la divergence d'opinions existant entre MM. Lecouteux et Genay, que l'un et l'autre ont omis de faire
mention de l'amélioration générale du sol de Roville par une
bonne culture mécanique, par un labour profond et mieux
divisé par des instruments sans cesse perfectionnés. C'est
donc par suite de la bonne culture mécanique de la ferme de
Roville que M. de Dombasle a pu compenser la réduction
forcée de ses engrais.

L'ameublissement continu et prolongé des terres de Roville,
par plusieurs années de culture faite avec soin, doit aussi
entrer en ligne de compte dans l'explication des résultats obtenus.

M. Chevandier de Valdrôme prie le Congrès d'ajourner à
demain le vœu qui lui est soumis par M. de Boullenois. Il
pense qu'il serait peut-être imprudent d'adopter, sans une
réflexion approfondie, la suppression d'un impôt qu'il faudrait sans doute remplacer par un autre non moins lourd
pour une catégorie quelconque de contribuables, et il hésite
à penser que cette suppression soit un avantage considérable
pour les producteurs. Sans doute l'abaissement du prix du
sucre lui paraît désirable, mais il craint que celui du prix
des alcools n'entraîne des inconvénients sérieux au point de
vue de la moralité des campagnes et ne tourne par suite au
détriment de la main-d'œuvre.

La proposition d'ajournement est adoptée et la discussion
sur le vœu renvoyée à la séance du 25.

M. LE PRÉSIDENT. L'ordre du jour appelle la discussion
sur la question des engrais chimiques.

La parole est à M. Grandeau :

MESSIEURS,

Il résulte clairement de l'intéressante communication que vient de
nous faire M. Lecouteux avec l'autorité si grande qu'il possède en
pareille matière, que l'avenir de l'agriculture est lié intimement à

l'introduction des fortes fumures dans nos exploitations rurales. Mon intention n'est pas de rentrer dans la question de la culture intensive, la compétence d'ailleurs me ferait défaut ; je vous demanderai seulement la permission d'appeler votre attention sur les *engrais chimiques* qui, d'après ce que vous venez d'entendre, sont destinés à jouer un rôle de plus en plus considérable dans notre pays. Je vous entretiendrai particulièrement du contrôle de ces engrais par les stations agronomiques, et j'espère que mes savants collègues et amis d'outre-Rhin voudront bien compléter ce que je vais dire, en vous faisant connaître les résultats de leur expérience déjà longue. L'emploi, sur une large échelle, des engrais dits chimiques me semble une nécessité absolue de la culture intensive au moins jusqu'au jour encore éloigné ou nous serons arrivés à produire des quantités de fumier de ferme suffisantes pour doubler la fumure ordinaire de nos terres, comme vous l'indiquait tout à l'heure M. Lecouteux. Depuis que les admirables travaux de Liebig ont mis en relief le rôle considérable des matières minérales dans la nutrition des végétaux, l'attention des agronomes allemands et anglais s'est portée sur les moyens de préparer et de se procurer à bas prix des engrais autres que le fumier de ferme et pouvant lui servir d'adjuvant. Chez nos voisins, le commerce des engrais chimiques a pris un développement considérable et c'est par millions de tonnes que se compte aujourd'hui la consommation de certains d'entre eux (superphosphate, sels de potasse, guano). En France, ces substances fertilisantes n'ont pas pris encore dans la culture le rang que leur assigne leur valeur nutritive. Les agriculteurs qui depuis vingt ans emploient des quantités notables d'engrais chimiques constituent de rares exceptions : l'un des services les plus importants que les stations agronomiques puissent rendre à la culture française est sans contredit d'expérimenter ces engrais comparativement avec le fumier et de provoquer les agriculteurs à tenter des essais analogues entrepris simultanément dans des sols différents. Sans rechercher la part qu'il faut attribuer à la routine des uns, au charlatanisme des autres pour expliquer le peu de faveur qu'ont relativement rencontré jusqu'ici, chez nous, les engrais artificiels, je crois pouvoir signaler comme une des causes principales de la lenteur avec laquelle leur usage pénètre dans les exploitations rurales, les grandes variations que présente leur composition et la difficulté pour l'acquéreur de connaître au juste, dans la plupart des cas, la composition, et par suite la valeur réelle du produit que lui livre le commerce.

Dans l'Enquête sur les engrais industriels (1), on a beaucoup discuté sur les mesures à adopter pour obvier à cet état de choses et en fin de compte on est arrivé à proposer une loi répressive qui, à mon avis, n'atteint pas du tout le but qu'on s'était proposé. Elle édicte des peines sévères, il est vrai, contre les falsificateurs; mais si elle arme la justice pour réprimer la fraude, elle n'offre à l'acquéreur d'autres garanties que la poursuite qu'il peut exercer contre le vendeur : or, cette poursuite, le cultivateur trompé regardera toujours à l'exercer, parce que, la plupart du temps, le procès qu'il intentera lui coûtera plus cher, quelle qu'en soit l'issue, que le dommage qui lui est causé par le fabricant malhonnête. J'entends M. Barral me dire que la loi n'a jamais été appliquée depuis sa promulgation, c'est une preuve de plus en faveur de mon argumentation. Prévenir vaut mieux que réprimer ; c'est précisément le but qu'on peut facilement atteindre à l'aide des stations agronomiques.

M. le professeur Lehmann, directeur de la station centrale de Bavière, que nous avons l'honneur de posséder au milieu de nous, a introduit dans la Saxe un système de contrôle des engrais industriels que je vous demande la permission de vous exposer en quelques mots. Comme vous le savez, les engrais artificiels consistent en un mélange de quelques principes fertilisants (peu nombreux d'ailleurs) avec une plus ou moins grande quantité de matières moins actives qu'eux, ou souvent même absolument inertes. Ce qui importe à l'agriculteur, c'est donc de connaître exactement le taux pour cent de substances utilisables par les plantes (acide phosphorique, azote, potasse, etc.), que contient l'engrais qu'il achète.

L'analyse chimique peut seule le renseigner à ce sujet. La vente sur titre, quelques critiques qu'on en ait faites lors de l'Enquête, c'est-à-dire la vente acompagnée de la déclaration par le fabricant de la composition de l'engrais livré par lui est, à mon avis, la seule combinaison qui, dans l'état actuel des connaissances de nos cultivateurs, puisse offrir des garanties sérieuses à l'acheteur. Pour fixer les idées, suppo-

_____

(1) 2 vol. in-4°. Imprimerie impériale. 1868.

sons qu'il s'agisse d'un engrais dont la valeur réside dans sa teneur en acide phosphorique, en chaux et en azote. Si le fabricant en livrant l'engrais disait à l'acquéreur : Je vous garantis que la matière fertilisante que je vous vends contient tant d'acide phosphorique, tant de chaux et tant d'azote par cent kilog. et le prix de mes engrais est basé sur le prix du kilog. d'azote, d'acide phosphorique et de chaux ; si, en même temps, le contrôle était facile et n'entraînait que des frais minimes pour l'acheteur, ce dernier trouverait tous les garanties désirables et ne serait pas exposé aux mécomptes onéreux qu'il rencontre aujourd'hui dans l'emploi des engrais artificiels et qui, cela se comprend, l'en détournent.

Eh bien, messieurs, les stations ont réalisé dans presque toute l'Allemagne ce progrès considérable dans le commerce des engrais. Voici comment. Les fabricants honnêtes, dont l'intérêt et la volonté doivent s'accorder à livrer un produit loyalement fabriqué, traitent avec une station pour le contrôle de toute leur fabrication de l'année, à des conditions librement débattues entre eux et le directeur de la station. A partir de ce moment, le directeur devient, vis-à-vis du public, le garant du fabricant.

Le contrat s'effectue de la manière suivante :

Le directeur de la station a le droit de pénétrer dans l'usine quand bon lui semble, d'y prélever telle quantité d'échantillons d'engrais qu'il lui convient, il analyse le produit fabriqué et publie mensuellement les résultats de cet examen. Une dernière garantie est offerte aux clients des fabriques d'engrais contrôlées par les stations. Ces derniers ont le droit de faire analyser gratis, au laboratoire de la station chargée du contrôle de l'usine, le produit acheté par eux.

Rien ne serait plus facile, il me semble, que d'étendre à toutes les fabriques importantes d'engrais artificiels des mesures analogues qui ne gênent en aucune façon le fabricant honnête et qui sont pour le consommateur une garantie précieuse de la pureté des produits qu'il achète.

Je dis que ce contrôle ne gêne en rien le producteur consciencieux. Je devrais dire qu'il lui est avantageux. En effet la composition des engrais industriels ne saurait être constante quels que soient les soins apportés à leur préparation. Les matières premières sont en effet presque toujours des produits bruts ou des déchets de composition variable ; de plus, suivant les quantités de matière mises en traitement, suivant le procédé employé, la composition finale de l'engrais varie : or, si l'on n'analyse pas le produit livré au commerce, on n'a qu'une idée approximative de sa valeur vénale ; tandis que dans le système du contrôle le vendeur et l'acheteur trouvent tous deux leur compte ; celui-ci ne paye que ce qu'il achète, celui-là reçoit le prix de toutes les matières utiles qu'il vend.

Dans la vente au 100 kilos sans titre, au contraire, il peut arriver, et j'ai pu bien des fois déjà constater qu'il en est ainsi, il peut arriver, dis-je, que l'engrais vendu aujourd'hui le même prix qu'il y a trois mois, mais provenant d'une autre fabrication ait une valeur inférieure ou supérieure au précédent suivant les cas, de plusieurs francs par 100 kilos.

Le contrôle par les stations me semble devoir être adopté ; il n'est pas de meilleur moyen d'arriver promptement à rendre loyal le commerce des engrais industriels ; il est évident en effet que les fabricants qui n'iraient pas au devant des stations, ou qui, sur la demande de leurs clients, refuseraient de se soumettre à ce contrôle, feraient ainsi un aveu implicite des fraudes qu'ils se disposeraient à commettre. L'établissement du contrôle, organisé comme je viens de le dire, fournirait les moyens certains de distinguer du premier coup les fabricants honnêtes de ceux trop nombreux encore qui ne le sont pas.

Pour vous montrer avec quel succès fonctionne le système de contrôle dans certaines régions de l'Allemagne, permettez-moi, Messieurs, de vous citer deux chiffres.

La station de Halle, dirigée par le savant professeur Stohmann à contrôlé dans la seule année 1867, 242,879 quintaux d'engrais commerciaux représentant une valeur, en numéraire, de 3,362,041 francs.

Mais je me laisse entraîner par l'intérêt que m'inspire le sujet, et j'oublie que je n'avais d'autre but tout à l'heure en montant à la tribune que de prier mes savants collègues de l'Allemagne de vous donner sur cette question des renseignements plus précieux sans aucun doute que tout ce que je pourrais vous dire. Je les prie en terminant de vouloir bien rectifier, s'il y a lieu, ce que les indications précédentes pouvaient renfermer d'inexact. — J'espère que MM. A. Müller, Kühn et Nessler voudront bien nous faire connaître leur opinion sur la matière.

La parole est à M. A. Müller, secrétaire général de l'Association centrale de Bavière :

MESSIEURS,

Il y a deux méthodes de contrôle pour le commerce des engrais artificiels. L'une de ces méthodes nous a été exposée très-exactement par M. Grandeau. Elle consiste à faire analyser de temps à autre des échantillons d'engrais, tantôt chez le fabricant, tantôt chez le commerçant ou l'acheteur et à en publier le résultat; elle est usitée dans une grande partie de l'Allemagne où elle a été appliquée avec beaucoup de succès.

Chez nous, en Bavière, nous avons suivi une autre méthode. Nous sommes partis de ce principe, que le contrôle de l'engrais doit se faire chez l'acheteur, c'est-à-dire chez le cultivateur et qu'il doit être fait *par* les soins du cultivateur même. Nous avons établi des laboratoires agricoles dans chaque province et nous offrons aux cultivateurs l'occasion de faire faire l'analyse de leurs engrais à très-bon marché. Le fabricant d'engrais sait que son produit peut être analysé au moment de l'employer et il est ainsi obligé de bien servir les acheteurs. Si le cultivateur trouve que l'analyse de l'engrais ne correspond pas avec la composition chimique que le fabricant lui a garantie, il n'a pas le droit de réclamer une indemnité, mais il achètera une autre fois son engrais chez un fabricant plus honnête. Cependant les fabricants d'engrais tiennent à conserver à côté de leur clientèle leur bonne réputation et ils sont presque toujours disposés à s'entendre avec les cultivateurs qui ont de telles réclamations à faire et à les contenter. Nous, en Bavière, nous croyons cette méthode de contrôle préférable à l'autre; le cultivateur est, de nature, très-méfiant, et si le chimiste qui doit faire les analyses et exercer le contrôle est payé par la fabrique, sa méfiance lui fait voir dans le directeur du laboratoire le confrère du fabricant. (*Rires et réclamations*).

Je ne dis pas que cela soit ainsi, je dis seulement que la méfiance du paysan lui fait voir ainsi la chose.

Au commencement, les cultivateurs se décident difficilement à faire faire l'analyse des engrais achetés, surtout si la quantité en est petite, et ils emploient souvent de l'engrais falsifié et s'en contentent, si le prix par quintal n'est pas élevé. Mais il y a un moyen simple pour obvier à cet inconvénient. C'est l'association, l'achat des engrais en commun. Les cultivateurs d'une commune ou d'un canton se réunissent et achètent l'engrais en commun. Alors la quantité est assez considérable, on est à même de traiter avec le fabricant pour le prix, pour la qualité de l'engrais et avec les laboratoires de chimie où l'analyse de contrôle doit se faire. Ce sont chez nous, les comices agricoles qui donnent l'impulsion à ces associations et qui par là ont déjà rendu des services incontestables à l'agriculture.

Voici le tarif adopté en Bavière pour ces analyses :

	TARIF POUR					
I. — *Engrais.*	les membres de la Société.		les agriculteurs.		les fabricants ou les commerçants.	
Poudre d'os......................	2 fr.	14	12 fr.	84	30 fr.	»
Baker Guano ou Phosphorite.........	2	14	10	70	25	68
Superphosphate....................	3	21	15	»	52	10
Guano du Pérou	3	21	15	»	52	10
Dosage d'un élément	1	10	5	»	10	»
II. — *Sols, minéraux.*						
Dosage d'un élément	2	14	5	»	10	»
Analyse complète..................	17	12	42	80	64	20
III. — *Fourrages et aliments.*						
Dosage d'un élément	2	18	6	42	10	»
Analyse complète	8	56	12	84	38	52
IV. — *Eau.*						
Dosage d'un élément...............	2	14	5	»	10	»
Analyse complète.................	17	12	42	80	64	20

M. G. Kühn, directeur de la station de Môkern :

C'est sans doute, dit-il, une des parties les plus importantes du rôle des stations agronomiques de préserver les agriculteurs des erreurs ou des falsifications auxquelles ils sont exposés en achetant des engrais chimiques. Pour atteindre ce but les stations allemandes ont adopté différentes dispositions. Les directeurs des stations passent avec les fabricants ou les commerçants d'engrais un contrat qui leur donne le droit de visiter toujours et à chaque heure la fabrique ou les dépôts, de prendre des échantillons et de publier le résultat de l'analyse. Outre cela, comme vous l'indiquait M. Grandeau, une autre garantie est offerte aux clients des fabriques d'engrais contrôlées par les stations. Ces derniers ont droit, en déclarant l'origine de l'engrais, de le faire analyser gratis au laboratoire de la station. Les frais de ce contrôle sont supportés par le fabricant ou bien celui-ci les réclame à l'acquéreur. Mais M. Kühn a souvent fait l'expérience, lorsqu'il dirigeait la station de Brunswick, que la publication des résultats *favorables* obtenus par le contrôle est dangereuse. Elle provoque trop de confiance pour la fabrique et fait croire aux cultivateurs qu'il n'est plus nécessaire d'aller faire faire l'analyse des engrais achetés au laboratoire des stations. L'analyse des engrais vendus est naturellement un moyen plus sûr que le contrôle des dépôts, parce que même un contrôle exécuté fréquemment et avec la plus grande exactitude par le chimiste ne peut l'instruire de ce qui se passe aussitôt qu'il a quitté la fabrique ou le dépôt. Voilà pourquoi M. Kühn recommande aux stations de publier seulement les résultats des analyses lorsqu'ils dénotent une fabrication imparfaite, et surtout d'exercer une influence sur les agriculteurs pour les amener à envoyer des échantillons d'engrais achetés à la station pour les y faire analyser.

M. Barral reconnaît tout ce qui s'est fait à cet égard en Allemagne; mais il tient à rappeler aussi les progrès réalisés en France en cette matière. Vingt-cinq ou trente laboratoires existent, subventionnés pour la plupart par les départements, et ce sont les cultivateurs eux-mêmes, devenus sagement méfiants, qui leur demandent des analyses, sauf aux fabricants à provoquer, en cas de contestation, une expertise nouvelle. La bonne chimie exige des dépenses, et il est à désirer que la Société des agriculteurs de France puisse subventionner des chimistes dans les différentes régions de notre pays.

Ce qui est essentiel, c'est que les analyses soient faites de telle sorte qu'elles constatent, non pas seulement le taux pour cent des substances nécessaires à l'amélioration des terres, mais aussi la forme sous laquelle elles se présentent avec un degré plus ou moins grand d'utilisation pratique et de fertilisation plus ou moins immédiate, en raison de ce fait que certains principes agissent rapidement et d'autres au bout d'un temps plus long.

M. Kühn s'étonne, non sans quelque raison, que les cultivateurs français soient arrivés à ce point de science de préparer eux-mêmes leurs engrais minéraux et de recourir spontanément au chimiste. Les Allemands ne sont assurément pas aussi avancés; et, d'après lui, si M. Barral ne se fait pas d'illusion, il n'y aurait plus rien à tenter en France dans cette direction.

M. le Dr Nessler, directeur de la station de Carlsruhe :

MESSIEURS,

Chez nous, dans le grand duché de Bade, nous prélevons de temps à autre des échantillons dans les magasins d'engrais chimiques, nous les examinons et nous publions les résultats des analyses ; en outre, tout acheteur d'au moins 500 kilog. a le droit de demander à la station l'analyse gratuite de l'engrais que la fabrique lui a envoyé. Je crois que le contrôle de la fabrique a ses grands avantages. Dès le début des travaux de la station agronomique, il y a 10 ans, j'ai fait savoir aux cultivateurs que les engrais chimiques qu'on envoie à la station sont examinés gratuitement, mais presque personne n'en envoyait ; nous étions obligés de faire chercher des engrais aux endroits où on vendait pour savoir quelle sorte d'engrais était livrée au commerce. Nous trouvions assez souvent des engrais qui ne valaient pas le tiers de ce qu'on en demandait. Même après avoir publié ces résultats défavorables aux cultivateurs, nous n'avons guère reçu plus d'échantillons d'engrais chimiques pour les analyser. On dit que si on publie les résultats du contrôle de la fabrique, les acheteurs d'engrais

se croient déjà assez mis à couvert contre la fraude. Mais nous avons
publié déjà quelquefois des analyses qui étaient défavorables aux fabricants, malgré cela les cultivateurs n'envoient pas plus d'engrais à
la station. Si nous contrôlons la fabrique, le fabricant est obligé de
faire analyser les matières premières et les produits, il est obligé de
connaitre la marche de sa fabrication, tandis que là où la fabrique
n'est pas contrôlée, le fabricant peut devenir insouciant parce qu'il
sait très-bien qu'entre mille acheteurs il n'y en n'a guère qu'un qui
fera analyser son engrais chimique, et si même on trouve une fois un
mauvais produit chez un acheteur, on ne peut pas dire grand chose,
parce que le fabricant a, dans ce cas, tant de prétextes pour se tirer
d'affaire, que ça ne lui fait pas de tort; il prétend alors qu'on s'est
trompé dans la fabrique, que l'engrais a été altéré pendant le transport
ou par l'acheteur, etc. Je suis bien persuadé, je le sais même par
expérience, qu'il existe des fabriques non contrôlées où l'on vend
souvent des superphosphates contenant le tiers ou la moitié de la
quantité annoncée d'acide phosphorique soluble. Le contrôle des fabriques sera toujours bon, mais je le crois indispensable tant que les
cultivateurs ne reconnaitront pas l'importance de faire analyser les
engrais chimiques. Si nous publions les résultats de nos analyses, c'est
un avantage pour le fabricant, c'est une espèce de réclame. Je crois,
que c'est aussi l'avantage des agriculteurs, si nous protégeons le bon
fabricant, le fabricant qui nous ouvre ses magasins pour y prendre des
échantillons, et qui veut de tout cœur bien fabriquer ; il faut que nous
le protégions contre la concurrence qui n'est pas contrôlée et qui peut
vendre les mauvais produits à meilleur marché que lui. — On a aussi
dit que le paysan n'a pas assez de confiance dans le chimiste parce que
celui-ci avait l'avantage d'être en bons termes avec le fabricant; eh
bien, Messieurs, je ne puis pas dire cela; je sais qu'assez souvent les
paysans demandent aux voyageurs des fabriques d'engrais chimiques,
si la fabrique est sous le contrôle, et dans les dernières années, les
petites fabriques qui n'ont pas été contrôlées ont cessé de travailler
parce qu'on n'y avait pas confiance. Un entrepreneur de Carlsruhe
voulait vendre aux enchères une grande quantité de compost; plusieurs paysans lui dirent qu'ils en achéteraient seulement si la station
donnait un bon certificat; donc cela prouve une certaine confiance de
la part des paysans. Si ces derniers n'envoient pas d'échantillons d'en-

grais dans la station pour les faire analyser, ça n'est pas manque de confiance, c'est indifférence, et encore plus parce qu'on ne sait pas bien comment il faut prendre l'échantillon, comment il faut l'emballer et l'envoyer, en un mot les cultivateurs n'ont pas l'habitude de s'occuper de telles choses.

M. le Secrétaire général présente au nom de M. le baron de Stietencron, délégué de Lippe-Detmold, le projet de statuts adopté par la Société agricole de Westphalie au sujet du contrôle des engrais. Voici la traduction exacte de ce document :

Statuts sur le contrôle des engrais proposés par l'association agricole de Westphalie et de Lippe.

§ 1.

L'association agricole de Westphalie et de Lippe organise un contrôle des fabriques et des dépôts d'engrais dans la province de Westphalie et dans le duché de Lippe.

§ 2.

Le but de ce contrôle est de donner à l'agriculteur toute la sécurité possible dans l'achat des engrais et de s'opposer à la vente des engrais falsifiés.

§ 3.

Le contrôle s'étend sur les fabriques et sur les dépôts qui consentent à soumettre volontairement leurs fabrications et leurs marchandises au contrôle de l'association.

§ 4.

Il faut que les fabricants qui consentent à ce contrôle remplissent les conditions suivantes :

A. Ils placent la totalité de leurs produits fabriqués ou vendus sous le contrôle de l'association.

B. Ils s'engagent par écrit à remplir toutes les conditions fixées.

C. Ils font connaître la composition de leurs produits fabriqués et garantissent un certain titre exprimé en centièmes. Lorsque les engrais contiennent à la fois de l'acide phosphorique soluble et insoluble, il faut que le titre de chacun soit indiqué séparément.

D. Il ne faut pas employer pour la désignation des engrais des noms pouvant servir de réclame ou pouvant facilement induire le public en erreur.

E. Les contractants doivent faire connaitre tous leurs dépôts et toutes leurs agences.

F. Ils s'engagent pour le cas où le titre d'un engrais vendu serait inférieur à un et demi pour cent au titre indiqué par eux, à diminuer le prix de l'engrais au *prorata* de la différence.

Le kilo d'acide phosphorique soluble sera calculé sur le pied de 1 fr. 10 c., le kilo d'azote 2 fr. 20 c. et le kilo de potasse 0,75 c.

G. Il sera fait exception aux conditions précédentes pour le guano du Pérou aussi longtemps que les consignataires du gouvernement péruvien ne garantiront pas le titre, mais seulement l'origine. En cas de contestations la station agronomique de Bonn décidera.

§ 5.

Le contrôle sera exécuté sous la direction et sous la surveillance du président de l'association provinciale. Le secrétaire général est chargé spécialement de l'exécution; il fera un rapport dans les séances du conseil.

Aussi longtemps que la Westphalie ne possèdera pas une station agronomique, les analyses seront confiées à un ou plusieurs chimistes compétents.

§ 6.

Les fabricants ou les négociants enverront les échantillons au siége de l'association dans des flacons portant une étiquette très-lisiblement écrite qui en indique le contenu. Ces échantillons déposés seront renouvelés toutes les fois qu'une nouvelle qualité d'un engrais sera livrée au commerce par le fabricant.

§ 7.

Le contrôle sera aussi exécuté sur les échantillons des produits vendus; de plus sur l'avis du conseil auront lieu des inspections des fabriques et des dépôts, inspections ayant pour objet le prélèvement des échantillons. Enfin on inspectera également les engrais vendus, pendant leur transport.

Le contrôle s'exercera principalement enfin sur les marchandises vendues, dont on enverra des échantillons pour être examinés. Les analyses, au cas particulier, seront faites gratis, toutes les fois que la quantité achetée d'une même sorte d'engrais montera au moins à 500 kilogrammes, mais la prise d'essai devra être faite sous les yeux du vendeur, l'échantillon devra être scellé de son cachet et s'il y a lieu cette prise d'essai sera faite devant témoins. Il faut que l'échantillon ait un poids suffisant, qu'il soit emballé de telle façon qu'une altération ne soit pas à craindre, enfin qu'il soit accompagné d'une facture ou d'une note d'expédition.

§ 8.

Deux fois par an le journal de l'association insèrera gratuitement les annonces des fabricants et des négociants à la condition qu'elles ne dépasseront pas une certaine dimension. Les annonces des fabricants qui n'ont pas accepté de se faire contrôler ne seront pas insérées dans le journal. Les résultats des analyses seront aussi publiés gratuitement.

§ 9.

Pour couvrir les frais qu'entrainera ce contrôle pour l'association, les fabricants ou les négociants verseront à la caisse de l'association à la fin de chaque année une cotisation s'élevant à 15 cent. par quintal, et pour les engrais à très-bon marché 5 p. 100 du prix de vente ; cependant on pourrait faire des contrats à forfait.

§ 10.

Les contrats pourront être résiliés aussi bien de la part de l'association que de celle du fabricant et des négociants ; ces derniers cependant seront tenus, en cas de résiliation, de payer la cotisation pour l'année courante.

§ 11.

Ces statuts seront en vigueur dès le 1er janvier 1870 et valables pour deux ans.

M. Grandeau résume en ces termes ce qui vient d'être dit sur le contrôle des engrais chimiques;

Il résulte, Messieurs, des discussions très-intéressantes que vous venez d'entendre, qu'il y a en Allemagne deux modes de procéder dans les stations agronomiques au sujet du contrôle des engrais.

Le premier consiste à contrôler les produits du fabricant dans sa fabrique ; le deuxième à contrôler les engrais vendus et apportés aux stations par les acheteurs. Chacun de ces systèmes est préconisé dans les différents pays où ils sont mis en usage.

Suivant moi, la contradiction entre les divers orateurs qui se sont succédé n'est qu'apparente et le choix à faire entre l'un des systèmes exposés doit dépendre uniquement du lieu où ils seront appliqués. Il est évident en effet que si les cultivateurs d'une région sont assez sou- cieux de leurs propres intérêts et en même temps assez intelligents et assez instruits pour comprendre l'immense avantage qu'il y a pour eux à s'adresser au directeur de la station pour faire contrôler les engrais qu'ils ont acheté, le contrôle direct des fabriques devient inutile. Mais j'ai peur, malgré toute ma confiance dans les agriculteurs français, que nous n'en soyons pas encore là et j'insiste sur la nécessité d'adopter, au moins d'une manière transitoire, un système mixte qui, tout en introduisant le contrôle direct de la fabrication, ait pour objet de pro- voquer les cultivateurs à venir eux-mêmes demander à la station les analyses des produits que leur livre le commerce. Je suis de l'avis de M. Nessler sur ce point ; et j'appelle de tous mes vœux le moment où l'agriculteur venant tout droit au laboratoire de la station, rendra inutile le contrôle à domicile chez le fabricant.

M. Limbourg, délégué de la Prusse rhénane, ajoute aux observations qui précèdent le fait que les stations, dans la contrée qu'il représente, ont porté leurs études non-seulement sur la composition chimique des engrais, mais encore sur l'alimentation, et surtout sur les matières destinées à la nu- trition du bétail.

M. Jacotin, de Réthel, demande ensuite la parole pour exposer au Congrès les résultats d'expériences faites, par le comice de Réthel, sur les effets comparatifs d'engrais artificiels et d'engrais naturels, employés sur des superficies égales de terres identiquement préparées.

La parole est à M. Jacotin, de Réthel :

MESSIEURS,

J'ai demandé la parole pour vous exposer quelques faits pratiques, résultats d'expériences faites avec beaucoup de soins ; ce que j'ai à dire place la question à un tout autre point de vue que celui où elle a été traitée jusqu'ici.

Le Comice agricole de l'arrondissement de Réthel, frappé comme tout le monde du bruit si retentissant que faisaient dans les journaux agricoles, industriels, commerciaux et politiques, les engrais chimiques, voulut se rendre compte aussi positivement que possible de la valeur réelle des divers engrais prônés.

Il nomma une Commission pour expérimenter avec soin ceux qu'on pourrait se procurer ; il fut décidé que l'expérience aurait lieu sur une récolte de betteraves.

M. Potier, de Saulx-les-Réthel, mit à notre disposition un champ assez étendu ayant, depuis nombreuses années, porté les mêmes récoltes, reçu les mêmes engrais ; nous divisâmes la parcelle où devaient être faites les expériences en huit parties sur sept desquelles nous mîmes uniformément pour 300 fr. d'engrais à l'hectare, et sur l'autre rien. Voici les résultats obtenus :

NOMS DES ENGRAIS.	PRODUIT à l'hectare.	COEFFICIENT trouvé par M. Dubrunfaut
1º Engrais Pichelin, du nom du fabricant............	46622 k	14,15
2º — Georges Ville, nº 1...................	55355	15,55
3º — — nº 2...................	50655	12,75
4º — — nº 4...................	48789	17,28
5º — Derien, du nom du fabricant...........	47615	15,18
6º Fumier de ferme...........................	45140	17,96
7º Phospho-guano...........................	43289	18,05
8º Sans engrais...........................	40100	n'a pas été expérimenté.

De ce qui précède, il résulte ceci :

Que l'engrais Georges Ville est celui qui a donné le meilleur résultat au point de vue de la production des racines ; comparé au fumier de ferme, il a une grande supériorité à première vue ; mais en faisant le calcul du résultat financier obtenu par son emploi, on arrive cependant à ceci : c'est que, les 15,255 kilos obtenus en plus que sur la parcelle sans engrais calculés à raison de 18 fr. les 1,000 kilos pris sur le terrain, ce qui mettrait les betteraves à 20 fr. rendues à l'u-

sine, on aurait une somme de 274 fr. 60 cent., soit 25 fr. 40 cent.
de moins que la somme dépensée.

Pour compléter les observations, les pouvoirs de la Commission
furent prorogés, avec mission de suivre le résultat des divers engrais
sur la récolte de blé que cette parcelle porte en 1869. Voici quels
sont, à l'époque actuelle, les résultats apparents et à peu près certains
sur la récolte de blé.

Partout où il a été mis des engrais chimiques ou artificiels, le blé
est le même exactement que dans la partie où il n'y a pas eu d'engrais
depuis cinq ans ; le blé est resté peu élevé ; la paille est mince ; on
voit qu'elle n'a pas trouvé la nourriture qui lui était nécessaire ; enfin
l'épi est court et chétif. Dans la partie mise à l'engrais avec le fumier,
le blé a 30 centimètres de hauteur de plus que dans la partie dont
nous venons de parler ; les épis sont gros et longs ; enfin tout promet
une récolte excellente. Dans cette même parcelle mise à l'engrais avec
le fumier de ferme, l'expérience nous enseigne que nous-pouvons
encore compter sur une récolte de marsage de premier ordre, et sur
un foin artificiel convenable.

Il résulte de ce qui précède que, si le fumier de ferme ne vous
donne pas tout d'abord un résultat aussi considérable, il fait sentir ses
bienfaits pendant 4 années et, en définitive, est encore le meilleur et
le moins coûteux de tous les engrais. Si maintenant nous passons
au résultat industriel, nous trouvons que le fumier de ferme est à l'engrais Georges Ville comme 18 est à 13 ; ce qui représente, pour un
industriel travaillant 50 millions de kilos de betteraves, une perte de
10,000 sacs de sucre, soit 600,000 francs, c'est-à-dire la ruine assurée et presque immédiate.

Si après avoir fait ces expériences, après en avoir tiré les conséquences qui en découlent naturellement, on parcourt les campagnes
de notre région et si l'on voit l'incurie qui y règne au point de vue de
la production et de la conservation des fumiers naturels perdus par le
peu de soins qu'on met à les confectionner, par la quantité de sucs et
matières fertilisantes qui s'en échappent avec les eaux pluviales pour
aller empoisonner l'air et l'eau, on est porté à déplorer que tant d'é-
rudition, tant de publicité, tant d'honneurs et d'encouragements soient
prodigués pour répandre l'emploi des engrais dits chimiques, lorsqu'on pourrait arriver sans frais, avec un peu de lumière répandue

dans les campagnes, à doubler la production des engrais naturels de la France, et doubler la valeur du sol.

Je conclus en demandant qu'on mette la plus grande prudence dans l'emploi en grand des engrais dits chimiques, qu'on fasse des expériences très-sérieuses et comparatives en les poursuivant pendant plusieurs années et sur une certaine échelle, parce que, selon moi, ce qu'on a fait jusqu'aujourd'hui n'est pas sérieusement pratique; qu'on réserve une partie de la publicité, des encouragements de toute nature à ceux qui consacreront leur temps et leur intelligence à propager les saines doctrines pour la confection et la conservation des fumiers naturels si maltraités jusqu'à ce jour, qu'on ne lance pas, surtout, les jeunes gens ardents, l'espoir de l'avenir, dans une voie funeste pour eux et pour le pays en leur laissant croire qu'avec un peu de poudre, on peut remplacer les fumiers naturels, les composts, les marnes, tous les amendements, en un mot.

La parole est à M. Grandeau, secrétaire général :

MESSIEURS,

Je désire répondre en quelques mots à l'honorable M. Jacotin. Je m'associe entièrement à lui lorsqu'il demande aux cultivateurs de porter toute leur attention sur une meilleure utilisation des engrais animaux. Il y a sans contredit beaucoup à faire à ce sujet dans nos campagnes. J'applaudis encore à ce qu'il vient de nous dire sur la nécessité d'expérimenter d'une manière sérieuse les engrais chimiques et de ne pas accepter comme démontrées certaines assertions autour desquelles il s'est fait beaucoup plus de bruit qu'elles ne le méritent, je l'accorde. Je suis tout aussi partisan que qui ce soit, je croyais l'avoir dit au début de cette séance, de l'emploi du fumier de ferme ; je crois moins que personne aux prétendues panacées universelles, aux poudres qui, suivant ceux qui les prônent, doivent doubler ou tripler comme par enchantement le rendement de nos terres. Mais je n'en demeure pas moins convaincu du rôle capital que les engrais chimiques doivent jouer dans la culture intensive, celle vers le développement de laquelle doivent tendre tous nos efforts.

Il est un fait hors de toute contestation possible, à savoir qu'on exporte chaque année d'une ferme un poids considérable d'acide phosphorique, de chaux, de potasse, etc. qui ne fait pas retour direct au sol. De là, nécessité, si l'on n'a pas affaire à une terre d'une richesse exceptionnelle en ces divers principes, de restituer au sol ce que lui a enlevé l'exportation des grains et des racines. Les engrais chimiques nous fournissent le moyen le plus simple et, je crois, le moins couteùx d'opérer cette restitution. Et, que M. Jacotin me permette de le lui dire, l'emploi des engrais industriels comme adjuvants du fumier est encore le meilleur moyen auquel nous puissions avoir recours pour augmenter la production du fumier, puisqu'à l'augmentation des ré-coltes que nous demandons aux engrais chimiques correspond néces-sairement l'augmentation du bétail de la ferme et par conséquent celle du fumier.

Mes conclusions sont les suivantes :

Il faut encourager les expériences sur les engrais chimiques, pro-vòquer la création de champs d'essais sur le plus grand nombre de points possibles, tout en recommandant aux cultivateurs d'augmenter autant qu'ils le pourront la production du fumier d'étable et surtout de mettre tout en œuvre pour en éviter la perte par suite de négligence ou d'incurie.

Mais renoncer à l'emploi des engrais chimiques parce que les résul-tats, annoncés quelquefois, je le reconnais, avec charlatanisme, ne répondent pas aux promesses pompeuses de quelques hommes plus habiles qu'honnêtes me paraîtrait une grande imprudence. Je crois que tous ceux qui, sans idée préconçue, ont fait de la question une étude approfondie, partageront mon avis.

L'ordre du jour appelle la question des semis en ligne.

La parole est à M. Nels.

M. le Secrétaire général annonce que M. Nels retenu par ses fonctions de juré sur le terrain du Concours régional prie les membres du Congrès de vouloir bien l'excuser et les informe qu'il ne pourra pas, à son grand regret, prendre part à la discussion.

La parole est à M. Misset d'Eté, cultivateur à Ecly (Ardennes).

M. Misset d'Eté s'exprime en ces termes :

MESSIEURS,

Je désire vous entretenir des semis en ligne appliqués à la culture du blé. Le blé semé en ligne donne des récoltes supérieures au blé semé à la volée : il faut semer clair pour récolter dru.

J'ai remarqué bien souvent que des blés semés à la volée promettaient beaucoup en hiver et se dédisaient au printemps.

Je sème avec un interligne de 25 à 30 centimètres suivant la qualité de la terre ; au printemps je fais sarcler à la rasette à la main, et je donne deux hersages en travers des lignes avec des herses à trois rangées de dents dont deux marchent en avant et la troisième en arrière. La terre se trouve cultivée à nouveau au printemps, je roule ensuite avec des rouleaux qui pèsent de 16 à 17 kilos pour resserrer la plante.

Je sème sur betteraves, à partir du 1er octobre à raison de 55 litres à l'hectare, jusqu'au 15 octobre, à partir de là jusque le 1er novembre à raison de 80 litres, du 1er novembre jusqu'au 1er décembre à raison d'un hectolitre. Je me suis souvenu dans mes semailles de l'exemple d'un habile cultivateur qui sème de l'est à l'ouest pour que le vent passe entre les lignes ce qui évite la verse et permet à la plante de se nourrir bien mieux.

En employant la houe Garett pour le sarclage on évite beaucoup de frais occasionnés par le sarclage à la main, et le travail est beaucoup mieux fait. J'emploie le semoir anglais qui conduit 8 rayons. Il est bon de vous dire que j'ai des blés cette année qui ont produit pour un seul grain jusque 25 à 30 épis. Mon intention est de semer l'an prochain une partie de mes blés avec un semoir que j'ai commandé avec un écartement de 10 centimètres par ligne, mais au début de la semaille, pour que mes blés tallent plus encore.

La levée est bien plus régulière au semoir et la maturité plus complète, mes blés ont une rigidité de tige beaucoup plus grande que ceux semés à la volée.

J'attribue la rigidité des tiges de ma récolte de blé à ce que je n'ai presque pas labouré après les betteraves ; je conclus de là que la terre qui a été sarclée toute l'année avec des instruments est une jachère, et qu'il faut semer le blé dans cette couche de terre qui a été réchauffée à la surface et non pas sur un labour qui ramène à la superficie la couche qui n'a pas vu le soleil de l'année. Bien des cultivateurs disent que leur blé gèle en hiver, cela tient à ce que la terre est trop émiettée par les labours : l'eau alors entre dans la terre par des fissures et vient saisir la racine qui ne peut plus troucher comme une racine placée dans la terre serrée ; au printemps on se demande pourquoi les blés ne tallent pas, c'est parce que la terre est trop meuble ; mettez du fumier autant que vous voudrez, si votre terre n'est pas suffisamment compacte vous n'aurez jamais le même résultat ; du reste voyez, lorsque vous faites parquer vos moutons sur un champ de blé après les semailles, le blé est toujours beaucoup plus rigide et il ne gèle jamais : donc il faut tasser la terre pour le blé, et ne pas l'émietter par un labour avant la semaille. C'est facile aujourd'hui avec le système de semoirs mécaniques ; on me dira c'est facile après la betterave, mais c'est aussi facile après tout autre récolte, préparez votre terre par un labour, si c'est sur une jachère, entretenez votre terre avec des herses en fer ou des extirpateurs, puisque vous l'entretenez bien pour la betterave avec des instruments. La grande question c'est de tenir la terre propre, un seul labour pour le blé sur jachère suffit à la condition de l'entretenir et d'extirper les plantes adventices au fur et à mesure de leur apparition.

A ce sujet, MM. de Scitivaux, Jacotin, de Suzainnecourt, font connaître au Congrès les excellents résultats déjà réalisés. L'économie de semences est considérable ; les épis, peut-être moins nombreux, sont beaucoup plus gros, les pailles plus fortes et moins sujettes à être brisées par le vent, et la destruction des mauvaises herbes est beaucoup plus facile que dans les terres qui ont reçu un ensemencement à la volée.

M. de Rath dont la famille possède de vastes étendues tant en Silésie qu'en Prusse rhénane prend aussi la parole sur la culture en lignes. Il remarque qu'il ne faut pas introduire cette culture sans essais préalables. En Silésie où la culture est très intensive, il sème toutes les récoltes en lignes, mais sur les bords du Rhin, où sa culture n'est pas encore si intensive, il emploie la culture en lignes pour le colza, l'orge et le sarrasin dans tous les sols sans réserve, tandis qu'il ne sème en lignes que dans les terres légères, le blé, le seigle et l'avoine. M. de Rath n'a pas encore assez reconnu pourquoi il est préférable de semer ces dernières semences dans les terres fortes d'après la méthode ordinaire. L'économie de semences est très-remarquable, on épargne par la culture en lignes le quart, le tiers même de la semence. La chose la plus importante pour obtenir de forts rendements d'après cette méthode de culture, c'est une parfaite préparation du sol par le hoyau à cheval.

M. Barral ajoute que dans le Nord cette pratique est adoptée et donne les meilleurs résultats; mais il convient de choisir avec soin la direction des semis; celle du sud au nord, et de l'est à l'ouest adoptée par M. Fiévet, sont particulièrement favorable, en raison de la circulation de l'air et de la direction habituelle des vents dans la région.

L'ordre du jour étant épuisé, la séance est levée à onze heures et demie.

SÉANCE DU 25 JUIN.

La séance est ouverte à huit heures un quart sous la présidence de Son Exc. M. Drouyn de Lhuys.

Présents au bureau : MM. de Scitivaux de Greische, de Rath, Müller, Lecouteux et Chevandier de Valdrôme, *Vice-Présidents;* L. Grandeau, *Secrétaire général;* Tachard, de Metz-Noblat, baron de La Coste et Fraisse, *Secrétaires;* Gourier, *Trésorier*.

La parole est à M. le baron de La Coste, *secrétaire*, pour la lecture du procès-verbal de la dernière séance. — Le procès-verbal est mis aux voix et adopté.

L'ordre du jour appelle la discussion de la question sucrière.

La parole est à M. Genay. Celui-ci ne répondant pas à l'appel de son nom, M. le Président invite le Congrès à passer à l'examen du vœu formulé par M. de Boullenois, qui demande la suppression de tous droits sur la sucrerie et sur la distillerie agricoles.

M. Barral, s'appuyant sur des considérations analogues à celles qu'a présentées la veille M. Chevandier de Valdrôme pour faire ajourner la question à la séance d'aujourd'hui, pense que la proposition de M. de Boullenois est trop radicale ; que, sous cette forme absolue, elle ne serait point ac-

5

cueillie par le gouvernement. L'orateur voudrait que l'on fît une distinction entre le sucre et l'alcool. Les droits qui pèsent sur l'alcool lui paraissent un impôt de consommation fort justifiable, malgré leur élévation, parce qu'il s'agit d'une consommation qui offre des dangers au point de vue hygiénique. Il se contenterait de la suppression de la patente que payent les agriculteurs qui distillent tout comme les distillateurs de profession. Pour ce qui est du sucre, il ne regarde comme proposable qu'un certain tempérament dans le taux de l'impôt ; une réduction de moitié ou du tiers, par exemple, réduction dont le fisc ne souffrirait pas longtemps, car à l'abaissement du droit correspondrait bientôt une extension de la consommation. M. Barral exprime, en finissant, le désir que M. de Boullenois modifie les termes du vœu soumis par lui au Congrès.

M. de Boullenois demande la parole pour soutenir sa proposition :

MESSIEURS,

Toutes nos études et notre pratique convergent vers un même résultat :

Nécessité absolue d'obtenir une liberté complète de mouvement pour les opérations agricoles de toute nature comme on l'a obtenue pour les opérations commerciales et industrielles.

En effet, si nous faisons un tableau du compte du blé, non pas celui dressé à une autre époque par M. Mathieu de Dombasle, mais un compte nouveau approprié à notre époque, nous trouvons fatalement que les dépenses dépassent, d'une quantité désespérante, les récoltes que nous pouvons obtenir.

Un tableau que je viens de dresser avec tout le soin possible et que je mets à la disposition de l'assemblée ne confirme que trop cette assertion. Un compte dressé pour les autres céréales donne le même résultat. Nous devons donc chercher une autre culture rémunératrice pour elle-même et pour celles qui sont en perte, et produisant par une quantité suffisante de pulpes et de résidus, le moyen de donner

assez d'engrais à un prix convenable pour ramener l'avantage en
faveur du prix de revient des céréales et de leur quantité.

Si nous considérons la situation où nous met le bas prix des laines,
nous trouvons qu'elle nous impose les sacrifices nécessaires pour
essayer de compenser par la production d'une assez grande quantité
de viande la perte considérable que nous supportons.

Or comment pourrons-nous entretenir et engraisser à prix convenable de nombreuses bêtes ovines ou bovines, si nous ne mettons pas
à la disposition de toutes les exploitations une suffisante quantité de
pulpes, de résidus ?

La propriété foncière qui vient d'être frappée par la concurrence
étrangère, supporte déjà bien des sacrifices, des prohibitions, dans
l'intérêt général. En outre de ses impôts et autres droits, elle paie
seule les prestations que tous les Français devraient payer avec elle.
Ici on lui interdit, sans indemnité, le défrichement d'un bois dans
l'intérêt de la défense des frontières, pour protéger toute la France.
Là on lui interdit la culture du tabac réservée pour le profit du
trésor public. Enfin quand elle est prête à sortir de sa condition agricole ruineuse par l'application facile et utile de la culture intensive,
et à accepter courageusement la lutte qu'on lui suscite tout à coup,
on maintient, chose incompréhensible, on maintient pour elle des
droits, des impôts, des prohibitions qu'on supprime en ce qui concerne les produits agricoles arrivant de l'étranger pour nous faire
concurrence, et nous sentons peser encore lourdement sur nous
un impôt sur les sucres qui correspond à une somme d'environ
1,200 fr. par chaque hectare affecté à la culture de la betterave, et à
2,200 fr. par chaque hectare dont les produits en céréales sont consacrés à la distillation.

Messieurs, si une autre partie de la nation a cherché à se sauver en
enlevant les obstacles qui l'entravaient, considérons que nous sommes,
nous, la principale partie de la nation et demandons à nous sauver en
augmentant en même temps, par une culture rémunératrice pour nous,
la richesse et la puissance nationales, au moyen de la suppression
de ces obstacles qui nous entravent et nous enserrent si cruellement.

En présence de ces considérations de si haute valeur, je ne puis,
pour ma part, consentir, comme le demande mon honorable collègue
auquel j'ai désiré répondre, à amoindrir la portée du vœu que j'ai eu

l'honneur de soumettre hier au Congrès, car je suis loin de partager ses craintes au sujet de sa forme et de l'étendue de ses conséquences; si nous étions assez heureux pour que le gouvernement veuille bien prendre en considération un vœu qui touche à la base de tout notre édifice agricole, nous pouvons être assurés que ce vœu sera soumis à de savantes discussions, à de longues réflexions et qu'au jour de l'application il n'entraînera aucune perturbation mais un bien-être général pour les citoyens comme pour le gouvernement lui-même.

Toutefois en maintenant ce vœu dans ses termes et dans son esprit, je m'incline devant la décision de l'assemblée qui demeure juge de la nécessité de le maintenir également, ou de le modifier si elle le croit nécessaire dans l'intérêt même du but que nous nous proposons.

M. Liégeois, professeur d'économie politique à la Faculté de droit de Nancy, demande la parole dans la discussion du vœu proposé par M. de Boullenois.

Il a, dit-il, à présenter sur ce vœu des observations et quant au fond et quant à la forme. Sur la question de fond, M. Liégeois se rallie complètement à l'opinion que vient d'exprimer M. Barral. Il pense, comme lui, que si l'on veut rester dans le domaine des choses pratiques et possibles, il faut, non pas demander la suppression pure et simple de l'impôt sur le sucre, mais se borner à solliciter une réduction, tout en dégageant l'intérêt fiscal. Il est trop facile de demander la suppression des impôts qui lèsent nos intérêts, sans se préoccuper de la question de savoir si des impôts nouveaux ne devront pas être créés en remplacement des anciens. On ressemble alors à des gens qui, sans s'inquiéter de l'égalité proportionnelle, base de tout système financier équitable, demanderaient simplement à rejeter la charge qui fait fléchir leurs épaules sur les épaules de leurs voisins.

Il y a mieux à faire que de s'arrêter à cette résolution. Il est facile, selon M. Liégeois, d'opérer une réforme sans compromettre les intérêts du Trésor public. Il suffirait, pour cela, de réduire notablement le tarif de l'impôt, de le diminuer de moitié, par exemple. Cette réduction produirait nécessairement, à cause de la concurrence que se font les producteurs, une baisse dans le prix du sucre. Or, c'est un des faits que l'économie politique a le mieux mis en lumière, qu'à tout abaissement important du prix des denrées alimentaires, correspond un accroissement rapide de la consommation. Cette augmentation des quantités consommées aurait bientôt pour effet de ramener le produit total de l'impôt à un chiffre égal ou même supérieur au revenu antérieur. Sur ce point, les preuves abondent, et, pour n'en citer qu'un seul exemple, le plus célèbre, à mesure qu'en Angleterre, M. Gladstone et les financiers-économistes qui partagent ses vues diminuent le tarif des impôts sur la consommation, celle-ci s'accroît tellement que le produit total de l'impôt réduit devient supérieur à celui de l'impôt excessif ou seulement exagéré. C'est donc dans cette voie qu'il faut solliciter le gouvernement de marcher d'un pas ferme : les producteurs, les consommateurs et les finances publiques s'en trouveront également bien.

Quant à la forme donnée à son vœu par M. de Boullenois, M. Liégeois prie le Congrès de repousser un *considérant* qui semble condamner absolument la doctrine de la liberté commerciale. Sur ce point, l'orateur est d'un avis diamétralement opposé, et, sans vouloir s'engager à fond dans la discussion de cette thèse, il fait observer que le Congrès ne croira sans doute pas qu'il soit sage de préjuger, en quelques mots, une question aussi considérable, alors surtout qu'elle ne rentre pas dans l'objet du vœu.

M. Liégeois allait passer à la question de forme, quand M. le Président l'arrête pour le prévenir que la rédaction du vœu de M. de Boullenois a été modifiée ainsi qu'il suit :

« Le Congrès émet le vœu d'*un abaissement de l'impôt qui pèse aujourd'hui sur la fabrication du sucre de betterave.*

» Il émet aussi le vœu *que les cultivateurs soient dispensés de la patente pour la distillation de leurs produits agricoles.* »

M. le Président met aux voix la proposition ainsi rédigée.
Elle est adoptée.

L'ordre du jour appelle ensuite l'examen du vœu formulé
par MM. Chevandier de Valdrôme, H. Sainte-Claire Deville
et M. le baron L. de Klopstein. Ses auteurs demandent que la
direction des forêts et celle des manufactures de l'Etat soient
transférées du ministère des finances à celui du commerce,
de l'agriculture et des travaux publics.

M. Chevandier de Valdrôme dit qu'il se bornera à parler
de la question du transfert de la direction des forêts, et qu'il
considère à ce point de vue la cause comme gagnée d'avance
après les vœux réitérés des sociétés agricoles, des conseils généraux, de la Société forestière, dont il est président. L'attribu-
tion des forêts au département des finances est un non-sens,
car le ministre des finances est collecteur, et collecteur beso-
gneux à cette heure, mais non producteur de richesses. Sa
tendance naturelle, fatale, est d'accroître les ressources du
présent au détriment de l'avenir. Ne l'a-t-on pas vu récemment
proposer l'aliénation des forêts de l'Etat pour combler un déficit budgétaire? Le jour où il a proposé une telle mesure, il a
déclaré l'incompatibilité radicale qui existe entre le rôle de
conservation au profit des générations à venir, que doit jouer
l'administration forestière, et le rôle purement fiscal de
l'administration des finances. N'a-t-on pas vu l'Etat, qui
administre les forêts des communes et des établissements
hospitaliers, échanger ces biens, dont la valeur s'accroît tous
les jours, contre de la rente sur l'Etat ! Est-ce là un conseil
inspiré par l'esprit qui doit animer l'administration d'un
bien comme les forêts ? Que si on examine la question au
point de vue du personnel forestier, on voit que le ministère
des finances est conduit, par la nature des choses, à agir
dans une perpétuelle contradiction avec les agents qui sortent de l'école de Nancy. Tandis que ceux-ci prétendent avoir
raison de préparer pour l'avenir des rendements supérieurs,

et cela au grand avantage de la société, fût-ce au prix de
quelques sacrifices actuels, le ministre des finances ne songe
qu'à accroître les rendements présents et pousse les agents à
trop demander aux forêts. Ainsi la translation de l'administration des forêts au ministère de l'agriculture est commandée
par les raisons les plus fortes et les plus décisives.

M. Sainte-Claire Deville développe exclusivement les motifs qui militent en faveur de la translation des manufactures de tabac au ministère de l'agriculture. Le tabac préparé
en France sous le nom de *tabac de caporal* est fumé dans
toutes les parties du monde. Il serait naturel d'en encourager et d'en perfectionner la production. On s'applique, au
contraire, à l'entraver par toutes sortes d'exigences. Un personnel d'ingénieurs distingués est employé à multiplier ces
entraves afin de faire rendre davantage à l'impôt, tandis que
c'est à l'extension de la production et au progrès des méthodes de culture du tabac que devraient être consacrées leurs
connaissances scientifiques. Au lieu de compter et de mesurer
les feuilles, il faudrait qu'ils indiquassent les engrais les
plus propres à accroître les récoltes, les meilleurs procédés
de culture, etc.

M. le baron de Klopstein appuie la proposition au nom de
l'administration forestière dont il a fait longtemps partie.
Les agents forestiers n'ont pas, à raison de leur situation, une
aussi grande liberté que lui de dire tout haut qu'au double
point de vue de la culture et de l'exploitation des bois, l'administration forestière n'a aucun rapport avec les finances ;
et que le seul point de contact qu'elle ait avec celle-ci est
l'estimation des coupes et leur vente, car c'est entre les
mains des agents du Trésor que sont déposés les cautionne-
ments à fournir par les acheteurs et les prix de vente des
coupes.

M. le Président met aux voix la proposition de MM. Chevandier de Valdrôme, Sainte-Claire Deville et de Klopstein.

Le Congrès l'adopte à l'unanimité; et il émet le vœu que « *la direction des forêts et la direction des manufactures de l'Etat soient transférées du ministère des finances au ministère du commerce, de l'agriculture et des travaux publics.* »

L'ordre du jour appelle la question de la dénaturation et de l'emploi du sel en agriculture.

M. Tachard rappelle que la Société des agriculteurs de France a émis récemment le vœu que le gouvernement mît à la disposition des agriculteurs un sel exempt de droits, propre à l'alimentation du bétail et à l'amendement du sol. On lui a fait l'objection qu'il allait plaider devant des gens persuadés d'avance et enfoncer une porte ouverte, car le gouvernement est sur le point d'accorder la demande qu'il s'agit de renouveler. M. Tachard ne juge pas inutile de renouveler avec insistance la réclamation, jusqu'à ce qu'on ait obtenu gain de cause. Le sel est une des matières premières de l'agriculture. Il faut que l'agriculture, comme l'industrie, obtienne ses matières premières franches de droits.

M. Sainte-Claire Deville dit que, si la théorie n'a point complétement démontré l'importance du sel au point de vue de l'alimentation du bétail et de l'amendement du sol, il n'y a aucun doute que la potasse ne soit une substance très-utile, nécessaire à l'agriculture. Or, après qu'on a tiré le sel des bassins d'évaporation dans lesquels se produit le sel marin, il existe ce qu'on appelle les *eaux mères*, lesquelles contiennent une quantité notable de potasse qui pourrait être utilisée par l'agriculture. On n'en fait cependant aucun usage, parce que le régime fiscal qui pèse sur la production du sel exige que ces eaux mères soient rejetées dans la mer.

La parole est à M. de Fehling, professeur à l'Ecole polytechnique de Stuttgard, qui s'exprime ainsi :

MESSIEURS,

Les mines de sel et les salines (raffineries de sel) en Wurtemberg, appartiennent toutes au gouvernement et sont exploitées par le gouvernement même. Sauf peu d'exceptions, toutes les salines, dans les Etats du Zollverein, sont régaliennes ; dans presque tous les Etats c'est le gouvernement seul qui a la manufacture du sel et l'exploitation des mines de sel.

Auparavant, le sel raffiné pour l'usage domestique se vendait partout, dans le Zollverein, 6 kreuzer (à peu près 21 à 22 cent.) le kil., soit presque 11 fr. les 50 kil. En Wurtemberg, le sel gemme, assez pur pour beaucoup d'usages (contenant 99 p. 100 de chlorure de sodium), se vendait 5 fr. 50 cent. les 50 kil. Depuis le 1er janvier 1868, les salines, dans le Zollverein, vendent le sel raffiné et le sel gemme de 1 à 2 fr. les 50 kil., mais en ajoutant un impôt de 2 thalers prussiens (7 fr. 50 cent. les 50 kil.). Ainsi, le prix du sel raffiné pour l'usage domestique n'a pas sensiblement changé ; le prix du sel gemme, que les classes ouvrières et d'autres personnes employaient souvent dans la cuisine, a presque doublé.

Le sel, pour l'agriculture et pour l'industrie chimique, ne paie pas d'impôt ; les différentes salines le vendent à des prix variables. En Wurtemberg, le gouvernement vend le sel gemme, pour l'agriculture et pour l'alimentation des bestiaux, 85 cent., et le sel raffiné 1 fr. 90 c. les 50 kil. Le sel gemme pour l'industrie chimique se vend 50 à 70 c. les 50 kil. Le sel, pour l'agriculture et pour l'industrie, est dénaturé en le mélangeant avec différentes substances propres à empêcher l'emploi de ce sel pour l'usage de la cuisine. Au sel destiné à l'agriculture et à l'alimentation des bestiaux, on ajoute 25 p. 100 d'oxyde rouge de fer, 1 p. 100 d'absinthe en poudre. Il est permis de substituer à une partie d'absinthe la poudre de charbon de bois, du foin ou de la paille hachée.

Pour dénaturer le sel des fabriques chimiques, on le mélange avec 5 p. 100 de sulfate de soude anhydre ou avec 11 p. 100 de sulfate de soude cristallisé (sel de Glauber), ou enfin avec 5 p. 100 de sulfate de magnésie à 0,01 d'eau (Kieserit de Stassfurth), et 5 p. 100 de charbon de bois ou de cendres. Si les fabricants s'adressent à l'administration, on envoie le sel pur dans la fabrique même, en le mélangeant là immédiatement avec l'acide sulfurique ou avec d'autres substances que les fabricants ont à traiter.

La présence de charbon, d'oxyde de fer, même d'absinthe, n'empêche pas l'emploi du sel dénaturé pour l'usage domestique. En plus

grande quantité, on se sert du sel dénaturé par l'addition du sulfate de
soude ou de magnésie pour l'usage domestique, et en quelques lieux
même, les petits marchands vendent ce sel dénaturé comme du sel
raffiné pur.

L'étendue de cette fraude a prouvé la nécessité de prendre d'autres
mesures, soit en employant des mélanges plus propres à dénaturer, soit en prenant des mesures de la part de l'administration pour
surveiller le commerce du sel plus exactement. Dans le mois de juillet
ou d'août, une commission des députés des États du Zollverein se réunira pour tâcher de résoudre cette question si importante pour l'administration et pour l'industrie. Malheureusement, il ne sera pas question de lever cet impôt tout à fait, mesure qui résoudrait la question
de la manière la plus satisfaisante et la plus complète, mais nous devons espérer que l'impôt sera diminué sensiblement, aussi bien dans
l'intérêt des consommateurs que dans l'intérêt du Trésor public.

M. de Fehling dépose ensuite sur le bureau le document suivant dont il a paru utile de donner la traduction complète :

*Règlement dans les états du Zollverein sur la dénaturation du
sel pour le bétail et l'industrie, et sur le contrôle du sel dénaturé vendu sans impôt.*

Pour la dénaturation du sel destiné à l'engraissement du bétail on
emploie un quart p. 100 d'oxyde de fer ou de craie rouge (argile
très-riche en oxyde de fer) ; outre cela un p. 100 de poudre d'absinthe si l'on prend pour la fabrication du sel du bétail le sel raffiné ;
un demi p. 100 de la même poudre si l'on emploie du sel gemme.

On peut remplacer partiellement la poudre d'absinthe par un poids
double de foin bien divisé ; cependant il faut employer outre cela pour
le sel raffiné encore un quart p. 100 ; pour le sel gemme un huitième
p. 100 de poudre d'absinthe. Pour le dernier on peut remplacer aussi
un demi p. 100 de poudre d'absinthe par un quart p. 100 de charbon
de bois. Il n'y a pas de contrôle spécial quant à la consommation du
sel du bétail.

Les négociants en sel pour le bétail, qui en font fabriquer pour la vente, sont forcés de tenir un registre pour le contrôle et de le présenter à l'inspecteur de la direction des impôts.

Pour la dénaturation du sel destiné à ces diverses branches de l'industrie, on emploie cinq p. 100 de sulfate de soude calciné ou 11 p. 100 de sulfate de soude cristallisé ou cinq p. 100 de kieserit (sulfate de chaux anhydre et de soude), et un demi p. 100 de charbon de bois.

La dénaturation du sel pour certaines industries peut être exécutée par des moyens proposés par l'acheteur, et admis par le ministère des finances.

Si on veut obtenir du sel dénaturé pour l'industrie, il faut le demander par écrit et déclarer son nom, son domicile et le but auquel on doit faire servir le sel.

Les possesseurs des salines et les négociants sont forcés de noter la quantité vendue sur les registres du contrôle et de garder pendant neuf mois les factures.

Les vendeurs du sel dénaturé sont contrôlés et ils s'engagent à présenter leurs registres aux inspecteurs et à leur donner tous les éclaircissements exigés.

Les industriels qui souhaitent qu'on fasse la dénaturation dans leurs fabriques ont à l'indiquer dans leurs factures.

Il faut que le sel gemme qu'on veut employer pour la fabrication du sel pour le bétail ou du sel pour l'industrie soit toujours égrugé très-fin.

On ne peut fabriquer le sel pour le bétail ou pour l'industrie que dans le lieu où il y a des dépôts de sel n'ayant pas encore payé l'impôt.

La parole est à M. Ronna, ingénieur :

MESSIEURS,

En Angleterre, où l'impôt du sel est aboli depuis 1824, son emploi a pris une grande extension pour le mélange avec les engrais et pour la fumure directe des terres en couverture : son utilité reste toujours douteuse comme amendement direct.

On croit généralement qu'il augmente la production du grain et de la paille et qu'il améliore leur qualité. Il retiendrait en même temps l'humidité dans le sol pendant les années de sécheresse.

On ne saurait nier, d'après maintes expériences, que le sel jouisse d'autres propriétés que celles-là. M. Isidore Pierre a constaté, dans son remarquable travail sur le développement du blé, que durant les cinq semaines précédant la récolte, l'ensemble des feuilles du blé perdait jusqu'à 65 p. 100 du poids de la soude qu'il contient, tandis que la potasse s'accumulait à la partie supérieure et notamment dans l'épi. Il y aurait ainsi échange entre la soude et la potasse ; la soude s'arrêtant dans les parties moins actives du végétal, les nœuds et les entre-nœuds.

Le sel agit-il par assimilation ou par absorption ? directement ou indirectement ? Autant d'inconnues à déterminer.

Les expériences de MM. Lawes et Gilbert, continuées pendant de longues années sur le blé et sur le mangold, n'ont donné aucun résultat significatif. Au contraire, celles de M. Voelcker prouvent que le sel appliqué aux racines, aux mangolds surtout, a un excellent effet sur les terres légères, à la condition de le répandre en février, avant d'ensemencer. Pour le blé, le mélange de nitrate de soude et de sel convient aux terres calcaires et riches ; tandis que le mélange de guano et de sel est approprié aux terres légères et pauvres.

Sur les polders de Bourgneuf, on commence par l'orge, qui prend beaucoup plus de sel marin que le blé, et l'on continue par le blé et le colza. Or, ces terres de polders, bien qu'elles aient été lavées et dessalées par les pluies et fréquemment aérées par les labours, renferment de 0,75 à 1,80 p. 100 de sel marin et rendent, dès le début, jusqu'à 25 hectolitres de blé.

En France, les expériences de Mathieu de Dombasle, de Braconnot, du Bᵒⁿ Daurier, de Peligot, sont contraires à l'utilisation du sel, tandis que celles de Lecoq, de Kuhlmann et de Girardin, lui sont favorables.

Je serais heureux, en faisant appel aux savants allemands présents à la séance, de connaître les résultats de leurs observations et de leur pratique personnelle. M. Barral voudra peut-être également faire connaître au Congrès les conclusions de ses travaux spéciaux sur la question.

A mon sens, d'après ce que j'ai pu constater à diverses reprises, le sel agit chimiquement sur le sol en décomposant les phosphates de chaux et de magnésie, en déplaçant la silice dans les silicates, en transformant le carbonate de chaux. Si la terre arable possède une affinité plus grande pour la potasse que pour la soude, cette dernière n'est pas négligeable.

Au point de vue des récoltes, le sel ralentit la végétation des prés, mais détruit leur acidité et les insectes qui les ravagent. Il procure une tige courte aux céréales, mais il s'oppose à la verse. Il concentre enfin l'humité dans les sols trop secs.

M. Nessler dit que, dans le duché de Baden, les paysans de la Forêt-Noire emploient avec avantage le sel comme amendement, et que les effets sont surtout sensibles sur le gneiss et sur le granit. Quelle est la nature de son action? cela est malaisé à dire. On supposait que la potasse est la vraie cause des heureux effets obtenus. Cependant les eaux mères employées par les Badois ne contiennent que des quantités insignifiantes de potasse. On n'en trouve pas davantage dans le sel gemme. On emploie beaucoup le sel pour les prairies. Les résultats de cette pratique sont satisfaisants.

M. Barral appuie le vœu formulé par M. Tachard. Outre qu'il peut être extrêmement utile quand une saison pluvieuse rend une fenaison difficile, le sel est d'une grande utilité pour le bétail et pour les fumiers. Il ne semble pas que l'épandage direct sur le sol donne de bons résultats, si ce n'est exceptionnellement. Mais, à moins que les fourrages ne soient naturellement salés, le sel leur donne des qualités très-favorables à la bonne alimentation du bétail. Mêlé au fumier, il empêche que la décomposition en soit aussi facile et aussi prompte. Aussi les Suisses mêlent-ils du sel au purin. M. Reiset a observé que la déperdition des matières azotées était beaucoup moindre quand il répandait du sel sur ses fumiers. M. Barral conclut des faits rapportés par M. H. Sainte-Claire Deville qu'au lieu de jeter à la mer leurs eaux mères, les salines des bords de la mer qui ne peuvent plus soutenir la concurrence des salines de l'Est devraient rejeter le sel et conserver les eaux mères comme matière agricole. Ce qui empêche qu'on les utilise, c'est l'intervention du fisc. Supprimer l'impôt du sel n'est pas possible dans l'état actuel de nos finances. Pour résoudre le problème, il faut donc recourir à la dénaturation du sel. Deux systèmes sont en présence. Livrer du sel et en exiger la dénaturation hors de l'usine! Le danger de la fraude demeurerait très-grand. Faire du sel dénaturé pour le livrer à l'agriculture et ne le soumettre qu'à un impôt léger, le dixième, par exemple, du taux de l'impôt sur le sel de ménage. Les produits des eaux mères seraient assurément une source abondante de potasse.

M. Limbourg expose le résultat d'expériences faites dans les provinces rhénanes. Le sel est un stimulant pour l'appétit des animaux, comme pour celui des hommes. Mais pour les animaux comme pour les hommes, il ne faut pas qu'il y ait excès de sel dans l'alimentation. Or la quantité voulue varie suivant les individus. De là la coutume de placer des pierres de sel à portée des animaux dans les étables, chaque bête en prend selon sa convenance propre. On utilise aussi le sel en le répandant sur les fumiers et sur les prairies acides.

M. Daguin fait observer que l'emploi du sel en agriculture ne peut se généraliser que si on décharge le sel des droits qui pèsent sur ce produit. La solution du problème serait la dénaturation du sel destiné à l'agriculture : mais la question est délicate, car tous les mélanges proposés se prêtent au danger d'une régénération facile. Si ces mélanges étaient opérés dans la saline même, le danger serait moindre, mais il subsisterait. Pour sauvegarder les intérêts du Trésor, il faudrait que le prix du sel dénaturé fût tel qu'il n'y eût pas avantage à le régénérer. Pour cela, le prix ne devrait pas descendre au-dessous de 5 francs.

M. Pasquay, de Wasselonne, emploie avec avantage les sels de la Méditerranée pour la culture du tabac en Alsace. Il donne également avec profit du sel de ménage au bétail; mais il n'est point partisan des pierres à lécher, parce que le bétail abuse du sel quand on en laisse l'usage à sa discrétion. Mélangé avec le fumier, le sel est d'un bon usage : il produit de bons résultats sur les prairies acides.

M. Barral dit que le prix du sel dénaturé devrait être établi d'après le prix de revient, qui est très-faible, combiné avec les frais que nécessiterait la régénération du mélange. Nicklès avait proposé divers procédés de dénaturation ; tous exigeaient des frais trop élevés pour que le sel pût être régénéré. Le prix de cette régénération devrait être la limite *maximum* du prix du sel dénaturé. C'est au gouvernement qu'il appartient de s'entendre à ce sujet avec les producteurs de sel.

M. Daguin répond que cette limite doit être cherchée entre 5 et 6 francs, mais qu'il n'entend pas que la totalité de ce prix reste entre les mains du producteur. Il estime que 3 fr. environ devraient aller à l'Etat.

La parole est à M. Ronna.

MESSIEURS,

J'ai appris officieusement, et je m'empresse d'en faire part au Congrès, que le Comité consultatif des arts et manufactures vient d'approuver le rapport de M. Lechatelier sur la dénaturation du sel. Mon ami, M. Grandeau, a bien voulu se charger de faire préparer par M. Lequin, gérant de la saline d'Art, trois des mélanges indiqués par le Comité consultatif pour le sel destiné à l'alimentation du bétail. Voici ces formules :

Mélange A. — Pour 1,000 kil. de sel :

    5 id. de peroxyde rouge de fer.

    10 id. de poudre d'absinthe.

    10 id. de goudron végétal.

Mélange B. — Pour 1,000 kil. de sel :

    5 id. de peroxide de fer.

    10 id. de suie.

    10 id. de goudron végétal.

Mélange C. — Pour 1,000 kil. de sel :

    5 id. de peroxide de fer.

    20 id. de goudron végétal.

Ces doses sont, paraît-il, de beaucoup trop élevées, ce qui constitue une double dépense d'achat et d'augmentation de poids. Le prix atteindrait environ 7 fr. les 1,000 kil. pour les trois formules essayées. De plus, les animaux qui aiment la suie résistent à prendre du goudron. Une légère dose d'aloës suffirait au contraire pour assurer la dénaturation sans augmenter sensiblement le poids ni le prix.

Je n'ai pas sous les yeux le détail des autres formules de mélange proposées par le Comité consultatif pour le sel destiné à l'amendement des terres et à la fabrication des engrais. Les matières additionnelles sont, si je m'en souviens, l'ocre, le goudron de gaz, le guano, la poudrette, les matières fécales, le sulfate de fer, le plâtre, etc.

Je me bornerai à rappeler au point de vue des facilités offertes à l'agriculteur que pour obtenir le sel *d'alimentation* en franchise, après dénaturation dans les salines ou les fabriques de produits chimiques, le cultivateur devra présenter une déclaration visée par le maire. Pour le sel *d'amendement*, la déclaration sera visée par le maire et par le directeur des contributions indirectes ou des douanes. Enfin pour le sel *d'engrais*, le fabricant devra, outre cette double déclaration, s'engager à laisser pénétrer dans ses ateliers les préposés des contributions.

L'administration se proposerait finalement d'autoriser des dépôts spéciaux dans les régions où les salines font défaut, pour la vente contrôlée des sels dénaturés.

M. le Secrétaire général dit que plusieurs membres du Congrès souhaitent l'adjonction au vœu de M. Tachard, d'un vœu pareil touchant l'eau de tabac, on réclame un abaissement de prix et la simplification des formalités à remplir. Il ajoute que M. le Directeur des tabacs étant présent pourrait peut-être donner d'utiles renseignements à ce sujet.

M. Gutton, directeur des tabacs, est invité par M. le Président à donner son avis sur la question. Il pense que le prix de o fr. 3o c. le litre est trop élevé; il croit que l'administration pourrait livrer l'eau de tabac à o fr. 1o c. le litre, chiffre acceptable par les intéressés et qui représente la valeur du jus avec un bénéfice suffisant pour le Trésor.

Il constate qu'à Nancy, la plus grande partie du jus s'écoule en pure perte dans les égouts et qu'un grand nombre d'horticulteurs désireraient en faire usage ; mais que le prix du litre est peut-être égal ou supérieur au résultat à atteindre. Il fait remarquer que le jus de tabac additionné de 4 à 10 fois son poids d'eau, selon les circonstances, détruit tous les insectes nuisibles aux arbres fruitiers et aux plantes délicates.

Il ajoute qu'en arrosant les plantes par un temps couvert, on active la végétation en détruisant tous les parasites ; que ce liquide est à la fois un poison et un engrais puissant ; les cultivateurs de tabac pourraient faire macérer les tiges après leur arrachage dans des citernes pendant l'hiver, pour utiliser les eaux de macération au printemps selon leurs besoins ; qu'il suffirait d'un peu de sulfate de fer en dissolution dans ces eaux de citerne pour en empêcher la putréfaction.

Enfin il termine en faisant part au Congrès des vœux de la Société centrale d'agriculture de Nancy qu'il s'était chargé de transmettre à son administration, qui consistaient à obtenir le liquide à o fr. o5 c. Ce prix est à ses yeux trop faible pour que l'administration consente à exaucer le vœu de la Société centrale d'agriculture ; mais il croit qu'il serait avantageux pour le Trésor aussi bien que pour l'agriculture de voir le litre de jus livré à o fr. 10 c. aux consommateurs, en leur facilitant les moyens de se le procurer.

La parole est à M. Laprévote.

Messieurs,

La question en discussion intéresse tous les arboriculteurs, les horticulteurs et les jardiniers. L'eau de tabac est souveraine pour la destruction du puceron, insecte qui est pour nos jardins et pour l'agriculture un véritable fléau.

Cette eau de tabac, pour être employée sans danger pour les plantes, doit être mélangée avec neuf dixièmes d'eau, et pour le lavage d'un espalier ordinaire, il faut un litre d'eau de tabac ;

car on est souvent obligé de recommencer cette opération, les pucerons n'étant pas tous atteints et détruits dès la première fois. Vous le voyez, Messieurs, c'est alors une assez forte dépense pour ceux qui veulent se servir de l'eau de tabac, et si l'on tient compte aussi des difficultés que l'on rencontre pour se la procurer et de la perte de temps qu'entraînent les nombreuses démarches exigées par l'administration des finances, on s'explique très-bien pourquoi la quantité employée est si minime que, au prix de 20 centimes, cette vente ne rapporte annuellement qu'une somme de 3,000 fr. pour la manufacture de Nancy, tandis qu'en réduisant le prix de vente à 10 centimes, M. le Directeur vous a déclaré qu'il en produirait pour 30,000 francs dans une année. C'est donc une quantité de 100 hectolitres seulement qui est livrée à l'agriculture aujourd'hui, et la manufacture de Nancy en produit 3,000 ; ou en d'autres termes, l'agriculture est privée de 2,900 hectolitres d'eau de tabac, et le Trésor fait une perte évaluée à 27,000 francs.

Pour expliquer un semblable état de choses, y a-t-il donc des motifs suffisants que nous ne connaissons pas ? Je crois que non, Messieurs, et que tout ceci tient à une cause que l'on rencontre encore trop souvent en France et peut-être ailleurs, je veux dire à l'entêtement de la bureaucratie. Pour nous éclairer complétement à ce sujet, je demanderai à M. le Directeur de la manufacture des tabacs de Nancy la permission de lui poser deux questions :

L'eau de tabac qui est livrée au public au prix excessif de 30 centimes n'est-elle pas absolument inutile à l'administration des tabacs, qui, m'a-t-on affirmé, n'aurait d'autre moyen de se débarrasser de ce qu'elle ne vend pas, que de jeter cet excédant dans les grands canaux de décharge de la manufacture qui le conduisent au canal, ce qui, soit dit en passant, ne doit pas plaire excessivement aux poissons? S'il en est ainsi, pourquoi maintenir ce prix excessif de 30 centimes, et ne pas faciliter pour l'agriculture l'emploi d'un produit si utile pour elle, en réduisant le prix de vente au taux le plus minime possible ?

Y aurait-il donc quelque danger pour la salubrité publique, ou bien quelque abus à redouter pour l'administration de la part de ceux qui achèteraient cette eau et qui peut-être pourraient s'en servir pour saucer ou préparer quelques feuilles de tabac qu'ils emploiraient ensuite à leur usage personnel, ou dont ils tireraient quelque profit au

préjudice du Trésor ? C'est ce qui pourrait expliquer alors les démarches nombreuses qu'il faut faire avant d'obtenir livraison.

Dans le cas où, comme j'ai tout lieu de le croire, les réponses aux
questions que je viens d'avoir l'honneur de poser à M. le Directeur
de la manufacture des tabacs, ne seraient pas de nature à changer
l'opinion que j'ai émise au commencement, je demande que le
Congrès, adoptant les motifs développés par M. Grandeau, veuille
bien donner son adhésion la plus complète au vœu qui lui est soumis.

M. Gutton répond que l'administration ne pourrait pas
donner partout l'eau de tabac, car là où elle fabrique de la
poudre, les sels du tabac sont utilisés.

M. le Président met aux voix le vœu, déjà formulé par
M. Tachard à la dernière session de la Société des agriculteurs de France, *que les sels dénaturés puissent être employés
francs de tout impôt, et que le gouvernement se hâte de mettre
l'agriculture française dans une situation analogue à celle qui est
faite aux pays voisins.*

Ce vœu est adopté par le Congrès.

La proposition de MM. de Scitivaux, Grandeau et Chevandier touchant la réduction du prix de l'eau de tabac est
également votée par le Congrès. Ce vœu est ainsi formulé .
*Que le prix si élevé de o fr. 3o c. le litre auquel l'administration
des tabacs livre à l'agriculture les eaux de tabac soit considérablement diminué et que les formalités soient simplifiées autant
que possible.*

La séance est suspendue pendant un quart d'heure ; elle
est reprise à onze heures.

L'ordre du jour appelle la question de l'utilisation des
eaux d'égout.

La parole est à M. Morey, architecte de la ville de Nancy,
qui lit le mémoire suivant :

MESSIEURS,

Dans notre rapport présenté en l'année 1855 à l'administration
municipale, sur les inconvénients des odeurs méphitiques que répan-

dent les cloaques et les canaux de Nancy, « il est, disions-nous, un autre mal que les agriculteurs éclairés déplorent sincèrement : c'est la perte des matières azotées et phosphorescentes dont l'emploi comme engrais est de beaucoup préférable au fumier. Hé bien ! c'est cependant la présence de ces matières, si riches, d'où l'on peut tirer un très-grand profit, c'est là ce qui infecte notre ville, tandis que si ces détritus étaient recueillis et employés, ils feraient disparaître bien des causes de maladies et contribueraient à la fertilité de nos champs.

« Aujourd'hui que la science a progressé, et qu'ont disparu les préventions ridicules qui s'attachaient encore dans le siècle dernier aux engrais humains (1), on doit convenir que c'est faute de moyens simples et économiques qu'on n'a pas encore tiré parti à Nancy de produits si précieux pour l'agriculture. »

_____

(1) Une ordonnance rendue le 28 février 1710 par M. Voyer d'Argenson défend d'employer de telles matières pour engrais, sous peine d'amende considérable.

En 1726, le lieutenant général de police, René Hérault, condamnait, à une amende de cent livres les cultivateurs contrevenants.

(M. Paulet, _L'engrais humain_.)

Bien des nations nous ont devancé sur ce point, particulièrement les Chinois qui, on le sait, recueillent bien soigneusement l'engrais humain, pour amender leurs terres; voici à ce sujet une histoire rapportée par le docteur Yvon, qui vient à l'appui de leurs soins :

Le docteur, attaché à l'ambassade de M. Lagomée, arrive à Macao ; on le loge avec ses compagnons de voyage dans une immense maison percée à jour comme une découpure. Ils étaient là douze Français, dont quatre domestiques. « Le lendemain de notre arrivée, dit-il, nous reçûmes tous individuellement la visite d'un Chinois vigoureux qui nous examina attentivement et parut charmé de notre bonne mine, s'extasia sur notre embonpoint et se retira sans nous adresser une parole, cet homme appartenait à la classe des agriculteurs.

« Les Chinois n'ont guère qu'une curiosité intéressée, continua le docteur, la visite de celui-ci me surprit. A peine fut-il sorti de chez moi que j'appelai un domestique et lui demandai s'il savait quel était ce visiteur. C'est un mouchard, répondit sans hésiter l'enfant de Paris... Il ajouta même résolûment: Il est chargé de surveiller les garnis ; après avoir pris nos signalements il nous a tous inscrits sur un cahier, et maintenant il boit avec l'intendant une tasse de leur abominable _san-chou_. Peu satisfait de cette réponse, j'appelai deux jeunes _boys_ chinois, Assan et Macann, qui parlaient l'un le portugais, l'autre l'anglais. Quel est, leur dis-je, cet homme qui s'intéresse si fort au personnel de notre petite colonie? C'est, me répondit Assan, l'entrepreneur des _konn ste fan_ (lieux d'aisances publics). Sans connaître ce Chinois, je flairai un domange sous ce nom. Et que vient-il déjà faire ici, demandai-je? Ce qu'il vient faire, répliqua Assan étonné, il vient acheter le _niao_ et le _feen_ de vos seigneuries. Comment acheter, m'écriai-je, mais dans mon pays on est trop heureux de s'en débarrasser même en payant. Le _niao_ et le _feen_, me dit sentencieusement Assan, sont plus précieux que l'or jaune : ils font pousser les blondes moissons qui nourrissent l'homme, l'or jaune ne fait pousser que les cheveux blancs.

Un exposé succinct de tels moyens ne paraîtra donc pas ici déplacé.

On sait que les canaux de notre ville reçoivent non-seulement les eaux pluviales et ménagères, mais encore les matières des fosses d'aisances de la plupart des maisons ; et que, par suite de la pente naturelle des terrains, les canaux principaux déversent leurs eaux dans la rivière sur trois points très-rapprochés les uns des autres, en amont du pont de Malzéville.

Cette disposition d'égouts semble avoir été créée pour recueillir sur un point favorable tous leurs résidus ; mais pour arriver à un résultat plus complet, et dans l'intérêt de l'hygiène publique, il serait à désirer que l'on construisît un égout collecteur, qui, longeant parallèlement le canal de la Marne au Rhin, viendrait déboucher à une assez grande distance de toutes les habitations. Ce travail n'entraînerait pas la ville dans une très-grande dépense, attendu que les dimensions de cet égout peuvent être restreintes relativement à la masse considérable des eaux qu'il recevrait dans les moments de grandes pluies, en laissant sur son parcours des déversoirs aux endroits des écoulements actuels.

Ce canal aurait de plus le mérite de faire disparaître les cloaques et les canaux à découvert de la plaine, qui rendent l'air du voisinage fétide, engendrent des maladies épidémiques et contagieuses, sans compter qu'il aurait encore l'avantage de laisser aux eaux de la rivière, sur un assez grand parcours leur limpidité naturelle.

La construction d'un égout collecteur serait donc un grand bienfait pour la santé des habitants et un moyen plus facile d'exploitation ; mais, comme on l'a vu précédemment, il n'est pas indispensable pour l'utilisation immédiate des eaux d'égout.

Quoi qu'il en soit, les moyens que nous proposons pour arriver à un tel résultat, consistent dans l'établissement de plusieurs bassins d'épuration, où viendront se jeter alternativement les eaux vannes, pour en dégager les produits. Ils devront être placés assez haut pour ne pas être exposés, autant que possible, aux inondations de la rivière, et le fond en serait formé d'une forte couche de sable afin d'activer les filtrations des eaux claires dans le sol. Leur élévation permettrait encore d'irriguer une grande étendue de terrain sur les deux rives de la Meurthe, et de faire écouler dans la rivière, après un certain re-

pos des matières, et au moyen de portières mobiles, les eaux supérieures et en partie épurées. Il serait à désirer que les matières recueillies dans les bassins d'épuration fussent transportées, au moyen
de pompes foulantes mues par les eaux de la rivière ou par la vapeur, sur le sommet des côtes voisines où elles seraient reçues dans
des réservoirs étangs pour être ensuite distribuées sur tous les points,
jusque dans le fond des vallées éloignées (1).

La désinfection des matières s'obtiendra facilement par le sulfate
d'albumine ferrugineux, le charbon, les sels de zinc, de plomb ou des
chlorures de chaux.

Pour séparer les matières solides des liquides, on aura recours au
procédé de précipitation par la chaux, moyen grâce auquel on est
parvenu à recueillir une grande partie des principes fertilisants sous
formes de briquettes parfaitement inodores (2).

Un tel établissement et son exploitation n'entrainerait pas, comme
on le voit, à de bien fortes dépenses, et si l'administration municipale
ne veut pas, dans l'intérêt de l'agriculture, en faire les premiers frais,
elle pourrait abandonner à une compagnie le droit d'exploitation pendant
un certain laps de temps et en retirer plus tard un revenu considérable.

Quant aux fosses qui n'ont pas de communication avec les égouts,
on les vide au moyen de tuyaux reliant la fosse à un tonneau dans lequel on a fait le vide. Ce travail peut s'accomplir sans qu'il soit nécessaire d'entrer dans les maisons, en établissant un tuyau permanent
partant du fond de la fosse et aboutissant à la rue.

En résumé, les avantages qui résulteraient de l'emploi, comme engrais, des matières qui s'écoulent aujourd'hui sans profit par les
égouts de la ville, peuvent être énumérés ainsi :

1° Assainissement d'un des quartiers populeux de Nancy;

2° Désinfection de la Meurthe dans son parcours près de la ville sur
une étendue de plus de 3,000 mètres;

---

(1) Dans les pays où les résidus organiques sont employés, on a remarqué
que la récolte des terres a été doublée et même triplée et que par l'application
des eaux d'égout aux irrigations agricoles, le nombre de coupes de foin est
de trois et même de quatre dans l'année.
(2) Ce procédé est pratiqué à Leicester, ville d'une population de plus de
65,000 habitants, depuis douze ans et il est considéré dans le pays, comme
un inestimable bienfait, tant sous le rapport de l'hygiène publique que sous
celui agricole. On le doit à M. Wicksteer, ingénieur anglais.

3° Procurer à l'agriculture suffisamment d'engrais pour fumer annuellement plus de 1,200 hectares de terre ;

4° Pouvoir transformer en terre de première qualité, sur le sommet des côtes avoisinant la ville, une immense étendue de terrain, aujourd'hui presque entièrement en friche ;

5° Livrer à l'industrie une nouvelle branche de commerce par la facilité de transporter les produits par eau ou par chemin de fer ;

6° Enfin, doter la ville de Nancy d'un nouveau revenu, tout en facilitant la fertilité du sol ; or, la richesse du sol étant la fortune publique, tous nos efforts doivent donc tendre à obtenir un tel résultat.

Cette question d'engrais humain a trop longtemps été de celles qui, par un sentiment de fausse honte, furent reléguées dans le domaine de l'indifférence : à nous, aujourd'hui, d'en faire justice.

La parole est à M. l'ingénieur A. Ronna :

MESSIEURS,

Après la discussion très-intéressante qui a eu lieu sur les engrais chimiques et sur l'emploi du sel, la question de l'utilisation des eaux d'égout trouve naturellement sa place ici et se recommande non moins vivement à votre attention.

Tout nous confirme aujourd'hui dans la crainte que les sources étrangères d'ammoniaque auxquelles recourait l'agriculture sont gravement menacées. Le guano des îles Chincha a été épuisé en une trentaine d'années ; Rivero estimait en 1844 que ce gisement représentait un cube de 40 millions de tonnes : ce cube a été dévoré, on peut le dire, par notre agriculture intensive. Vous avez vu récemment le prix du nitrate de soude osciller entre 40 et 54 francs les 100 kilogrammes. Avec ces cours, l'agriculture peut à peine l'aborder, et les industries chimiques qui s'en servaient pour fabriquer du nitrate de potasse, ont cessé leur fabrication. Enfin, le sulfate d'ammoniaque des eaux du gaz et des eaux vannes est tellement recherché que, pour obvier à l'augmentation de 25 p. 100 qui le frappe, on a dû songer aux *lagoni*, aux tourbes, aux fours à coke, etc., afin d'en extraire de nouvelles sources d'ammoniaque. Je ne veux pas douter un instant que la science industrielle ne parvienne à surmonter ces difficultés ; que l'on ne trouve de nouveaux guanos, bien qu'il ne s'en rencontre pas souvent à 12 et 14 p. 100 d'ammoniaque ; que l'on n'exploite les lagoni ; que l'on ne crée des nitrières artificielles, etc.

En attendant, les fumiers continuent, dans les campagnes, à être traités avec une rare négligence ; les purins s'écoulent sur la voie publique ; les détritus sont mal aménagés pour l'engrais. Quant aux villes, c'est la partie minime des résidus de leur consommation qui retourne dans les champs. Où va l'immense richesse accumulée par les centres populeux ? quelle est cette richesse ? quel serait le meilleur mode à suivre pour la recueillir et l'employer ?

Telles sont les questions que je me réjouis de voir traitées au sein d'une assemblée aussi compétente, avec la persuasion que leur discussion aura un utile retentissement dans le pays,

Parmi les engrais des villes, il y en a qui trouvent leur emploi immédiat ; ce sont les fumiers des écuries et des rares étables, ainsi que les boues ou immondices de la rue. Les terreaux, les composts et les gadoues, qui exercent une action si énergique dans la culture maraîchère et dans la petite culture des environs des villes, sont les résultats de cet emploi.

Il y en a d'autres que l'on utilise peu ou imparfaitement ; ce sont les vidanges. La fabrication de la poudrette est une honte, dans l'état de nos connaissances chimiques, puisqu'elle nécessite le rejet de la partie de beaucoup la plus riche dans les déjections : la partie liquide. On emploie, il est vrai, dans certaines localités les matières à l'état naturel ou diluées avec l'eau et fermentées. Mais déjà on se plaint, à Lille même, c'est ce que M. Kuhlmann notamment déposait devant la commission d'enquête sur les engrais, que la dilution est trop forte et qu'aujourd'hui, l'on trouve difficilement preneurs, même gratis. Il y aurait, du reste, beaucoup à dire sur cette catégorie d'engrais. Je me borne à rappeler que, dans sa dernière session générale, la Société des agriculteurs de France a décidé de décerner un prix l'année prochaine au meilleur mémoire sur les moyens pratiques de mettre l'engrais humain à la portée de l'agriculture.

J'ai hâte d'arriver à ceux des engrais des villes qui sont totalement négligés en France : *les eaux des égouts.*

Quelle est la richesse fertilisante de ces eaux ou du *sewage,* comme les Anglais l'appellent ? Quel est le meilleur procédé d'utilisation agricole ?

Sur le premier point, je ne désire pas suivre avec vous, Messieurs, les statisticiens qui ont chiffré en argent la valeur intrinsèque de ces eaux. Les uns, ayant égard à leur composition chimique moyenne et à leur débit, ont appliqué aux éléments de fertilisation les prix du commerce. Les autres, au contraire, calculant le poids moyen des déjections par individu, homme ou animal, et multipliant par le chiffre de la population, ont ajouté les produits fournis par les manufactures et la voie publique, et pris pour facteur des totaux le coût de l'azote, de l'acide phosphorique et de la potasse.

Les résultats dus à ces divers modes de calcul sont parfaitement contradictoires et ne nous apprennent rien. Il importe peu que l'engrais des eaux d'égout de Londres soit chiffré par les uns à 50 millions et par les autres à 20 millions; que les eaux de Paris, d'après les dernières évaluations des ingénieurs, soient taxées à 7 millions de francs, au lieu de *16 millions* précédemment établis par les calculs de M. Hervé Mangon.

La valeur agricole des eaux d'égout, c'est la valeur *pratique*, résultant de leur emploi sur les terres, en tenant compte non-seulement de leur efficacité, mais de leur volume, de leur état physique, etc. Le fumier de ferme consommé, qui, d'après l'analyse chimique du professeur Woelker, vaut théoriquement 17 francs, se paye en réalité de 4 à 6 francs la tonne. Pour un engrais beaucoup plus volumineux encore et d'un emploi bien autrement embarrassant, la valeur intrinsèque est donc une abstraction tout au moins inutile.

La suite de cette communication vous donnera la valeur pratique du *sewage*. Je me bornerai, pour l'instant, à constater par l'expérience que les immondices des égouts *qui recueillent les vidanges*, sont suffisantes pour reconstituer hors la ville et sous forme d'aliments végétaux les aliments qui ont été consommés dans la ville.

Reste à examiner le meilleur mode de restitution de cette richesse noyée dans des volumes d'eau souvent si considérables.

Ici nous nous trouvons en présence de plusieurs systèmes.

1. Le premier, le *filtrage* des eaux après décantation dans des bassins, ne mérite pas de nous arrêter longtemps. Le filtrage à travers des claies, des collecteurs garnis de scories ou de mâchefer, des digues intermédiaires chargées de cailloux et de graviers, etc., quelque parfait qu'il soit, n'a aucune action sur les matières en dissolu-

tion. Les filtres ne cessent de s'engorger ; outre cet inconvénient, ils exigent l'emmagasinement de masses importantes de matières fermentescibles, l'enlèvement rapide des curages ; une main-d'œuvre considérable ; l'établissement des dépotoirs et des séchoirs loin de toutes habitations, etc. Encore, si les boues des filtres avaient une valeur fertilisante en rapport avec la dépense ! mais ces curages sont stérilisés par les matières inertes.

A Birmingham, où la municipalité avait établi à de très-grands frais des filtres perfectionnés, il a fallu les abandonner pour recourir aux bassins de décantation. A Rugby, à Worksop, à Leamington et dans bien d'autres villes, les filtres sont délaissés.

2. Vient ensuite le système de *précipitation* des eaux d'égout par divers réactifs, dans le triple but d'épurer et d'assainir les eaux avant leur écoulement à la rivière, de procurer à la ville un bénéfice par la vente d'un engrais transportable et finalement d'avantager l'agriculture. Malheureusement ce système qui se présente tout d'abord à l'esprit des édiles, ne réussit à aucun de ces points de vue. Le problème de la salubrité est incomplétement résolu. Le bénéfice pour la ville se traduit par des dépenses d'installation, de réactifs et par un encombrement sérieux. Enfin, l'agriculteur se refuse à payer pour l'engrais précipité plus que pour les boues ordinaires, et souvent il ne veut pas l'enlever en l'obtenant gratis.

Tous les réactifs susceptibles d'être livrés en abondance et à bas prix ont été essayés pendant ces vingt dernières années en Angleterre. Ce sont : le phosphate de magnésie seul ou en mélange avec la chaux, le sulfate d'alumine, le chlorure de chaux, le sulfate de fer, la chaux, etc. Les enquêtes parlementaires et municipales sont pleines des résultats de ces essais.

Le précipité n'a pas eu une valeur agricole proportionnelle au prix de revient, si ce n'est lorsque l'on a opéré sur des volumes réduits d'eaux riches.

Il est facile de se rendre compte de cet insuccès en se reportant à la composition même des eaux d'égout qui renferment de 2 à 3 p. 100 seulement de matières, dont moitié à deux tiers environ en suspension.

Ainsi, à Paris, l'analyse des eaux en 1867-68 a donné par mètre cube les résultats suivants :

Composition moyenne des eaux de Paris :

Matières minérales..........	1 k.	892
id. organiques.........	0	729
Alcalis...................	0	131
Acide phosphorique.........	0	015
Azote...................	0	037
Total........	2	804

Ces eaux, je dois le dire, sont remarquablement faibles comparées à celles de la plupart des villes anglaises, dont j'ai examiné l'analyse chimique. Je reproduis devant vous la composition moyenne des eaux de Londres, comme point de comparaison sous le rapport des matières inertes :

Composition moyenne des eaux de Londres.

Matières organiques et sels	......	0 k. 427
Ammoniaque	0 k. 099	
Matières minérales.......	......	0 855
Acide phosphorique......	0 014	
Alcalis...............	0 042	
Matières inertes........	0 798	
Total........		1 282

Les essais de *Leicester* qui ont eu un certain retentissement en France, sont sans doute encore présents à votre mémoire. Le *procédé Wicksteed* qui consistait à brasser les eaux des égouts avec un lait de chaux, à laisser déposer le mélange et à essorer les boues pour en faire des briquettes d'engrais solide, a abouti à une dépense totale de 1,500,000 francs. On extrayait annuellement des 5 millions de mètres cubes d'eau fournis par une population de 65,000 âmes, 4,500 tonnes d'engrais solide moyennant une dépense de 14,000 francs. Le prix de cet engrais avait été fixé au début par la Compagnie à 50 francs (valeur théorique) ; il fut baissé en 1857 à 10 francs et finalement s'est vendu à 2 francs le mètre cube.

Un autre procédé à la chaux, connu sous le nom de son inventeur Higgs et appliqué successivement à Londres, à Cardiff, etc., n'a pas eu de meilleur résultat. De 100 francs, prix initial pour l'engrais, on est descendu à 10 francs, sans trouver de débouchés.

A Cheltenham, à Coventry, à Chelmsford, ou l'on précipitait le sewage par la chaux et mélangeait les boues avec les cendres de foyer
et les immondices de la ville, le prix de vente du compost n'a jamais
excédé 3 à 4 francs le mètre cube. De sorte que la précipitation représentait une charge annuelle par habitant de 0 fr. 15 à 0 fr. 30 c.

L'addition à la chaux de sulfate de fer (Bristol); d'alumine et de
charbon (Ely); d'alumine et de zinc (Londres), n'a fait qu'augmenter
le prix de revient.

Enfin, les schistes alunifères mélangés de sulfate de fer et de noir
animal (procédé Manning) essayés à Edimbourg et à Liverpool, repré-
sentaient une dépense de 3 centimes par mètre cube.

Un certain bruit a été fait récemment dans les journaux anglais au
sujet d'un procédé connu sous le nom de A B C pour la fabrication
d'engrais *très-riches* avec les eaux d'égout. Ce procédé a été essayé
à Leamington. Il consiste dans l'emploi de noir animal, de sang et d'argile mélangés avec un peu de perchlorure de fer pour précipiter
l'hydrogène sulfuré, et d'acide sulfurique pour fixer l'ammoniaque.
Les trois ingrédients principaux : le noir animal, le sang et l'argile,
sont mis à tremper pendant une heure et leur dissolution est ajoutée
dans les bassins, dans la proportion de 1 pour cent de sewage. Des
agitateurs, que fait mouvoir la machine à vapeur, brassent le mélange
qui se dépose dans des réservoirs spéciaux pendant deux heures. Les
matières solides tombent au fond des puits ménagés dans ces réservoirs et le liquide surnageant s'écoule dans d'autres réservoirs, puis
dans un canal d'une centaine de mètres de longueur avant de déboucher dans la rivière. Les boues précipitées sont essorées et mises en
sacs pour être vendues comme engrais au prix de *80 francs* la tonne.
Ce produit renferme, paraît-il, de *4 à 5 pour cent* d'ammoniaque et
trouve un débouché rapide parmi les agriculteurs.

Les mêmes espérances avaient accueilli au début le procédé Wicksteed. Seulement ici l'addition de noir animal et de sang constitue une
véritable fabrication d'engrais indépendante des eaux d'égout. La
conviction de l'excellence de ce système et de ses bénéfices ne semble
pas avoir gagné l'esprit de la municipalité, puisqu'elle vient de traiter
avec le duc de Warwick pour l'abandon pendant trente années de la
totalité des eaux amenées sur sa propriété, moyennant une somme
annuelle de 12,000 francs.

Les résultats d'épuration obtenus en grand et consignés dans les enquêtes parlementaires de l'Angleterre, quelque infructueux qu'ils aient été, n'ont pas empêché les ingénieurs français de songer aux réactifs pour la précipitation.

Le docteur Henry Bird, dans une communication à l'Association britannique, avait insisté en 1864 sur l'emploi de l'argile traitée par l'acide sulfurique et sur celui de l'acide sulfurique seul, comme précipitant énergique des eaux d'égout. Longtemps auparavant, le professeur Way avait rendu compte des résultats économiquement peu favorables de la défécation par le sulfate d'alumine. Vous savez, du reste, que l'alun a été employé très-anciennement pour l'épuration des eaux potables. M. Le Chatelier, notre collègue, suggérait à son tour l'emploi du sulfate d'alumine ferrugineux provenant des magmas de Picardie. Il vient d'être rendu compte par les ingénieurs de la ville de Paris des expériences de précipitation poursuivies depuis deux ans avec ce réactif, d'après l'avis de MM. Le Chatelier et Dumas.

Les essais du terreau de Clichy sont restés à l'état d'expérience, puisque les cultivateurs ont eu à peine le temps de se prononcer sur la valeur réelle des dépôts obtenus. Pourtant on paraît avoir déjà abandonné toute idée d'en tirer parti ailleurs que dans la localité même, c'est-à-dire aux environs de Clichy, de Genevilliers et de Saint-Denis.

En effet, à Paris, où, dans un rayon de dix kilomètres, la culture dispose de boues et de fumiers à profusion ; où elle laisse sans emploi les liquides si riches des dépotoirs, comment espérer faire accepter un engrais qui renferme en moyenne 75 pour 100 de sable, ou de matières minérales inertes ?

On a essayé par tous les moyens possibles de mettre les vidanges concentrées de Paris à la portée des agriculteurs, soit par des tuyaux, des citernes transportables sur roues, par chemins de fer et par bateaux. Les frais de transport ont arrêté le plus souvent ces opérations. Et l'on aurait espéré trouver dans le dépôt à 75 pour 100 de sable un produit rémunérateur, chiffré théoriquement à 20 francs le mètre cube ou, pour l'ensemble, à 3 millions de francs !

Le mètre cube de l'engrais de Leicester valait, d'après l'analyse, 22 francs la tonne, et l'agriculture n'en a pas voulu pour rien.

Composition moyenne du dépôt des eaux de Paris.

Matières minérales.............	71 7
» organiques...........	26 6
Acide phosphorique...........	0 8
Azote....................	0 9
Total......	100 0

Je reviendrai plus tard sur ces essais de la ville de Paris qui conduiraient pour l'épuration par le sulfate d'alumine à une dépense de 0 fr. 02 c. à 0 fr. 03 c. par mètre cube, soit, pour 250,000 mètres cubes que débite actuellement l'émissaire d'Asnières, à 5,000 francs par vingt-quatre heures. Dépense annuelle : 1,700,000 francs à 2 millions, pour un résultat d'épuration qui n'enlève que moitié de l'azote, moitié des matières organiques et laisse perdre les gaz fertilisants.

A Reims, MM. Houzeau et Devedeix ont également proposé de déféquer les eaux des égouts qui infectent la rivière de Vesle par un mélange de lignite et de chaux pour en faire un engrais et par un mélange de houille additionné de sulfate de fer et de chaux pour en faire des briquettes combustibles. Il est à craindre que malgré la richesse des eaux chargées de détritus de teintureries et de lavages de laine, le prix de revient des produits fabriqués ne soit trop élevé relativement à leur efficacité pour l'agriculture. L'idée du combustible est tout au moins bizarre. Je me garderai de la recommander pour l'agriculture.

3. J'arrive maintenant au troisième système d'utilisation : l'*irrigation*. Ce système a reçu, dans certaines localités, la consécration de plusieurs siècles ; il a, à mon sens, le double mérite de résoudre aussi complétement que possible le problème à ses deux point de vue, de l'hygiène et de l'agriculture.

Le sol jouit de la propriété remarquable d'absorber des quantités énormes et, avec une rapidité surprenante, de matières fixes ou gazeuses contenues dans les eaux des égouts. Indépendamment de l'ammoniaque libre et de la potasse qu'il fixe, il enlève l'ammoniaque aux dissolutions des sels ammoniacaux. L'acide carbonique et l'acide sulfurique se combinent par son influence avec la chaux et avec les autres matières minérales. Cette faculté d'absorption varie suivant que

les terres sont nues ou recouvertes de végétation ; suivant que les liquides sont plus ou moins concentrés.

Les sols sableux absorbent des doses énormes de sewage ; 20,000
et 30,000 mètres cubes à l'hectare sans que la moindre émanation soit
sensible. Lorsqu'ils sont saturés, les matières fertilisantes remontent
progressivement à la surface par les racines et les parties herbacées,
de manière à établir une circulation constante.

Dans les sols argileux, l'absorption est moins considérable, mais le
drainage la facilite et l'on peut dire que dans les deux cas, d'après
les exemples fournis par une longue pratique, on arrive en peu de
temps à doubler, à tripler et à décupler la fertilité du sol par l'arrosage
à l'aide du sewage. J'en citerai quelques preuves.

Les marcites de Milan qui reçoivent les eaux animalisées de la Vet-
tabbia depuis six siècles, donnent en six coupes une moyenne de
50,000 kil. de fourrage (ray-grass et trèfle) à l'hectare et par an.
Elles valent jusqu'à 15,000 francs l'hectare, dont le revenu net est
de 500 francs.

A Édimbourg, les prés de Craigntenny absorbent des masses d'eau
énormes. Pour 115 hectares, la masse de sewage disponible est de
50,000 mètres cubes à l'hectare. Ces prés qui s'affermaient à 100
francs l'hectare en l'an 1800, se louent aujourd'hui par enchères à
1,500 et à 2,000 francs, du mois d'avril au mois d'octobre seulement.
Ils fournissent aux fermiers locataires de 4 à 5 coupes de ray-grass
mélangé de paturin et de chiendent.

A Lausanne, où l'irrigation se pratique avec les eaux d'égout dé-
versées dans le Flon depuis près de quatre siècles, les prés de Vidy
se louent au prix moyen de 600 francs l'hectare, tandis que l'hectare
voisin non arrosé ne se loue que 150 francs. M. Risler, notre collègue,
évalue l'augmentation de valeur due à l'arrosage à plus de 400 francs
par hectare. Pour les 200 hectares irrigués, cela représente 80,000
francs par an ou environ 4 francs par habitant.

A Novare, les prés irrigués depuis 1738 par les eaux de la Cunetta
où aboutissent les égouts de la ville (28,000 habitants), donnent cinq
et six coupes, au lieu de quatre que fournissent les prés ordinaires, et
se louent trois fois plus cher, soit 350 francs l'hectare.

Citerai-je les arrosages plus modernes d'Alnwick, de Carlisle, de
Croydon, de Malvern, de Rugby, de Tavistock, de Watford et de

Worthing? Il n'y a aucune de ces villes qui n'offre un enseignement utile à suivre pour l'arrosage.

Le tableau suivant reproduit les conditions principales de ces irrigations imposées presque toutes aux municipalités par des procès.

NOMS des villes.	NOMBRE d'habitants.	NOMBRE d'hectares.	CULTURES.	ANNUITÉ à la ville.
Alnwick......	6 500	110	Terres arables et herbages	Néant.
Carlisle......	22 000	28	Prés naturels en pâture..	»
Croydon	16 000	100	Prés naturels et ray-grass	7 500 fr.
Malvern......	4 000	20	Herbages	Néant.
Rugby........	6 700	8 40	Prés et ray-grass....... Prés naturels en pâture..	1 250 fr.
Tavistock ...	6 000	38	Herbages	Néant.
Watford	4 000	5 15	Ray-grass en été .... Prés naturels en hiver...	250 fr.
Worthing	7 000	17	Herbages	Néant.

Rugby mérite de nous arrêter un instant à cause surtout des expériences de M. Lawes. Chargé par la commission parlementaire d'étudier théoriquement et pratiquement l'arrosage avec le sewage, M. Lawes, qui faisait partie de la commission avec M. Way, a soumis six hectares de prairies à l'irrigation pendant trois années consécutives (1861 à 1863). Sur ces hectares, il a déterminé non-seulement le rendement, en faisant varier les volumes d'eau, mais la composition de cette eau, la composition du fourrage, l'action comparative du fourrage en vert et du foin pour l'engraissement du bétail, l'action des eaux sur les plantes des prairies, la composition du lait, les résultats de l'arrosage appliqué à l'avoine. Ce travail de l'illustre agriculteur-chimiste est aussi complet que possible. Il est vrai qu'il s'applique à des prés naturels et non à du ray-grass, mais, grâce à lui, on sait aujourd'hui d'une manière exacte l'accroissement à attendre de l'irrigation par 1,000 mètres cubes d'eau. C'est ainsi que de 23 tonnes, produit de l'hectare non arrosé, on atteint en moyenne 65 tonnes avec 7,500 mètres cubes, 75 tonnes avec 15,000 mètres cubes et 80 tonnes avec 23,000 mètres cubes.

D'après M. Lawes un arrosage de 20,000 mètres cubes à l'hectare assure aux prairies un produit de 15,000 francs.

Quant aux terres arables, l'arrosage n'est applicable qu'accidentellement aux céréales, aux racines, aux légumineuses; et encore ne peut-on utiliser que 1,200 mètres cubes par hectare et par an.

Les essais de M. Lawes ont été d'un grand poids pour décider la municipalité de Londres à traiter avec une Compagnie, relativement à l'utilisation des eaux de la rive Nord. Cette Compagnie s'est rendue concessionnaire des eaux pour 54 années; elle a dix années à partir de 1866 pour exécuter les travaux et conduire les eaux à 60 kilomètres de Barking sur les 10,000 hectares de sables qui représentent les relais de la côte d'Essex. Tout en procédant à l'exécution de ses travaux les plus difficiles, la Compagnie fondée au capital de 70 millions de francs, actions et obligations comprises, s'est rendue propriétaire d'une ferme de 83 hectares sur laquelle elle utilise annuellement de 300,000 à 350,000 mètres cubes d'eau, c'est-à-dire la 1/350ᵉ partie du volume total qui lui est adjugé.

Les résultats de l'exploitation de cette ferme connue sous le nom de Lodge-farm, pendant les années 1867 et 1868, ont vivement attiré l'attention des agriculteurs et semblent ouvrir un nouvel avenir pour l'emploi du sewage. En effet, dans toutes les applications précédentes, on avait cherché à arroser des prairies naturelles et artificielles. Les arrosages des autres récoltes avaient été tentés expérimentalement et sans grand succès. A Lodge-farm, le ray-grass joue bien encore le plus grand rôle, mais on s'est rendu compte pratiquement de l'action du sewage sur l'ensemble de cultures variées comprenant les turneps, les mangold, les betteraves, le lin, les choux, la pomme de terre, la luzerne, les oignons, les fraises et les céréales.

Le sol de Lodge-farm était des plus pauvres; les fermiers s'y étaient successivement ruinés. Bien que le sous-sol de gravier fût perméable sur une profondeur de 3 à 4 mètres, M. Morton, chargé de la direction de la ferme, fit drainer une surface de 40 hectares environ situés au-dessous du niveau des bassins récepteurs du sewage. Puis il fit niveler la surface suivant divers modes d'irrigation parmi lesquels a prévalu le rigolage par déversement.

Un quart de la ferme est cultivé en ray-grass. En 1867, les 22 hectares ont produit 2,500 tonnes de fourrages correspondant à 250,000 mètres cubes d'eaux d'égout. C'est donc une tonne de ray-grass par 100 mètres cubes de sewage. La moyenne dans les conditions favorables est évaluée à 150 tonnes correspondant à 6 coupes de fourrage

7

vert à l'hectare et à l'année. On arrose deux fois entre chaque coupe moyennant 700 à 800 mètres cubes par arrosage.

Le ray-grass pour donner ces résultats doit être maintenu en pleine végétation ; et pour cela il est nécessaire de le défoncer tous les dix-huit mois. On fait succéder alors une récolte de pommes de terre pour l'été, ou de choux pour l'hiver ; puis on fume fortement avant de semer de nouveau.

En 1868, les mangold pour deux arrosages de 700 tonnes à l'hectare ont rendu de 120 à 140 tonnes ; tandis que le fumier de ferme n'a donné que 45 à 60 tonnes.

Pour le blé cultivé sur deux hectares, moyennant deux arrosages en mars et en avril de 1,000 à 1,200 mètres cubes, on a récolté en juillet 40 hectolitres de grain et 100 de paille, tandis que sur le sol non arrosé on ne récoltait que 25 hectolitres. Le sewage remplace une fumure avec 10,000 kil. de fumier de ferme et 500 kil. de guano mélangé de poussière d'os et de sel.

L'avoine cultivée de même sur 2 hectares a rendu par l'arrosage 47 hectolitres de grain à l'hectare ; le seigle, 43 hectolitres.

Les autres récoltes étaient également satisfaisantes ; j'en néglige le détail.

Le sewage peut donc entrer dans la culture d'une ferme quelconque pourvu qu'on en modifie l'assolement ; soit en permettant de cultiver la même plante pendant plusieurs années sur le même terrain arrosé, soit en permettant des récoltes dérobées de choux ou de seigle après l'enlèvement d'une céréale, soit en facilitant deux récoltes en vert.

Si j'ajoute que pour des sols en pente, l'arrosage peut être installé à moins de 100 fr. l'hectare et qu'un seul homme suffit à l'épandage de 300 mètres cubes à l'heure ou à l'arrosage de 4 hectares par jour, on reconnaîtra l'économie d'un pareil mode d'utilisation des eaux.

A Lodge-farm, on entretient de 60 à 90 vaches qui fournissent pendant 6 à 8 mois du lait à l'un des quartiers de Londres. Ces vaches sont en stabulation permanente tant qu'elles donnent du lait et mises au vert lorsqu'elles cessent. Les purins des étables sont pompés dans la citerne à eaux d'égout ; les litières ou sciure de bois sont employées à la fumure du sol non arrosé.

La démonstration de Lodge-farm n'est pas moins concluante que celle de la ferme d'Aldershott, de 40 hectares, créée par M. Black-burn aux environs du camp permanent qui compte une population d'une dizaine de mille âmes. Sur 20 hectares semés en ray-grass et arrosés journellement en 1868 par 800 mètres cubes de sewage qui représentent le débit total du camp en 24 heures, on a obtenu dès la seconde année, avec un sol parfaitement stérile, une grève sableuse, 30 tonnes par hectare de fourrage. Après deux ans, c'est-à-dire cette année, le ray-grass est défoncé et remplacé par des pommes de terre, des choux ou des rutabagas. Les céréales n'ont pas été essayées.

Quelques autres faits complèteront l'enseignement récent fourni par l'Angleterre.

La ville de Croydon s'est décidée à utiliser elle-même une partie de ses eaux sur une ferme de 12 hectares. Les recettes brutes se sont élevées sur cette ferme pour l'année 1868 à 23,000 francs, soit 1,900 francs par hectare ; les dépenses de loyer à 9,000 francs et de main-d'œuvre à 2,875 fr. : total 11,875 francs. Le produit net est resté ainsi de 725 francs par hectare. Ces chiffres sont ceux de M. Cuthbert Johnson.

A la suite de longs procès intentés par les riverains de la rivière Cherwell, dont les frais ont incombé aux contribuables, la municipalité de Banbury a loué 60 hectares de terres, comprenant 14 hectares, en ray-grass, 7 hectares en céréales et le reste en prés, qu'elle a soumis à l'irrigation. Le prix de la location s'élève annuellement à 6,750 francs et dans sa première année, elle a retiré plus de 25,000 francs de produit brut, grâce à l'utilisation des eaux d'égout. Les matières solides sont recueillies dans des bassins et mélangées avec des cendres et des balayures; de telle sorte que les matières liquides des 10,000 habitants sont seules employées.

Une ferme de 40 hectares s'est installée dans les mêmes conditions à Warwick avec un égal succès, par les soins de la municipalité.

Croydon est situé sur l'argile et la craie; Worthing, Warwick et Mansfield sur l'argile ; et dans toutes ces localités l'eau qui a servi à l'arrosage, s'écoule à l'état de parfaite limpidité dans les rivières. *Il n'y a donc pas que les sables* qui puissent, comme on l'a prétendu, absorber de fortes quantités de sewage. Il est certain que les terres compactes et tenaces exigent un drainage ou une pente plus forte que les terres perméables, et qu'elles absorbent relativement de moindres volumes. Il est certain également que l'on obtient des récoltes maxima sur les sables; et cela s'explique parfaitement par l'action des eaux. Mais ce serait une erreur de croire que tous les sols ne puissent s'adapter à l'irrigation par les eaux d'égout, grâce au drainage.

Le baron de Liebig a conseillé de compléter la fertilisation due au sewage par l'addition du superphosphate de chaux. Les eaux, bien qu'elles contiennent tous les éléments des récoltes : azote, acide phosphorique, potasse et chaux, sont relativement pauvres en acide phosphorique. Aussi proposait-il d'ajouter 100,000 tonnes de superphosphate par an au volume total des eaux des égouts de Londres, pour obtenir l'engrais approprié à la culture des terres arables qui, seule, peut réaliser toute la valeur du sewage.

J'ignore si l'on a suivi en particulier le conseil donné par l'illustre chimiste, mais à Aldershott-farm, on fume les pommes de terre et les navets avec des superphosphates sur la terre irriguée ou, en couverture, avec de la chaux ammoniacale. A Lodge-farm, on fume également après avoir défoncé le ray-grass.

Comme il est impossible à l'agriculteur, quelque concentré ou quelque abondant que soit l'engrais dont il dispose, de retirer à la fois du sol les éléments qui y sont enfouis, il doit mettre 5, 10 et même 100 fois plus de matières fertilisantes que n'en enlèvent les récoltes, suivant la nature du sol. On comprend donc que pour la culture arable, il faille ajouter de l'acide phosphorique et au besoin de la potasse et de la chaux, suivant les cultures. Pour le ray-grass, au contraire, l'eau d'égout, chargée d'ammoniaque et des autres principes en proportion suffisante, se passe d'engrais complémentaire ou auxiliaire.

En regard des exemples d'irrigation fournis par l'étranger, j'aurais à citer quelques rares applications réalisées en France même.

C'est ainsi qu'à Aix, en Provence, des arrosages ont lieu depuis nombre d'années en aval de la ville sur une surface de 25 hectares environ, par les eaux de sources mélangées des eaux des égouts, dans lesquels se rendent les eaux ménagères, les vidanges, les eaux de la voie publique, etc. A la sortie de la ville, les liquides se rendent dans des bassins qui donnent bien lieu à quelques émanations dans certaines saisons, mais les terres qui les reçoivent n'en donnent aucune, et leur fertilité exceptionnelle répond à une objection qui a été souvent faite que l'irrigation des eaux pures donnerait les mêmes résultats que

celle des eaux animalisées. En effet, les terrains placés au nord de la
ville en amont, ne reçoivent que les eaux des sources de Jonques et
valent 8,000 francs, tandis que ceux situés en aval valent 16,000 fr.
l'hectare, juste le double. Les premiers ont besoin de beaucoup d'engrais pour produire ; les seconds, exploités comme jardins maraichers dans les parties les plus rapprochées de la ville et comme prairies un peu plus loin, se passent d'engrais.

A Montpellier, notre collègue M. Marès emploie depuis nombre
d'années sur sa propriété les produits des égouts de la ville qui débouchent dans le Verdançon. Ce petit ruisseau, quand le temps est sec,
ne débite que 50 litres par seconde. Par dépôt dans les bassins, les
eaux donnent un engrais qui séché à l'air, devient poreux, renferme
de 1 à 2 et demi pour cent d'azote et s'emploie pour la fumure des
prairies (sainfoin et luzerne), ainsi que pour la vigne après mélange
avec la terre.

Les eaux décantées sont employées en hiver à l'état naturel, à l'arrosage de 4 hectares de jardin maraicher ; et en été on les coupe avec
l'eau du Verdançon.

D'après M. Marès, « si l'on faisait des irrigations tout le long du
» ruisseau, toutes les eaux seraient employées avec avantage pour
» l'agriculture et la salubrité publique ; car elles n'ont pas d'odeur
» tant qu'elles n'ont pas fermenté. Si on pouvait faire dans les villes
» munies d'égouts ce que j'ai fait à Montpellier, on utiliserait une assez
» grande quantité d'engrais. »

On m'a parlé d'autres applications dans le Midi, notamment à Car-
cassonne ; je manque de détails.

A Chambéry, les eaux de l'Albane ont fertilisé les prés de Boisse et
du Bourget depuis 1783, paraît-il. La plus grande partie des maisons
de la ville ont un écoulement direct dans les collecteurs de l'Albane
qui emporte les matières solides et liquides. La nature du sol de la
vallée du Bourget formé en grande partie d'alluvions, sables et graviers, se prête à la création des prairies. On a cherché, il y a quelques années, à supprimer l'épandage des eaux, à cause des plaintes
soulevées par l'état de dégradation des égouts. J'ignore si la municipalité, malgré les vives remontrances de M. Sevez, a décidé cette
suppression.

J'arrive enfin aux essais qui se poursuivent par les soins des ingénieurs de la ville de Paris et aux frais de la Ville. Ces essais ont fait une certaine sensation. Nous nous plaisons à rendre ici un hommage public à la persévérance et à la fermeté de M. Mille, ingénieur en chef des ponts et chaussées, qui compte triompher dans l'application des eaux d'égout à l'irrigation. Nous n'oublierons pas non plus son zélé collaborateur, M. A. Durand-Claye. Mais nous craignons que leurs expériences ne tiennent pas tout ce qu'elles promettent.

J'ai déjà mentionné les essais de défécation des eaux du collecteur d'Asnières. Le sulfate d'alumine, en précipitant de moitié à deux tiers de l'azote et l'acide phosphorique, ainsi que les matières en suspension donne une eau très-peu louche et qui peut sans inconvénient retourner à la Seine. Le problème de l'épuration est donc résolu aussi complétement que possible dans le cas particulier de Paris, mais à quel prix? nous l'avons dit : moyennant une dépense d'au moins 2 millions de francs et la déperdition d'une proportion notable des principes fertilisants. Le terreau, utilisable dans un rayon de 2 à 3 kilomètres et en concurrence avec les fumiers de cheval et de vache ou avec les gadoues, ne viendrait guère en déduction de cette grosse dépense !

M. Mille a donc sagement pensé que la défécation ne serait que le complément de l'emploi des eaux pour l'arrosage et surtout applicable en hiver. Des installations viennent d'être faites pour mettre ces eaux à la disposition des petits cultivateurs de Genevilliers. J'ai eu le plaisir de les visiter en détail quelques jours avant mon départ pour Nancy. L'eau d'égout puisée à l'embouchure du collecteur à raison de 600 mètres cubes par jour, refoulée à 15 mètres de hauteur, est conduite à l'autre rive par un siphon qui traverse la Seine sur le nouveau pont. Du côté de Genevilliers, un réservoir de 300 mètres cubes sert à régulariser la pression ; les eaux en sortent par des conduites en fonte et en poterie qui s'avancent déjà dans différentes directions au milieu de la plaine de 2,000 hectares. La prise sur les tuyaux se fait par des bouches à clapet. A partir de chaque clapet l'eau s'écoule actuellement par rigoles ouvertes sur une surface de quelques hectares et arrose une série de planches mises à la disposition des cultivateurs pour y faire de la culture maraîchère. Cette installation ne datant que d'un mois, les résultats que j'ai pu constater *de visu* n'apprennent encore rien.

L'hectare de terrain à Genevilliers, faute d'eau et faute du sol qui comprend à peine 15 centimètres de terre arable sur plusieurs mètres de gravier, rapporte de 600 à 800 francs brut par an. Les ingénieurs de la ville vont s'évertuer à transformer partie de cette plaine en culture de légumes et à se créer une clientèle par la formation de maraichers recevant d'abord l'eau gratuitement et ne payant aucun frais pour sa canalisation.

L'idée de vastes surfaces à transformer en prairies est écartée pour l'instant.

L'idée de diriger, comme à Lodge-farm, une exploitation d'une centaine d'hectares pour montrer à l'agriculture tout le parti à tirer du sewage, n'est pas prise en considération. Les efforts portent uniquement sur la culture des légumes.

Dans le petit champ d'essai qui a fonctionné à Clichy pendant deux années, la culture potagère occupait moitié de la surface, un demi-hectare. Les ingénieurs ont déclaré que leur *marais*, installé d'après les procédés des hortillons d'Amiens, n'avait rien à envier aux terres arrosées de Provence et du Roussillon. En se renseignant journellement à la Halle par la vente de leurs produits légumineux, ils ont avancé que l'on pourrait élever sans peine à 4,000 francs de produit brut le rendement de l'hectare qui rapporte aujourd'hui en céréales de 600 à 800 francs.

Il est évident que la culture maraîchère pouvant absorber 10,000 à 15,000 mètres cubes d'eau à l'année serait un exutoire précieux pour les eaux des égouts. Mais la complication du problème parisien veut que tous les égouts de cette immense surface débouchent en un seul point; qu'il faille créer de toutes pièces des *marais* là où il n'y en a pas, tandis qu'on néglige ceux en plein rapport à Grenelle, Montrouge, Charonne, Clichy-la-Garenne, et qui s'empresseraient d'utiliser les eaux si elles ont la valeur qu'on leur attribue pour le maraichage.

Une objection qui nous a frappé tout d'abord, c'est la place occupée par les rigoles. Dans une industrie comme celle des maraichers où la plus petite parcelle de terre ne doit pas rester plus de vingt-quatre heures inoccupée, où la place vaut si cher et rapporte tant, je ne vois pas que l'eau des égouts puisse servir autrement qu'à l'arrosage. C'est donc à la culture potagère agricole qu'elle s'adresserait spécialement. Il ne faut pas oublier que la proximité de la Halle donne aux terrains des maraichers une valeur autrement considérable que l'excédant de prix payé pour la surface. Les transports jouent un rôle énorme dans l'économie de cette industrie. En cultivant loin du marché, à Genevilliers par exemple, où il n'y a pas de moyen de transport facile, on paiera le terrain bien meilleur marché et on pourra s'étendre sur une surface bien plus grande pour pouvoir appliquer la culture par arrosage, mais on s'épuisera en frais de charrois.

Les essais de grande culture sur une surface de 2,000 mètres carrés n'ont pas de valeur agricole, pas plus que ceux des prairies sur 450 mètres. Nous les passons sous silence.

D'après le programme que suit la ville de Paris, nous pourrons attendre longtemps avant d'avoir de ces résultats décisifs qui modifient l'agriculture et qui changent la face d'un pays. Le problème du lait et de la viande à meilleur marché pour l'alimentation des villes, par la création de vastes prairies irriguées et de troupeaux consommant le fourrage, n'est pas abordé. Il faut que les cultivateurs de Genevilliers se décident avant que l'on ne pousse plus loin le canal principal d'irrigation : en attendant, on épurera en dépensant de 2 à 3 centimes par mètre cube d'eau jeté à la rivière. La valeur de 7 à 10 millions affectée aux eaux se traduira ainsi par une dépense de 2 millions.

Messieurs, les principes d'assainissement proclamés par le *Board of Health* dès 1848 ont déjà contribué à modifier le régime de la plupart des villes de l'Angleterre. Ces principes, les voici : canaliser la surface aussi complétement et aussi régulièrement que possible par un réseau d'égouts à pente rapide et ventilés ; supprimer les fosses d'aisance pour laisser l'écoulement des matières se faire dans les égouts ; amener l'eau propre à profusion dans les habitations et les égouts. — Les résultats, les voici : plus de miasmes à demeure ni de stagnation dans les maisons ; plus de maladies épidémiques ; partout le lavage et la propreté !

Il n'est pas d'édilité soucieuse de la santé publique qui puisse se refuser à l'application de ces préceptes. En Angleterre, des lois l'y obligent. L'assainissement de la surface s'y est effectué avec un tel ensemble que les cours d'eau dans lesquels avait lieu la décharge des eaux salés se sont bien vite infectés et empoisonnés. De là une grande agitation parmi les riverains et l'adoption d'une loi toute récente pour la protection des cours d'eau, applicable, non-seulement aux enceintes des villes, mais aux bassins tout entiers des rivières. Cette loi qui

arme des commissions spéciales de tous pouvoirs va contraindre successivement toutes les villes à épurer les eaux d'égout, soit par la
défécation et le filtrage, soit par l'irrigation sur le sol. Déjà un grand
nombre d'entre elles ont adhéré au système de l'irrigation : ce sont, à
ma connaisance, les villes de Liverpool, de Bromley, de Norwich, de
Doncaster, de Cheltenham, de Leamington. Enfin, une société vient de
se fonder pour assister les autorités municipales, préparer les devis,
exécuter les travaux, etc., d'épuration ou d'irrigation.

Le mouvement qui se produit en Angleterre et qui s'est étendu à la
Belgique et à l'Allemagne finira par nous gagner. Vouloir imposer à
une ville le hideux trafic des vidanges ; la respiration de l'air méphi-
tique des fosses, et recommander l'emploi de faibles quantités d'eau
de lavage, afin de conserver aux matières fertilisantes une plus grande
concentration et d'en tirer finalement de la poudrette, ne saurait être
un programme digne de notre civilisation.

Quel que soit l'intérêt de la pratique des Chinois et des Japonais,
nous ne pouvons rétrograder en fait de salubrité. Les villes des Chinois sont des cloaques et la population est souvent décimée par des
fièvres et des épidémies terribles.

L'égout, loin d'être le coupable, est l'agent de la civilisation et du
progrès. L'agriculture ne peut intervenir dans l'administration des
villes pour imposer le retour au système des fosses ; elle ne peut que
recueillir à l'émissaire les eaux riches des produits de la consommation urbaine pour les appliquer à son profit.

C'est la seule solution qui satisfasse à la fois les deux intérêts en
présence : *la salubrité* et *la fertilisation*. Je propose en conséquence
au Congrès de vouloir bien émettre les vœux suivants :

1° Que les conseils municipaux soient encouragés à porter à la
disposition de l'agriculture les eaux des égouts et à entreprendre les
travaux nécessaires à la canalisation des villes, afin d'élever, de conduire et de distribuer les eaux hors de leurs enceintes.

2° Que les agriculteurs des environs des villes soumissionnent iso-
lément la cession, à titre d'essai, des eaux d'égout, ou se forment en
syndicats pour les utiliser au colmatage, à l'arrosage et à la fumure
des terres arables et des prairies.

M. Tachard appuie les observations de M. Ronna en rap-

pelant l'observation qui lui a été faite par un Anglais,
M. Chadwick, à savoir que beaucoup de villes situées sur
des hauteurs, comme Langres et Chaumont, peuvent tirer
parti des inconvénients actuels de leur situation pour s'en-
tourer de prairies irriguées par leurs égouts. A Strasbourg,
qui est sur un terrain bas, la construction de grands égouts
collecteurs a rencontré des difficultés de la part du génie
militaire.

M. le Président donne lecture du vœu formulé par
M. Ronna ; il est mis aux voix et adopté par le Congrès.

La séance est levée à midi.

NOTE DU SECRÉTARIAT.

M. le baron Guerrier de Dumast, inscrit à l'ordre du jour
de la séance du 25 juin, a fait parvenir au secrétariat son
manuscrit trop tard pour que le discours qu'il se proposait
de prononcer dans la discussion sur les forêts pût être imprimé à la place que lui assignait le sujet traité par l'auteur.
Il a dû être inséré à la fin du compte rendu de la séance.

Voici le texte remis par M. de Dumast :

MESSIEURS,

Il peut sembler extraordinaire qu'on ait l'idée d'aborder devant vous
un pareil sujet ; n'est-il pas entièrement épuisé ?

Comment surtout y songer quand la ville même où se tient votre
Congrès est le siége de l'Ecole forestière de France ? En présence des
professeurs de Nancy, rien ne paraît plus à traiter.

Mais aussi, Messieurs, ne s'agit-il d'entrer dans aucun détail tech-
nique.

Alors (va-t-on nous répondre), puisque vous voulez vous tenir en dehors du spécialisme, il ne doit vous rester aucun canevas, car ce n'en est pas un que l'élégie de la dévastation des forêts, thème connu et rebattu.

Eh bien, peut-être que non, Messieurs. Peut-être qu'en fait de généralités tout n'a pas encore été dit, ou du moins n'a pas été assez clairement dit.

Compléter les notions qui là-dessus ont déjà cours, c'est, à notre avis, la tâche qui incombe à des hommes tels que nous autres ; c'est-à-dire non point à des forestiers, mais à de simples zélateurs du bien public, appelés à faire nombre dans les réunions agricoles, là où ces Sociétés possèdent une section dite de sylviculture (1).

Si donc vous le voulez bien, Messieurs, nous examinerons :

D'abord, *pourquoi* les forêts se détruisent avec une si déplorable promptitude ;

Puis, *comment* on pourrait travailler, un peu efficacement, à les sauver.

A l'origine du globe terrestre, sous l'influence d'une humidité chaude et d'une atmosphère chargée d'acide carbonique, la naissance de vigoureuses forêts avait été un fait universel.

Sauf quelques lieux où, par l'effet de causes presque ignorées, d'assez vastes surfaces n'avaient produit que des plantes herbacées ; en général, c'étaient les plantes ligneuses (soit arborescentes, soit au moins frutescentes) qui avaient partout couvert le sol.

La phase antique, pré-historique, que l'on désigne aujourd'hui sous le nom d'*âge de pierre*, nous présente le genre humain comme n'habitant guère que des forêts. Partout les peuples primitifs sont qualifiés de sauvages *(selvaggj, sylvatici)*.

Là, comme les fruits des forêts (le gland, la faîne, la cornouille, la cerise ou la noisette) ne pouvaient suffire à leur nourriture, ils vivaient des produits de la chasse, subsidiairement aussi de ceux de la pêche, mais qui n'en formaient qu'un appoint ; d'autant plus que pour obtenir ceux-ci, il faut déjà plus d'industrie.

A cette époque, — bien que les forêts (en tant que fournissant de-

---

(1) L'orateur se trouve être chargé de la présidence de la section sylvicole dans la Société d'Agriculture de Nancy.

meure au gibier) fussent une indispensable condition de subsistance
pour l'homme, uniquement chasseur alors, — l'homme ne s'en aper-
cevait guère : il ne reconnaissait pas encore distinctement leur nécessité. Au contraire, et les respecter était le moindre de tous ses soucis.
Comme les clairières lui facilitaient le campement ; comme chaque
arbre coupé fournissait moyen'ou de se chauffer, ou de construire une
cabane, on applaudissait à l'abattage, on encourageait la formation
des essarts.

L'essartement fut d'ailleurs chose doublement approuvée, car il avait
pour effet ou de créer, ou tout au moins d'élargir et d'agrandir, ce
qui n'avait guère été connu comme théâtre primordial : la PRAIRIE. La
prairie, devenue un besoin nouveau ; la prairie, espace désormais indispensable pour qu'on entrât dans les conditions d'une seconde phase
humanitaire, c'est à savoir, de la vie pastorale. Or les tribus chasse-
resses, voyant quelquefois la venaison leur manquer, aspiraient à y
joindre les ressources, moins précaires, que fournit l'élevage des
bestiaux.

A plus forte raison, la troisième phase, *la vie agricole*, s'attaqua
aux arbres. On ne se borna plus à les couper ou à les brûler : on les
déracina, afin de remuer le sol et d'y cultiver, soit des racines pota-
gères, soit des céréales.

La chose continua longtemps, très-longtemps ainsi, avant qu'on
s'aperçût que le défrichement allait cesser d'être un bien. La forêt, —
qui renfermait les sangliers ennemis des récoltes ; — la forêt, qui, par
ses pousses spontanées, revenait envahir en cas de négligence les essarts labourés ; — la forêt déplaisait toujours ; elle restait le grand
ennemi.

Et dans les lieux même où, les sols boisés n'étant plus si prédomi-
nants, on ne la voyait plus d'un œil si hostile, elle était au moins demeurée l'objet dédaigné, l'objet sans valeur, la ressource réputée
indéfinie, où chacun puisait sans scrupule. La forêt, c'était comme
l'air ou l'eau : c'était un *élément*.

Ceci vous étonne, Messieurs, et pourtant rien n'est plus vrai.

Chez les Anciens, l'idée de matière ne s'exprimait que par le terme
même de forêt. *Materia* n'a voulu dire originairement que bois de
construction. L'espagnol (*madera*) et le portugais (*madeira*) ont
gardé ce sens primitif. L'île de Madère n'a pris son nom que des forêts

dont elle était couverte ; nous-mêmes, en français, nous disons encore un *madrier* et du *merrain* (1). Le grec ὕλη (originairement σύλη), est le même mot que le latin *sulva* ou *sylva*. Et l'un des rhéteurs de Rome est allé jusqu'à nommer, quelque part, la *matière* d'un discours *sylva dicendi*.

Un tel état des esprits, Messieurs, nous éclaircit bien des bizarreries de nos Codes.

Sous le règne de pareilles idées, en effet, vous comprenez quelles coutumes s'érigent en lois. Si la haine contre les végétaux ligneux diminue, et si des récompenses cessent d'être accordées pour qu'on leur fasse la guerre, au moins le sol boisé reste-t-il une sorte de désert ou d'océan, abandonné aux premiers venus. Quiconque y attache trop d'importance est encore mal vu. Qui travaille trop à conserver les forêts, passe pour une sorte de barbare ; pour un *sauvage*, selon l'étymologie du mot (2). Quiconque se les approprie et veut en garder une partie pour lui seul, est réputé un égoïste, et presque un monopoleur (3).

De là, ces droits usagers si universels, accordés aux habitants des villages, ou réclamés par eux : droits d'affouage, de solivage, etc.; et mille autres, dont subsistent des restes. La glandée, la récolte des faines, celle même des truffes, etc., sont restées longtemps soumises à des habitudes qui portaient vestige des opinions primitives. En toute chose sylvestre, on était resté très-communiste.

Eh bien, voilà par où s'expliquent les étrangetés choquantes qui déparent encore notre législation actuelle, quand, — déployant à la fin un peu de force, mais au profit de l'Etat seul, — elle laisse déplorablement désarmés les particuliers contre la maraude qui s'attaque à leurs forêts.

C'est qu'au fond (et sans qu'on s'en rende bien compte), le droit de *propriété sur les bois* n'est encore, pour ainsi dire, que toléré.

---

(1) Primitivement, du *médrain*.

(2) *Sauvage*, qui ne vient point du tout de se sauver (*salvare se*), comme se le figurent les enfants, — n'est que l'italien *selvaggio* (*sylvaticus homo*), l'habitant de la *selva* (SELVE ou haute selve), c'est-à-dire de la forêt.

(3) Tout au plus le peuple concevait-il que les souverains ou seigneurs s'arrogeassent, mais par luxe princier, le privilége des belles chasses. Aussi le droit de *foresta* n'était pas la garde des arbres, mais celle du gibier et du poisson. On attachait déjà du prix à la propriété d'un chevreuil ou d'un saumon, que l'on n'en mettait point encore à celle d'un hêtre ou d'un chêne.

C'est que le propriétaire de forêts a beau PAYER DES IMPÔTS comme tout le monde, il reste en arrière de sa juste part dans les garanties sociales accordées. On ne le protége point encore comme les autres citoyens ; on lui PERMET seulement de SE PROTÉGER, mais à sa propre diligence et à ses propres dépens.

Oui, Messieurs, la garderie générale ne l'abrite pas sous ses boucliers. Lui qui aurait besoin, pour les services qu'il rend, d'une double garantie et d'une prime de sécurité, il est exclu de l'assistance même ordinaire. S'il veut des défenseurs, c'est à lui à EN CHERCHER et à LES PAYER. S'il n'en découvre point, nulle Autorité n'est tenue d'y veiller pour lui.

Chose incroyable! Tandis que le vol de quelques bottes de carottes est poursuivi et puni sans que les gens à qui l'on a fait tort aient besoin de s'en mêler, le vol de jeunes arbres coupés, qui valent dix fois davantage, peut très-bien ne pas l'être ; et c'est à l'individu lésé à réclamer qu'on lui fasse justice : absolument comme aux âges où la vindicte publique n'existait point encore.

Or il est temps que pareil scandale ait son terme, et qu'à la fin les propriétaires de bois, en France, cessent d'être des *parias*, placés hors la loi.

Compris qu'ils sont dans les charges et contributions communes, il est temps qu'ils participent aux avantages communs. Il est temps que la garderie rurale s'exerce aussi à leur profit ; et que, pour le Ministère public, la poursuite des délits forestiers commis contre *les citoyens* cesse d'être facultative. Qu'elle incombe d'une manière obligatoire aux procureurs impériaux, comme la répression de toute autre injustice.

Comment ne le faudrait-il pas, Messieurs, à présent que la conservation des surfaces boisées a non-seulement cessé depuis des siècles d'être nuisible, mais d'être indifférente! Devenue d'abord *utile*, puis *très-utile*, puis *nécessaire*, l'existence des forêts a pris le caractère d'un intérêt public dominant.

N'y eût-il qu'égalité de droits, il faudrait, au moins, égalité de protection. Or, comme nous l'avons montré, elle n'existe même pas.

Mais quand elle existerait, cela ne suffirait point.

Car, nous le répétons, la soigneuse conservation (sinon même quelquefois l'extension) des forêts françaises, doit être à présent procla-

mée un besoin de premier ordre, une impérieuse NÉCESSITÉ SOCIALE.
Et pour empêcher la disparition de nos bois, il y a lieu d'en venir à
quelques-unes de ces mesures que les peuples savent adopter quand
il s'agit pour eux de parer à un danger capital.

Faut-il vous présenter le tableau de ce que sont devenues (ou de ce
que deviennent) les contrées qui ont perdu (ou qui perdent) leur coif-
fure de végétaux ligneux ? Faut-il vous dépeindre les tristes effets
produits par ce genre de destruction en Arabie, en Perse, en Espagne ?
Nous n'en sommes pas arrivés là, c'est vrai, mais nous nous plaçons
sur la pente ; or le danger, quand il arrive, marche vite. Plus la rareté des arbres devient grande dans un pays, plus s'augmente la difficulté ou d'en faire renaître, ou même de sauver ce qui en reste. A
mesure que le mal s'accroît, la possibilité de le combattre diminue ;
le desséchement, suivi de ses misères, devient irrémédiable.

Ah ! pour sauver les générations futures, menacées de manquer de
bois, est-ce qu'il n'y a donc pas urgence d'empêcher de pareils mal-
heurs !

« Mais on n'en possède aucun moyen, » disent certains docteurs
publicistes, « car le droit de propriété est absolu ; et s'il plaît à un
citoyen de faire de SA CHOSE un emploi sot ou destructif, qu'avez-vous
à lui dire ? Ne possède-t-il pas le *jus utendi et abutendi* ? »

Messieurs, ceci roule sur une méprise. Je sais qu'en 1849, par réaction contre les idées socialistes, certains législateurs, prétendus sages,
ont poussé jusqu'à cet excès-là la doctrine du propriétarisme ; mais
exagérer n'est pas renforcer, et qui dit *trop* ne dit rien.

Si la société n'est pas *tout*, et s'il est vrai qu'elle doive respecter
l'individu, — à son tour l'individu n'est pas TOUT non plus, et il doit respecter la société. Il ne saurait être permis à un homme de transformer
en des armes contre son prochain les facultés qu'on lui concède.

Qu'est-ce donc que le droit de propriété ? — Une institution naturelle,
utile, équitable, mais qui, pour demeurer juste et sacrée, a besoin de
ne pas devenir absurde.

Oui, *qu'est-ce* que la propriété ? Si nous voulons le savoir, élevons-
nous au-dessus des impressions du moment. Ne le demandons ni aux
Proudhoniens ni aux gens que l'apparition du proudhonisme avait mis
en colère. Interrogeons les vieux docteurs philosophes, ceux qui ont
formulé la sagesse des nations.

Dominium, disent les jurisconsultes romains, *est jus utendi* (le droit d'user), *et abutendi* (et même d'abuser); mais sera-ce d'abuser sans bornes? non : *abutendi quatenùs lex et ratio patitur;* d'abuser jusqu'au degré où le tolèrent la loi et le bon sens.

J'ai acheté une maison, sise au beau milieu d'une ville ; cette maison je l'ai payée ; le contrat a reçu toutes les formalités voulues ; elle est parfaitement à moi. Suis-je, pour cela, autorisé à y mettre le feu ? Evidemment non, puisque l'incendie envahirait la rue et s'étendrait au logis de mes voisins.

Il est vrai que le droit de propriété implique la permission d'abuser ; mais jusqu'au degré seulement où le sens commun, où la saine raison, n'arrêtent pas cette latitude, devenue folle.

Si même nous y réfléchissons, Messieurs, vous verrez que l'application de ce principe restrictif peut quelquefois aller assez loin ; car, en bonne justice, il autorise assurément la société à réprimer certains abus qui ne se commettraient pourtant que sous forme pour ainsi dire passive ou négative.

Supposons que, sur une route, percée au travers d'un pays désert, se trouve un caravansérail unique, en avant et en arrière duquel n'existe aucune habitation où les voyageurs puissent trouver abri. Et supposons que cette maison-caravansérail se trouve être une propriété mienne.

En la brûlant, je ne communiquerais le feu à rien. Prétendra-t-on pourtant que dès lors je puis librement me passer cet' odieux caprice ? — Allons donc !

Comme propriétaire, j'ai sans doute le droit d'*user* (ainsi, de distribuer, d'habiter, de louer mes chambres); voire même le droit d'ABUSER (par exemple, de les louer fort cher). Mais quant à faire périr mon prochain par défaut de secours, il est absurde d'imaginer que le titre de *propriétaire* me confère ce droit.

Le sens commun (*ratio*) me condamne à laisser subsister mon caravansérail nécessaire et à l'entretenir. — Ou bien, il permet à la société, — sauf à me le payer convenablement, — de m'en exproprier ; car il y a là le cas de véritable *utilité publique.*

Quoique les propriétaires soient libres d'être sots, on n'est pas astreint à leur laisser commettre absolument toute sottise. Il y a droit de *holà* quand une sottise se tourne en crime.

Eh bien, Messieurs, comme certaines richesses ligneuses deviennent indispensables à la masse des citoyens, quiconque en est propriétaire devrait désormais en être constitué dépositaire et gardien. C'est un état de choses que réclame la loi de justice et de raison. Un tel système a beau paraître singulier, parce qu'il est l'inverse de nos préjugés ; — il est conseillé par la vraie morale et par l'intérêt universel ; il devrait s'introduire dans nos codes.

Voyons, en effet, quelles sont les exigences du bon sens :

Première hypothèse : mon champ ou ne renferme rien, ou ne renferme que des produits transitoires : annuels, bisannuels, trisannuels.

On peut fort bien, alors, me laisser toute liberté, de semer, de planter, d'arracher à ma fantaisie ; car, si je commets des erreurs, personne que moi n'en aura souffert (gravement), et une récolte subséquente pourra réparer ma bévue.

Mais seconde hypothèse. Si ce que porte mon terrain était une chose nécessaire au public, et dont le retrait dût sérieusement nuire à tout le monde, — alors je ne saurais posséder liberté de la détruire.

Personne, en effet, n'a droit, pour son avantage ou son plaisir particulier, de causer à la société humaine un dommage grave et durable ; un dommage dont celle-ci ne puisse, même à prix d'argent, être véritablement indemnisée.

Or, tel est (tel *peut* du moins *être*) le cas, pour une forêt que l'on arrache. Il faut six mois pour la détruire ; il faudrait cent ans pour la refaire.

Et encore même, la chose, au bout de cent ans, ne serait point refaite. Comment espérer, chez trois générations successives de propriétaires du bois détruit, la *persévérance de volonté* nécessaire pour surveiller pendant *cent ans* un bois ressemé ? et comment leur supposer des *ressources pécuniaires* qui leur permissent de se priver *cent ans* du revenu de leur terrain ?

Non ; il serait fou de compter sur des *prodiges d'héroïsme* pour faire disparaître, même à la longue, les traces désastreuses de l'égoïsme. Celui des propriétaires forestiers est ordinairement sans remède. Tout aussi bien que l'homicide, le sylvicide est irréparable.

Or nul fait anti-social n'est plus menaçant que celui-ci ; car en aucune autre matière l'amorce n'est plus séduisante. Il ne se présente point de théâtre en effet, ou le bien général et le bien particulier

8

soient en opposition plus directe. « *Ne défriche plus*, » dit l'intérêt de tous ; « *défriche encore*, » crie à chacun son intérêt propre.

En présence donc de périls majeurs, et vu la grandeur du besoin, nos codes, nous le répétons, devront en venir à faire comprendre, aux détenteurs de forêts, qu'ils sont de vrais DÉPOSITAIRES d'un bien sacré ; d'un bien dont ils peuvent tirer profit, mais que leur droit n'est ni de *faire périr*, ni même de *laisser périr*.

Non pas qu'il ne puisse y avoir des cas où un défrichement partiel soit encore tolérable. Mais dans la manière de les permettre, on suivrait la règle inverse de celle d'aujourd'hui. La *présomption légale* serait pour le refus. Toute forêt serait d'abord RÉPUTÉE nécessaire à conserver.

On appliquerait au futur défricheur la maxime « *actori incumbit onus probandi* ». Ce serait à lui à démontrer que la permission qu'il sollicite ne nuirait à personne. Il ne pourrait l'obtenir que par jugement.

Oui, par *jugement*, au sens ordinaire du mot ; c'est-à-dire par sentence des tribunaux civils, rendue après débat public ; et de plus, avec droit d'appel (et d'appel *suspensif*), pour tous les intéressés au salut des forêts, soit communes, soit simples citoyens. Sans la faculté d'appel suspensif, l'intention du législateur pourrait être aisément fraudée, et la protection sociale devenir illusoire.

Ceci consacre, on le voit, le contraire du régime légal d'aujourd'hui ; régime trop faible, sous l'empire duquel, tous les avantages du jeu se trouvant être en faveur de quiconque veut fermement détruire, LA RUINE DES BOIS PARTICULIERS est certaine à la longue, et se réduit à une question de temps.

Messieurs, voilà donc les deux grands points vers lesquels nous désirons voir se porter l'attention, tant du Gouvernement que du public.

1° Les forêts mieux conservées, moyennant plus de protection accordée, contre les délinquants, aux propriétaires.

2° Les forêts mieux conservées, moyennant plus d'obstacles mis aux fantaisies dévastatrices qui peuvent surgir chez les propriétaires.

Il y aurait aussi à traiter un troisième point : la reproduction des forêts détruites ; — dans les faibles limites du moins où la chose est possible (c'est-à-dire pour l'État ou les communes).

Mais ce dernier chapitre, nous l'écartons, faute de temps. D'ailleurs, des lois fort sages ont déjà commencé l'œuvre.

Il y a pourtant à rappeler, en passant, parmi les moyens à employer, une mesure qu'avaient signalée comme très-efficace plusieurs conseils d'arrondissement, et qui n'a point encore été réalisée. C'était la création d'une *caisse centrale de reboisement*, dotée d'un revenu annuel fixe ; caisse qui, agissant comme faisait l'*amortissement*, opérerait en liberté, et pour ainsi dire, au hasard, l'achat de terrains situés çà et là, dont elle ferait ensemencer en bois la surface, de manière à réparer peu à peu les diminutions du sol forestier.

Du reste, *où* serait placée cette caisse de reboisement ? Dans les bureaux et sous la direction d'un ministère. C'est très-juste. — Seulement, de quel ministère ?

Ceci amène la grande observation finale.

Tout ce qu'on essaiera, même de meilleur, n'aura jamais qu'un effet médiocre, tant qu'on ne prendra pas la noble et intelligente mesure, si justement, si souvent réclamée ; mesure simple, féconde, décisive, dont les immenses bienfaits ne tarderaient guère à se montrer, fût-ce aux gens les moins connaisseurs.

Comment peut-on, ne fixant les yeux que sur le revenu budgétaire des bois de l'Etat, — ce qui n'était que le petit côté de la question, — avoir laissé si longtemps le soin des forêts de tout l'Empire dans les attributions du ministère des Finances !

Si judicieusement que puissent être administrés de cette façon (en attendant leur coupe et leur vente) les bois de l'Etat, — ils sont toujours singulièrement colloqués là, — abrités qu'ils s'y trouvent (selon le mot rabelaisien de la sagesse populaire) comme des brebis dans l'étable non du berger, mais du boucher.

Admettons que le boucher les traite avec tout le ménagement possible : c'est toujours au BERGER qu'il faut les rendre.

La France voit certes, dans la croissance et la conservation de sa chevelure forestière, quelque chose DE PLUS que l'une des ressources de son budget.

Elle demande, à cor et à cris, que *toute la production végétale de son sol,* production aussi bien *ligneuse* qu'*herbacée,* — soit mise sous un seul et même patronage.

Et que cette tutelle bienveillante, placée dans une sphère plus large que celle des questions d'argent, soit confiée à un ministère dit « *de l'Agriculture et des Forêts* » (1).

Oui, *de l'Agriculture et des Forêts*. Et un tel programme, bien rempli, suffirait pour occuper un homme.

Ministère *de l'Agriculture et des Forêts !* Quoi de plus simple ! Et combien aux idées justes arrivent aisément les dénominations naturelles !

Sans contredit, la chose exigerait quelques changements, elle désorienterait quelques routines ; mais le Conseil d'Etat trouverait bien vite la nouvelle manière de combiner les choses. Au fond, rien de moins difficile qu'une pareille réforme.

Et le jour où le Souverain adopterait cette organisation nouvelle et féconde, on ne serait surpris que de l'unanimité des applaudissements qu'elle obtiendrait. Le système paraitrait si simple, que, si l'on s'étonnait d'une chose, ce serait d'en avoir pu voir jamais fonctionner un autre.

---

(1) Ce vœu avait été émis par divers conseils d'arrondissement, notamment par celui de Nancy, dès le temps du règne de Louis-Philippe. Il fut en 1848 l'objet d'une pétition adressée (de Nancy aussi) à l'Assemblée nationale.

SÉANCE DU 26 JUIN.

La séance est ouverte à huit heures et demie, sous la présidence de Son Exc. M. Drouyn de Lhuys.

Présents au bureau : MM. Bon Guerrier de Dumast, Scitivaux de Greische, H. de Rath, A. Müller, Lecouteux, *Vice-
Présidents;* L. Grandeau, *Secrétaire général;* B^{on} de La Coste,
de Metz-Noblat, Tachard et Fraisse, *Secrétaires;* Gourier,
Trésorier.

Le procès-verbal de la dernière séance, lu par M. de Metz-
Noblat, est mis au voix et adopté.

La parole est à M. le Secrétaire général :

Messieurs,

Je vous demande la permission de vous rappeler qu'il y a
à l'ordre du jour de cette séance de très-nombreuses questions dont quelques-unes ont, pour la région de l'Est notamment, une grande importance ; je viens en conséquence,
au nom du bureau, prier les membres de l'assemblée de
resserrer sur chaque point la discussion. Chacun des orateurs inscrits pourra d'ailleurs restituer à sa pensée tout son
développement, en remettant au secrétariat, après la séance,

le texte de son discours. Le bureau a décidé la publication
du compte rendu détaillé des séances du Congrès, compte
rendu dans lequel trouveront place *in extenso* les communications faites en séance et celles des membres qui, bien
qu'inscrits à l'ordre du jour, n'ont pu, faute de temps, obtenir la parole. A ce compte rendu sera jointe la liste des
membres du Congrès. Le tout formera un volume de 3oo
pages environ qui pourra être vendu 4 francs aux membres
du Congrès.

L'assemblée ratifie les dispositions prises par le bureau et
donne son complet assentiment à la publication des travaux
de la Session dans les conditions qui viennent d'être exposées par M. le Secrétaire général (1).

L'ordre du jour appelle la question de l'industrie sucrière.

M. Jacotin, auquel M. Genay cède son tour de parole,
s'exprime ainsi :

Messieurs ,

Trois choses aujourd'hui préoccupent principalement l'agriculture :

1° L'émigration des ouvriers ruraux vers les villes, centres industriels ;

2° L'abaissement du prix des laines qui, de 6 à 7 fr. le kilog. qu'il
atteignait il y a quelques années, est descendu à 2 fr. 75 ;

3° L'abaissement du prix du blé.

L'industrie sucrière, sans être la panacée universelle, remédie à
ces maux :

1° Elle change la situation des ouvriers des campagnes en ce qu'elle
leur distribue des salaires très-élevés au moment où l'agriculture
cesse d'avoir besoin de leurs services, dans la saison où ils vivaient

---

(1) Conformément à la décision prise au commencement de la séance du
26 juin en ce qui concerne l'insertion au Compte rendu des notes ou discours
déposés sur le bureau dans le cours de cette séance, on a classé à leur rang
les mémoires et notes des membres du Congrès dont les noms suivent :
MM. Nessler, Lehmann ; Zündel et Grandeau (question des stations agronomiques) ; Humbert, Hofacker, de Gohren et Liégeois (enseignement agricole) ;
Bretagne (abornements) ; Loche (assurances contre la grêle) ; Herment-Bidault
(question des laines).

péniblement en mangeant ce qu'ils avaient pu économiser de leurs rudes labeurs de l'été, et change, pour eux, la saison mauvaise en une période très-productive.

2° Elle vient largement combler dans la caisse du cultivateur le déficit, sans elle irréparable, de l'abaissement du prix des laines et du prix des blés. Tel cultivateur qui perd, par suite de la baisse des céréales et des laines, 10, 15, 20 et 30,000 fr. de recettes, reçoit, pour prix de ses betteraves, aujourd'hui, 20, 25, 30, 40, 50 et 100,000 fr.; comme vous voyez, il y a là une large compensation.

Ce n'est pas sans mal et sans luttes, malgré tous les avantages qu'elle apporte, qu'on parvient à introduire l'industrie de la betterave dans un pays qui ne la connait pas.

En 1857, la substitution du peignage à la mécanique au peignage à la main dans l'industrie lainière menaçait de dépeupler les campagnes dans les environs de Rethel ; on eut l'heureuse idée d'introduire l'industrie sucrière dans le pays. Eh bien ! il fallait beaucoup de luttes pour y arriver ; après six ans, la fabrique avait 6 millions de kilog. de betteraves, en en faisant quatre elle-même ; il fallut, pour rester industriel, se faire cultivateur. Ce n'est qu'à partir de cette époque que la nécessité mit la culture dans la voie nouvelle qui devait lui apporter le progrès, la prospérité ; la même fabrique, qui, après six ans, obtenait à peine de la culture 2 à 3 millions de kilog., en a eu l'année dernière près de 50 millions ; trois autres fabriques se sont établies dans le même rayon, et après six années la production s'est élevée à plus de 90 millions ; la somme distribuée à l'agriculture, dans moins d'un arrondissement, pour ce seul produit, a été de près de 2 millions, et en salaire, à la classe ouvrière, de 800,000 fr. à un million.

La betterave, plante si humble à son début, a eu des ennemis bien puissants : la marine, les colonies, les ports de mer, etc., ont essayé de l'étouffer. Il fut proposé sérieusement de la tuer par une loi en indemnisant les industriels encore debout ; elle vainquit tout. Il y a cinq ou six ans, on comptait la production du sucre de betteraves en France pour 150 à 160 millions ; cette année, elle s'élèvera probablement à 300 millions de kilogrammes ; elle a atteint, en 1865, 274 millions ; après avoir vaincu les ennemis les plus puissants, elle est donc en présence d'un ennemi plus puissant que tous ; c'est elle-même.

La consommation de la France n'étant que d'environ 260 millions de kilog., et la production atteignant 300 millions, et devant atteindre très-incessamment 500 millions, il va y avoir nécessairement encombrement, obligation de consommer plus ou d'exporter.

A cette quantité fabriquée en France, il faut joindre les quantités envoyées par nos colonies qui, jouissant d'une détaxe de 5 fr. pour 100 kilos ont tout avantage à envoyer leurs sucres en France, surtout maintenant que la surtaxe de pavillon vient d'être abolie.

Le but que j'avais en demandant la parole sur la question sucrière était triple :

1° Un des principaux propriétaires du pays, M. le baron de Ladoucette, ayant eu occasion de voir par lui-même les bienfaits apportés par cette industrie dans les Ardennes, nous sollicita de l'importer dans le pays qui nous donne aujourd'hui l'hospitalité ; mais ici comme dans les Ardennes, la culture est réfractaire et, malgré tous nos efforts, nous avons besoin du concours actif des cultivateurs et propriétaires éclairés et influents qui sont ici réunis.

2° Pour que l'industrie sucrière puisse prospérer encore, il est indispensable de développer la consommation par tous les moyens ; le principal est la réduction progressive de l'impôt ; vous l'avez demandée.

3° Il est aussi indispensable que la détaxe coloniale ne soit plus prorogée ; c'est en 1870 qu'expire le délai légal.

Je vous demande donc d'émettre le vœu que dans l'intérêt de l'industrie et de l'agriculture française, la détaxe coloniale ne soit pas prorogée.

Nos colonies, ayant leur liberté entière, ont des débouchés tout trouvés en Australie, dans le Nord-Amérique, etc., pour leurs produits.

La parole est à M. Latourette.

M. Latourette, absent à ce moment de la salle des séances, a déposé sur le bureau la note suivante :

J'avais demandé la parole à la séance du 26 afin d'y traiter la question de l'industrie sucrière en Lorraine, et particulièrement dans notre département.

M. Jacotin, après avoir énuméré les phases pénibles que l'industrie sucrière a eu à traverser dans le département des Ardennes, où il est actionnaire dans plusieurs fabriques, avant d'arriver à l'état de prospérité qu'elle a atteint aujourd'hui, a fait part à l'assemblée du projet qu'il a l'intention de réaliser dans le canton de Nomeny, en établissant plusieurs raperies qui, après l'absorption du produit des betteraves de 1,200 hectares, déverseraient le jus, par des tuyaux souterrains, à l'usine qui serait construite à Pont-à-Mousson. Je doute fort, n'en déplaise à M. Jacotin, de la réussite immédiate de ce projet, trop gigantesque au début de l'introduction d'une industrie nouvelle dans un pays.

Le projet dont je poursuis l'accomplissement depuis bientôt une année est beaucoup plus modeste, et néanmoins, ce n'est qu'avec une extrême persévérance que je parviendrai à le mettre à exécution. Les betteraves seraient simplement amenées à l'usine, par essieux pour celles provenant d'un rayon de 6 à 7 kilomètres au plus, et par wagons et bateaux pour celles qui proviendraient d'un rayon plus éloigné, et qui ne se trouveraient à distance des gares du canal ou du chemin de fer que de 1 à 4 kilomètres. Cette usine serait construite entre Laneuveville et Jarville. On se contenterait, pour commencer, du produit de 300 hectares, et j'ai la conviction d'obtenir cette quantité et plus, puisque dès à présent j'ai des engagements de 167 cultivateurs pour cultiver 232 hectares en betteraves, que les exploitations réunies de ces 167 adhérents ne sont pas moindres de 15,000 hectares, et qu'indépendamment de ces adhérents il y a plus de 200 autres cultivateurs qui tous se trouvent dans des conditions tout aussi favorables pour cultiver la betterave et la livrer à l'usine, mais qui, jusqu'à présent, n'ont voulu prendre aucun engagement.

Mon projet est patronné par l'importante maison Cail, dont les appareils ont acquis une grande supériorité sur tous les autres pour la fabrication du sucre indigène, mais qui n'a voulu faire aucune manifestation avant d'être certaine des moyens d'alimentation de l'usine. J'ai donc lieu d'espérer aujourd'hui que d'ici à très-peu de temps on comptera dans le département de la Meurthe une sucrerie d'une certaine importance, mais conforme à l'état des choses actuelles.

Je dois ajouter que j'ai été encouragé dans la poursuite de mon entreprise par les sympathies qu'elle a rencontrées parmi les cultivateurs en général et les hommes de progrès en particulier.

Les propositions de M. Jacotin ne sont l'objet d'aucun vote de la part du Congrès.

L'ordre du jour appelle la question des stations agronomiques. La parole est à M. L. Grandeau, secrétaire général.

MESSIEURS,

Personne plus que moi n'a lieu de se réjouir de voir siéger au milieu de nous quelques-uns des représentants les plus distingués de l'agronomie allemande. Au moment où je cherche à introduire dans notre pays l'institution éminemment utile qui a pris naissance de l'autre côté du Rhin, il y aura bientôt vingt ans, à l'instigation de l'illustre Liebig, j'éprouve une joie bien grande de l'accueil fait par mes collègues de l'Allemagne à l'invitation que je leur avais adressée. Inaugurées en 1851 à Möckern (Saxe), les stations agronomiques se sont promptement répandues en Allemagne, où l'on n'en compte aujourd'hui pas moins de vingt-huit en pleine activité.

L'examen approfondi auquel je me suis livré sur l'organisation de ces établissements, l'étude attentive des travaux sortis des laboratoires des stations, m'ont donné la conviction que je rendrais un service réel en important dans notre pays cette institution qui a exercé une influence considérable sur les progrès de l'agriculture durant les vingt dernières années. Je m'étais fait inscrire à l'ordre du jour de cette séance pour vous rappeler à grands traits les services rendus par ces stations ; mais la présence des hommes éminents que l'Allemagne a députés au Congrès de Nancy rend superflue la communication que je me proposais de faire. En prenant la parole, en ce moment, je n'ai d'autre but que de provoquer MM. de Morcau, A. Müller, Lehmann, Nessler et Kühn, à exposer au Congrès l'état des stations dans leur pays. J'userai, si vous me le permettez, du droit que l'assemblée vient de donner à chacun de ses membres, et je déposerai sur le bureau une note sur l'organisation et les travaux de la première station agronomique française. J'espère que mes savants collègues voudront bien se rendre à ma prière, et nous faire connaître avec quelque détail l'organisation des stations allemandes.

La parole est à M. le baron de Moreau.

MESSIEURS,

Le baron de Liebig m'avait chargé de vous donner quelques renseignements sur l'organisation de la station agronomique et expérimentale de Munich, mais le directeur et le vice-président de cette station étant ici présents, ces messieurs le feront naturellement mieux que moi. D'ailleurs il serait difficile de donner des détails plus justes et plus précis que ceux que M. Grandeau a consignés dans son admirable rapport (1). J'ai lu son livre avec autant d'intérêt que d'attention et je puis vous assurer que les stations agronomiques de l'Allemagne y sont décrites avec la plus parfaite exactitude et avec la plus grande connaissance du sujet.

Je me permettrai cependant de vous faire quelques remarques générales :

M. de Liebig aurait été très-heureux de pouvoir vous dire personnellement qu'il est pénétré de la conviction que les stations agronomiques que M. Grandeau inaugure chez vous exerceront la plus heureuse influence sur l'agriculture française, qui déjà occupe une place si glorieuse parmi les pays les plus avancés en agriculture. Pour mon compte, j'ai eu l'occasion d'observer l'agriculture française depuis vingt-cinq ans et d'admirer les immenses progrès qui ont été faits dans les derniers temps.

En Allemagne aussi il y a des progrès à signaler et ce sont principalement les stations expérimentales qui ont contribué à introduire les doctrines de Liebig dans la pratique. Le résultat immédiat et incontestable de cette introduction a été dans plusieurs contrees de l'Allemagne de doubler les produits. Chacun sait que M. de Liebig, çonvaincu, dès ses premiers écrits agronomiques, que sa doctrine parviendrait avec le temps à vaincre tous les doutes, ne se fatigua jamais de répondre aux attaques nombreuses, qui dans les commencements

---

(1) *Stations agronomiques et Laboratoires agricoles.* 1 vol. in-12. Librairie agricole de la *Maison rustique.*

étaient dirigées contre ses doctrines. Ses contradicteurs, comme ses plagiaires, l'ont servi à souhait, les uns en maintenant la discussion en permanence, les autres en propageant ses doctrines, et, grâce à eux, Liebig jouit aujourd'hui de la satisfaction d'être témoin du succès universel que ses doctrines ont obtenu.

A mon avis, les stations agronomiques françaises auront, entre autres, une *tâche* toute spéciale à remplir : celle d'organiser des essais prolongés relatifs à la découverte des causes de la maladie du ver à soie. En 1865, je me suis permis d'adresser un mémoire à M. le ministre du commerce et de l'agriculture qui contenait le projet de créer des magnaneries expérimentales. Ce projet n'a pas été pris en considération, mais je commence à espérer qu'il se réalisera. Pendant l'Exposition, j'ai publié à Paris la traduction d'un discours de Liebig, tenu à l'Académie des sciences de Munich, sur les causes probables de cette maladie. Les analyses faites sur des feuilles de mûrier que Liebig fit venir de Chine, du Japon, de France et d'Italie démontrèrent que les feuilles de Chine et du Japon différaient considérablement, dans leur composition, des feuilles françaises et italiennes et il crut pouvoir en tirer la conclusion que la cause de la maladie existait dans le mûrier et dans l'épuisement du sol. Je possède encore quelques exemplaires de ce discours et de l'analyse; je me permettrai de les remettre à M. le Président en le priant de bien vouloir les communiquer aux personnes qui pourraient s'intéresser à cette question. Que l'opinion de Liebig soit juste ou non, la sériciculture est d'une si grande importance pour la France, qu'il vaut bien la peine de la soumettre à des essais prolongés, qui, d'une manière ou d'une autre, ne manqueront pas de jeter quelque lumière sur cette calamité, et amèneront peut-être même à des résultats inattendus. C'est pourquoi je me permets, si j'en ai le droit, de renouveler ma proposition de fonder des magnaneries expérimentales réunies aux stations agronomiques. Voici le projet que je soumettais à M. le ministre en 1866 :

Projet de magnaneries expérimentales réunies aux stations agronomiques, ayant pour but d'approfondir les causes des maladies du ver à soie; envoyé en 1866 à M. le Ministre du commerce et de l'agriculture de France.

C'est la vocation du savant d'approfondir les conditions fondamentales qui assurent la durée d'existence aux végétaux nécessaires à l'homme et à son bien-être. Introduire dans la pratique les résultats obtenus par la science, c'est la tâche de l'agriculteur. Pour que cependant celui-ci soit en état d'employer avec justesse les principes posés par les savants, il faut qu'il soit lui-même initié à la science et qu'il la comprenne complétement.

Liebig est devenu, par ses études, le fondateur d'une ère nouvelle en agriculture. Il nous a montré les erreurs qui existaient jusqu'ici, et ses principes salutaires furent combattus avec acharnement. Après avoir longtemps discuté sur son système, on établit des stations agronomiques qui eurent pour but de prouver l'utilité pratique de la chimie pour l'agriculture. Lawes et Gilbert qui, par leurs expérimentations, voulaient combattre la théorie minérale en démontrant que l'on pouvait obtenir des récoltes satisfaisantes et consécutives sans addition de matières minérales, démontrèrent le contraire. L'azote, en excitant la solubilité de ces substances en un temps relativement très-court, ne contribua qu'à épuiser la terre d'autant plus vite, et ces essais prouvèrent de la manière la plus évidente que la théorie de Liebig était parfaitement juste.

Des essais très-frappants eurent lieu en 1863 et 1864 à l'Institut de physiologie végétale de Munich, sous la direction de MM. Nægeli, Zöller, et Kolb. Les expériences furent faites sur la végétation des fèves, des céréales et des pommes de terre; les dernières furent plantées dans un terrain composé de substances analogues à celles que l'analyse a fait découvrir dans la plante. Le produit fut équivalent à une récolte de 40,000 kil. par hectare et la pomme de terre récoltée était PARFAITEMENT SAINE. Il était impossible de découvrir le moindre germe de la maladie dont les champs des environs de Munich étaient infestés. Ce fait se trouve détaillé au n° 4 du *Journal d'agriculture pratique*, février 1865, page 173.

Puisque la conviction de Liebig, relative aux causes de la maladie des pommes de terre, contestée de toute part jusqu'à cette expérience, a été complètement justifiée, pourquoi ne le serait-elle pas pour ce qui concerne les causes de la maladie du ver à soie? Il est probable que des essais analogues donneraient les mêmes résultats.

Liebig prétend que la cause de ces maladies ne doit être cherchée ni dans la dégénération de l'espèce, ni dans des circonstances météorologiques, mais uniquement dans l'épuisement de la terre, qui n'offrirait plus au mûrier les éléments nécessaires à la nutrition normale du ver. Cette opinion, basée sur l'analyse des feuilles de mûrier qu'il fit venir de Chine, du Japon, de France et d'Italie, se trouve développée dans une communication faite le 2 mars 1867, à l'Académie des sciences de Munich.

Si jusqu'aujourd'hui, c'est-à-dire depuis cinq siècles, les cultivateurs du mûrier ont épuisé la terre au détriment des générations actuelles, c'est qu'ils ignoraient qu'en vendant la soie sans restituer à la terre les éléments qui constituent la soie, ils privaient le sol peu à peu des substances nécessaires à la végétation normale du mûrier. Si les déjections de tout genre avaient été utilisées sans perte, en y ajoutant des phosphates et de la potasse, on ne serait pas aujourd'hui à la recherche de remèdes, par lesquels on espère mettre fin à cette calamité.

D'après les dernières analyses, des feuilles de mûrier provenant de la Chine, contiennent :

Sur 100 parties de feuilles sèches :

Cendres 13, 63
Azote. 31, 3

Analyse des cendres :

Potasse. 22, 74
Oxyde de sodium.. . . . . 0, 52
Chaux. 25, 52
Magnésie. 7, 29
Acide phosphorique. 4, 68
Acide silicique. 33, 56
Acide sulfurique. 1, 48
Acide carbonique. 0, 89
Peroxyde de fer. 0, 86
Sel.. , . . 2, 84

Sachant que la culture du mûrier existe en France depuis cinq cents ans, qu'en général l'on n'a donné que peu d'engrais contenant des matières minérales, on pourra calculer approximativement ce que l'on a dérobé à la terre, et en présence de ces chiffres on ne s'étonnera plus de son épuisement, prouvé par l'analyse comparative ci-contre. Le ver ne trouvant plus dans la feuille les éléments qu'il lui faut

Analyse des feuilles de mûrier de Chine, du Japon, de France et d'Italie.

SORTES.	100 p. de feuilles sèches contiennent :		100 PARTIES DE CENDRES, LIBRES D'ACIDE CARBONIQUE contiennent :									
	N.	cendres.	KO	NaO	CaO	MgO	PhO^5	SiO^2	SO^3	CO^2	F^2O^3	Cl
Japon I.............	5 25	12 59	22 58	1 76	28 48	5 48	5 96	30 65	1 65	6 17	0 72	1 55
Japon II............	5 56	13 58	23 04	1 23	28 23	5 56	5 13	31 06	1 94	4 46	0 81	1 75
Chine..............	5 13	13 55	22 74	0 52	26 59	7 29	4 68	33 56	1 48	3 89	0 86	2 84
Piémont, Tortona I...	2 54	14 17	21 55	0 77	51 91	5 51	5 54	29 75	1 59	11 42	0 98	0 86
— II..	2 54	14 45	14 76	1 45	32 12	3 19	5 14	55 64	1 71	10 58	0 83	1 12
— III.	2 49	14 67	14 99	0 71	32 99	2 79	5 94	52 31	1 43	8 45	1 75	0 91
Alais (dép. du Gard) ..	2 58	11 96	25 63	2 55	54 48	5 75	4 46	17 28	2 11	14 77	0 92	1 29
Brescia.............	5 56	11 54	22 26	1 24	28 94	5 70	7 26	24 26	2 74	6 21	0 80	1 29

KO,   Potasse. PhO^5, Acide phosphorique. F^2O^3, Peroxyde de fer.

NaO, Soude. SiO^2, Acide silicique. Cl, Chlore.

CaO, Chaux. SO^5, Acide sulfurique. ClK, Chlorure de potassium.

MgO, Magnésie. CO^2, Acide carbonique. N,   Azote.

pour produire la soie, sa nature le conduit à faire des efforts qui amoindrissent sa force de résistance.

M. Dumas écrivait en 1857 : « A ceux qui pensent que des causes

nouvelles et irremédiables de maladies sont survenues, il faut répondre
que le ver à soie est cultivé depuis un temps immémorial en Chine;
depuis treize cents ans en Europe et depuis cinq cents ans en France
et qu'il n'a jamais disparu d'aucune province par cause de maladie. Le
ver à soie n'a pas disparu de l'Europe entière, mais nous avons vu des
provinces perdre la totalité de leurs produits. Pourquoi en Chine et en
Dalmatie ne connait-on pas la maladie du ver à soie? Parce que dans
ces pays la constitution organique n'a pas souffert, la nutrition étant
convenable. »

Pour la vigne nous voyons les mêmes causes et les mêmes effets.
On sait que les marnes calcaires et les cendres de bois donnent les
meilleurs résultats, parce que la vigne contient 25 pour 100 de chaux
et 40 pour 100 de potasse, matières que l'on retrouverait en grande
partie dans le marc de raisin, si on ne s'en servait pas à tort, pour
nourrir les moutons après en avoir extrait l'alcool.

D'après l'analyse de Boussingault, le marc de raisin contient dans
ses cendres :

Potasse.	36,	9
Magnésie.	2,	2
Chaux	10,	7
Acide phosphorique.	10,	4
Acide sulfurique.	5,	4
Oxyde de fer.	3,	4
Hydrochlorate de soude.	3,	65

et cependant les vignerons ne veulent pas admettre qu'en vendant les
marcs ils vendent les conditions de réussite pour leurs vignobles. Ces
matières fertilisantes, on les exporte sous la forme de viande, de laine
et d'alcool, au lieu d'employer les marcs en composts, et de combler
le déficit que la vente des vins occasionne, par des cendres de bois et
des phosphates. Celui qui fera ces calculs se persuadera facilement
que ce n'est qu'en restituant à la terre les substances désignées par
l'analyse que l'on pourra contrebalancer l'exportation de la soie. Cette
compensation annuelle cependant supposerait un état normal du terrain; et, lorsqu'il a été épuisé depuis longtemps, il s'agit de lui rendre
ce qui lui a été dérobé : le calcul étant impossible, il n'y a que des
essais qui puissent mener à des résultats. Il ne sera pas nécessaire
d'employer des matières pures, puisque l'on peut disposer d'engrais

qui contiennent ces matières, comme par exemple, le tangue de mer, la suie, le merl, le guano de poisson, la marne calcaire, la poudre d'os, la cendre de bois, les engrais humains, le fumier, le purin, etc., etc. Le mûrier peut avoir subi des modifications considérables sans que l'aspect intérieur en donne le moindre indice, et sans qu'on puisse distinguer une altération extérieure de ses feuilles ou de son écorce. *Liebig a prouvé par l'analyse que des modifications existaient.* Ne serait-il pas illogique de prétendre que la vigne et le mûrier soient les seuls végétaux de la création qui ne seraient pas soumis aux lois naturelles? Où donc le mûrier aurait-il pu puiser ces immenses quantités de potasse, d'acide phosphorique, etc., etc., si ce n'est pas dans la terre?

En admettant même que l'opinion de Liebig soit erronée, que risque-t-on en établissant des magnaneries expérimentales qui mèneront sans doute à des résultats quelconques et peut-être inattendus, et qui dans tous les cas ne laisseront pas de jeter quelque lumière sur les causes de la maladie du ver à soie. On y gagnera pour le moins une chance de plus, et la satisfaction de n'avoir négligé aucune éventualité. Les dépenses occasionnées par l'établissement de magnaneries expérimentales, surtout si on les unit aux stations agronomiques, ne sont pas à prendre en considération dans un pays aussi riche que la France, et eu égard aux résultats que l'on peut obtenir.

Dans ce but il faudrait établir des plantations nouvelles où le mûrier n'aurait jamais été cultivé, et où la restitution aurait lieu chaque année avec la plus scrupuleuse exactitude.

Les racines ayant la même étendue que les branches non taillées, il faudrait établir des fossés circulaires aux extrémités radiculaires du mûrier dans lesquels les engrais seraient versés à l'état de liquide.

Dans le cas où de pareils essais réussiraient, ne serait-ce pas une satisfaction immense pour ceux qui auraient eu le pouvoir et la volonté d'établir des magnaneries expérimentales, qui auraient réparé les immenses pertes des provinces séricicoles de la France!

Je crois aussi qu'il serait utile d'entretenir des rapports continuels entre les stations allemandes et françaises, afin d'éviter la répétition des essais, et de baser les travaux sur les résultats antérieurs. Dans ce but, il faudrait se procurer des traductions régulières des journaux périodiques qui rendent compte des travaux des stations françaises et

9

allemandes, car il n'est guère probable que tous les directeurs seront, sans exception, assez initiés aux deux langues pour comprendre complétement la terminologie des deux pays. En Allemagne, c'est le journal de M. Fréd. Nobbe qui rend compte des travaux de toutes les stations allemandes.

J'espère que M. Grandeau, qui inaugure d'une manière si remarquable les stations en France, dotera son pays d'un recueil analogue.

Il ne me reste plus, Messieurs, qu'à vous féliciter bien sincèrement sur la belle création de la station de Nancy, et à souhaiter une grande prospérité aux stations agronomiques de la France : prospérité que garantit la science profonde et le zèle de l'homme qui en a pris la direction. J'ai l'honneur de vous assurer que les agriculteurs de l'Allemagne seront toujours heureux et honorés de s'unir à vous pour marcher vers le progrès, et pour récolter avec vous les fruits des travaux désintéressés des hommes de science.

La parole est à M. Adam Müller qui s'exprime en ces termes :

MESSIEURS,

Je n'entreprendrai pas de discuter la question qui est à l'ordre du jour, mais je me bornerai à donner un exposé succinct de l'organisation des stations agronomiques de Bavière, telle qu'elle est en voie d'exécution dans ce moment. Il est bon de vous rappeler que je parle en cultivateur et non en homme de science.

Il s'est formé en Bavière, il y a six ans, une société qui a pour objet la fondation des stations agronomiques. Cette société avait l'intention d'acheter ou de louer une ferme et de fonder sur cette ferme une station chimico-agricole. Un homme de science, un chimiste devait être placé à la tête de l'établissement et en avoir la direction. Le train de culture, les champs et le bétail devaient servir à faire des expériences. Le chimiste devait faire des essais et des recherches scientifiques en petit, et après avoir trouvé quelque bonne méthode, il devait l'essayer en grand sur les terres de la ferme ou sur le bétail.

Pour connaître l'organisation d'une ferme expérimentale établie sur ces bases, j'ai été envoyé dans le Nord de l'Allemagne où il y avait des stations fondées sur ce principe. Mais en étudiant la chose de plus près, j'ai cru m'apercevoir qu'il y a deux tâches réunies dans un tel établissement, deux tâches qui sont bien différentes l'une de l'autre, et qui ne peuvent pas être accomplies par un seul homme. Effectivement, le chimiste nous parle d'oxygène, d'acide sulfurique, d'azote, d'acide phosphorique, etc., s'il s'agit de la nutrition des plantes ; d'amidon, de matières azotées, de matières respiratoires, de protéine, etc. s'il s'agit de la nourriture du bétail. Le cultivateur, au contraire, en fumant ou en amendant ses terres a affaire à du fumier d'étable, du guano, du superphosphate, de la chaux, du plâtre, etc. ; il nourrit ses bêtes avec du foin, des pommes de terre, des betteraves, des tourteaux, etc. Il est nécessaire de traduire pour le praticien les lois que le chimiste a trouvées, et cela est la tâche du cultivateur. Un chimiste ne peut pas être cultivateur, et un cultivateur ne saurait être chimiste ; ils doivent se compléter l'un l'autre.

Je serai peut-être mieux compris si je cite un exemple. Prenons le sel de cuisine dont il a été question hier comme amendement des terres. L'analyse chimique a constaté la présence du sel de cuisine dans les cendres de toutes les plantes ; on a conclu de là que le sel de cuisine est un élément nécessaire au tissu végétal. Mais on est parvenu dans les laboratoires à élever des plantes sans sel de cuisine, on a placé des plantes dans des milieux, soit de l'eau distillée, soit du sable calciné qui ne contenaient pas une trace de sel de cuisine ; on a élevé ces plantes jusqu'à la maturation de la graine et on a prouvé par ces expériences que ni pour la formation du tissu végétal, ni pour la floraison, ni pour la fructification de la plante le sel de cuisine n'est absolument indispensable.

Cependant si l'on a constaté que le sel de cuisine n'est pas absolument nécessaire pour la végétation, on ne prétend pas que le sel soit inutile. Au contraire, l'utilité du sel pour la végétation des plantes, comme pour l'organisme animal est reconnue et personne n'en doute. Mais si le sel de cuisine n'est pas un élément constitutif du tissu végétal, quel est donc le rôle qu'il joue dans la vie des plantes ? Est-il un agent qui favorise la circulation de la sève, qui favorise l'assimilation des sucs nutritifs que la plante a pris de la terre ou de l'air, aide-t-il à la diffusion des substances nutritives qui se trouvent dans les cellules de la plante ? Quel rôle joue-t-il dans le sol ? aide-t-il à décomposer les engrais, les aide-t-il à se répandre dans la couche

arable? Nous ne le savons pas. Voilà des questions réservées au savant, au chimiste, au laboratoire. Ces questions ne peuvent être traitées qu'en petit; dans les essais de ce genre il faut, en effet, être
maître de toutes les conditions, de toutes les influences qu'exercent
les agents physiques et autres sur le développement de la plante, les
essais et les recherches de ce genre ne peuvent se faire que dans le
laboratoire. Ces recherches se font actuellement dans plusieurs de
nos stations agronomiques en Allemagne.

Quand le chimiste a fini, arrive la part du cultivateur. Quand le
chimiste a bien déterminé le rôle du sel de cuisine dans la culture des
plantes, le cultivateur ne marche plus dans les ténèbres, sa voie est
éclairée, il sait expliquer les effets qu'il obtient, il sait où diriger ses
vues. Il lui reste les questions économiques à résoudre : quelle quantité de sel faut-il employer, eu égard à la nature du terrain, à la
profondeur du sol, au climat ; quelle est la meilleure méthode de son
emploi, doit-il être semé pur ou mélangé à de la terre, à d'autres engrais ; faut-il l'enterrer à la charrue ou seulement à la herse, faut-il
l'employer avant ou après la semaille; quelle est la meilleure époque
de son emploi, l'hiver ou l'été, un temps sec ou un temps pluvieux,
avant ou après la pluie? etc., voilà encore de nombreuses questions
importantes que l'expérimentateur agricole a à résoudre.

En adoptant en principe, la division du travail telle que je viens de
l'exposer, on a créé à Munich un laboratoire central de chimie agricole pour la Bavière. Au laboratoire est adjoint un jardin et une étable
destinés à faire des expériences en petit. A la tête de cet établissement
a été appelé un des chimistes les plus justement renommés de l'Allemagne, M. le professeur docteur Lehmann, bien connu par ses travaux et par sa direction de la station de Pommritz en Saxe. Là doivent
se faire les travaux scientifiques.

Pour les expériences purement agricoles nous nous sommes entendus avec la direction de notre école centrale d'agriculture à Wei-
henstephan. A cette école est annexée une ferme de 150 hectares et un
bétail nombreux; par ces moyens, la direction est en état de faire des
essais en grand. A côté de cette école centrale nous avons en Bavière
six fermes-écoles qui ont chacune un train de culture plus ou moins
considérable et qui sont bien disposées et en état de faire des expériences sur la culture de la terre, sur les différents engrais, les va-

riétés de blés et d'autres plantes, etc. Ces fermes-écoles sont disper-
sées dans les provinces et nous procurent par là l'avantage de faire
faire les essais dans des conditions de sol et de climat très-différentes.

Nous invitons en outre les cultivateurs à répéter avec nous les expériences proposées. Nous avons fait appel aux cultivateurs, il y a
trois ans, pour faire des essais comparatifs d'engrais de fumier de
ferme avec des phosphates, et quarante-deux cultivateurs ont répondu
à notre appel et ont fait les expériences proposées.

Je vous ai parlé avant-hier de nos laboratoires agricoles dans les
provinces ; ces laboratoires sont destinés à exercer le contrôle du
commerce des engrais, ils sont en même temps appelés à faire les
analyses simples nécessaires pour les fermes-écoles.

A la tête de toute cette organisation est un Comité-directeur. Le
fondateur de la chimie agricole, M. le baron de Liebig, en est Président
honoraire ; le premier Président est un propriétaire-cultivateur, et les
membres, au nombre de douze, sont choisis moitié parmi les hommes
de science, moitié parmi les cultivateurs. De cette manière le cultivateur se trouve à côté du savant, et les deux tâches des stations agronomiques, dont j'ai parlé plus haut, sont représentées.

Le directeur de la station scientifique de Munich, M. le docteur
Lehmann, est appelé à diriger cette organisation selon les décisions et
sur le programme adopté par le comité-directeur.

Les cotisations des membres de l'association qui a fondé la station
de Munich montent annuellement à une somme de 4,000 francs environ, à côté d'un capital de réserve à peu près égal ; la station reçoit
de plus une subvention de l'État de 12,000 francs par année. L'administration de l'État n'intervient d'aucune manière dans la direction de
cet établissement ; pour favoriser l'institution, elle nous a loué un
bâtiment très-propre pour l'installation du laboratoire à un prix mo-
dique.

Le directeur de l'établissement reçoit 2,000 florins, soit 4,250 francs
d'appointements fixes, de plus, une habitation et la jouissance d'un
petit jardin. Les voyages lui sont payés à part, et il a droit à un congé
de six semaines par année. Comme ce n'est pas une place de l'Etat, il
n'a pas droit à une pension ; sa place lui est garantie pour six ans. Si,
au bout de six ans, le contrat n'est pas renouvelé, il reçoit de plus
une indemnité égale aux appointements d'une année.

Les fonctions des membres du Comité-directeur sont gratuites. Les laboratoires des provinces sont payés par les provinces elles-mêmes et reçoivent seulement une rétribution annuelle de 450 francs du Comité général de la Société d'agriculture pour faire les travaux qui leur seront demandés par le Comité-directeur de la station agricole en dehors du contrôle des engrais.

Voilà en peu de mots le système de notre organisation; je ne prétends pas qu'elle soit la seule bonne, je ne prétends pas qu'elle soit la meilleure possible, mais je vous ai seulement exposé ce qu'elle est.

M. Lehmann dépose sur le bureau la note suivante *sur la réorganisation de la station agronomique centrale de Bavière et sur les essais qui y seront exécutés.*

La Société pour la fondation des stations agronomiques en Bavière a terminé une réorganisation de la station centrale à Munich et a engagé en qualité de directeur de cet institut le professeur Lehmann, qui a dirigé pendant dix années la station agronomique de Pommritz en Saxe et à qui on a donné la tâche suivante : « Se rendre utile à l'agriculture pratique par des recherches scientifiques sur la production des plantes et du bétail, par des essais sur les industries agricoles et par la propagation des résultats déjà obtenus par la science. »

M. Lehmann espère remplir ce but, parce qu'il a déjà une expérience suffisante et parce qu'il a à Munich l'occasion excellente d'être toujours en rapport avec les représentants éminents de la chimie et de la physiologie. Mais il a aussi la certitude de pouvoir s'entretenir souvent avec les agriculteurs intelligents de la Bavière sur les questions importantes de l'agriculture.

Dès que l'installation de la station sera finie, on commencera les essais suivants :

Il y a déjà longtemps que M. Lehmann a émis l'opinion que les résidus des récoltes qui restent chaque année dans le sol ont une grande influence sur le développement de la culture suivante.

Dans les années 1859, 1862 et 1867, M. Lehmann a pris des échantillons du sol après la moisson; il a enlevé complétement de la terre les résidus de récoltes et les racines et il les a analysés. D'après les résultats de ces recherches, les résidus de l'orge qui restaient dans le sol d'un hectare contenaient les quantités suivantes de divers principes :

4666 kilogr.	matière organique.
22	—	acide phosphorique.
35	—	potasse.
25	—	soude.
98	—	chaux.
29	—	magnésie.
22	—	acide sulfurique.
17	—	acide silicique soluble.

Voilà de grandes quantités de matières nutritives qui restent dans le sol pour la culture suivante, et dont l'influence peut être bien étudiée par les essais sur la succession des récoltes.

On partagera un champ de quatre jours bavarois (1 hect. 36 ares 29 cent.) fumé très-également en dix parcelles (tableaux I et II), et on y cultivera du blé, du seigle, de l'orge, de l'avoine, du lin, des pois, du colza, des pommes de terre, des betteraves et du trèfle. On sèmera le blé, le seigle et le colza en automne de cette année, les autres au printemps 1870. Après la moisson de l'année 1870, on partagera chaque parcelle en dix parties et on cultivera encore une fois les mêmes plantes, mais de la manière indiquée au deuxième plan. Chaque plante de ces cent parcelles succèdera à une autre plante et on aura par cette culture une bonne occasion d'étudier la succession des récoltes.

La station centrale de Munich commencera aussi des recherches :

1° Sur l'influence du volume et de la densité des grains sur la production ;

2° Sur l'influence du chlore sur le développement des fruits des plantes;

3° Sur l'utilisation des résidus de la fabrication de l'extrait de viande pour la nutrition du bétail, d'après une proposition de Liebig.

(Voir les tableaux ci-contre représentant les divisions successives du champ d'expériences.)

EXPÉRIENCES DE LA STATIO

RELATIV

SUCCESSI

TABLEAU I

REPRÉSENTANT L'AFFECTATION DES PARCELLES,

de 1869 jusqu'en automne 1870.

BLÉ.	SEIGLE.	ORGE.	AVOINE.	LIN.	POIS.	COLZA.	POMMES DE TERRE	BETTERA-VES.	TRÈFLE.
A	B	C	D	E	F	G	H	I	K

ENTRALE AGRONOMIQUE DE MUNICH

L A

ES RÉCOLTES.

TABLEAU II

REPRÉSENTANT L'AFFECTATION DES PARCELLES,

de 1870 jusqu'en automne 1871.

BLÉ.	SEIGLE.	ORGE.	AVOINE.	LIN.	POIS.	COLZA.	POMMES DE TERRE.	BETTERA-VES.	TRÈFLE.
Blé.	Blé.	Blé.	Blé.	Blé.	Blé.	Blé.	Blé.	Blé.	Blé.
Seigle.	Seigle.	Seigle.	Seigle.	Seigle.	Seigle.	Seigle.	Seigle.	Seigle.	Seigle.
Orge.	Orge.	Orge.	Orge.	Orge.	Orge.	Orge.	Orge.	Orge.	Orge.
Avoine.	Avoine.	Avoine.	Avoine.	Avoine.	Avoine.	Avoine.	Avoine.	Avoine.	Avoine.
Lin.	Lin.	Lin.	Lin.	Lin.	Lin.	Lin.	Lin.	Lin.	Lin.
Pois.	Pois.	Pois.	Pois.	Pois.	Pois.	Pois.	Pois.	Pois.	Pois.
Colza.	Colza.	Colza.	Colza.	Colza.	Colza.	Colza.	Colza.	Colza.	Colza.
Pommes de terre.	Pommes de terre.	Pommes de terre.	Pommes de terre.	Pommes de terre.	Pommes de terre.	Pommes de terre.	Pommes de terre.	Pommes de terre.	Pommes de terre.
Bettera-ves.	Bettera-ves.	Bettera-ves.	Bettera-ves.	Bettera-ves.	Bettera-ves.	Bettera-ves.	Bettera-ves.	Bettera-ves.	Bettera-ves.
Trèfle.	Trèfle.	Trèfle.	Trèfle.	Trèfle.	Trèfle.	Trèfle.	Trèfle.	Trèfle.	Trèfle.

M. Nessler, directeur de la station de Carlsruhe, a déposé sur le bureau la note suivante :

MESSIEURS,

Les stations agronomiques peuvent se proposer deux buts différents : 1° On fait des recherches scientifiques ; 2° On tâche d'introduire les résultats des recherches scientifiques dans l'agriculture pratique. Aujourd'hui personne ne peut plus douter de l'importance des recherches exactes ; on sait trop bien que par la pratique seule on ne pourra jamais résoudre les questions les plus importantes sur la nutrition des hommes, des animaux et des plantes, sur les propriétés physiques et chimiques du sol qui sont nécessaires au parfait développement des plantes, etc. Toutes ces questions sont tellement vastes et tellement difficiles qu'un grand nombre de stations peuvent s'en occuper exclusivement pour atteindre peu à peu le but que l'on se propose : Le projet d'une station d'influer directement sur l'agriculture pratique est ordinairement assez difficile à atteindre. On doit donner des conseils aux agriculteurs, mais, en général, quand on établit une station, les agriculteurs ne viennent pas en demander, soit qu'ils n'en connaissent pas l'importance, soit qu'ils n'aient pas assez de confiance, soit enfin qu'ils ne sachent pas bien poser les questions. — Pour obtenir quelque influence, la station peut employer différents moyens : 1° Elle a à sa disposition un journal agricole qui doit être écrit de manière à ce que l'agriculteur instruit puisse y apprendre quelque chose et que le petit paysan puisse le comprendre. Dans le journal de l'Union agricole du grand-duché de Bade, qui compte à peu près 13,000 abonnés, on se propose ce but. Dans un tel journal, la station peut publier ses recherches, elle peut donner des conseils et répondre publiquement aux questions qu'on lui a posées ; 2° Le directeur ou un autre employé de la station tient des conférences dans des comices agricoles ou autres. Après le discours on engage les personnes présentes à communiquer leurs expériences, même si elles sont en opposition avec ce qui vient d'être dit, et à poser des questions. Ces conférences me paraissent être importantes pour la station et pour les agriculteurs. L'employé de la station apprend à connaître les hommes avec leurs vues et leurs habitudes, il voit le pays et trouve partout des recherches à faire. Les agriculteurs prennent peu à peu confiance dans la station et réfléchissent de plus en plus sur ce qui se passe dans l'agriculture ; 3° La station fait analyser des terres, des eaux, des engrais, etc., dont la connaissance parait être importante pour l'agriculture de la contrée, dans laquelle la station se trouve ; 4° La station répond aux questions qu'on lui adresse en particulier, ou si les questions sont d'un intérêt général, publiquement. A la station de Carlsruhe nous répondons gratuitement, même lorsque nous sommes obligés de faire des recherches ou des analyses, seulement les fabricants et les négociants sont obligés de payer les analyses qu'ils demandent; 5° La station a le contrôle des engrais du commerce. On ne se borne pas à contrôler les fabriques ou les grands dépôts, mais on tâche de se procurer toute espèce d'engrais qui est vendue dans le commerce, principalement s'il y en a dont on a des motifs de se défier (engrais Boutin, fécondateur agricole, par exemple).

Il existe déjà des stations où l'on se propose de faire autant que possible des recherches scientifiques. Les stations où l'on se propose de venir en aide à l'agriculture pratique feront certainement aussi des recherches scientifiques, mais il va sans dire que plus on est occupé par des questions d'agriculture pratique, moins on peut faire d'autres recherches. Il est probable qu'on distinguera plus tard ces deux espèces de stations plus qu'on ne les distingue maintenant. On pourrait alors appeler les unes stations théoriques et les autres stations pratiques. On a déjà prétendu que les stations pratiques n'avaient pas d'importance parce que les questions les plus importantes de l'agriculture ne sont pas encore résolues d'une manière positive, et que par cette raison la station pratique sera bien embarrassée si on lui pose de telles questions. A la vérité, on peut poser bien des questions auxquelles la station ne pourra pas répondre d'une manière positive, mais il est bien à supposer qu'un homme qui possède des connaissances réelles en sciences naturelles, principalement en chimie agricole et qui s'occupe exclusivement de ces questions pourra mieux en juger qu'un agriculteur, même s'il est bien instruit. Il est bien sûr qu'on sera à la station avant tout sincère ; on ne dira jamais qu'on sait quelque chose d'une manière positive si ça n'est pas le cas. Du reste, il y a tant de questions où l'on peut servir avec certitude au progrès de l'agriculture pratique. On connaît la formation géologique de la contrée, déjà par là, ou par l'analyse, on peut savoir où la chaux ou la potasse manquent plus ou moins; on peut indiquer à quel endroit et de quelle manière on doit employer la chaux, les terres calcaires, les cendres de bois, les terres tourbeuses, etc. On peut indiquer la valeur relative des engrais de commerce et de ferme ; on sait comment les engrais peuvent être mélangés ou comment ils se décomposent par le mélange. Il y a bien des questions sur la nutrition des animaux qui ne sont pas encore résolues, mais on sait déjà aujourd'hui faire par calcul des mélanges de fourrage avec lesquels on nourrit les animaux mieux et à plus bas prix que ne le font ordinairement les agriculteurs. Dans la culture de la vigne et la manipulation des vins on a des principes qui, sans doute, nous permettent de donner de bons conseils aux praticiens.

Les essais que font les agriculteurs eux-mêmes n'ont ordinairement pas de valeur générale parce qu'on ne peut pas toujours bien juger des circonstances particulières, mais si on communique à la station les essais qui sont faits dans une contrée ou dans un pays, la station peut faire les recherches nécessaires, prendre des renseignements, etc.; de cette manière, la station peut être le centre des différents essais ; il est certain qu'il en résulte beaucoup plus aussi bien pour ceux qui font des essais que pour la généralité des cultivateurs.

On demande quelquefois s'il vaut mieux que la station dépende de l'Etat ou d'une association privée. La station de Carlsruhe dépend exclusivement du gouvernement, et je crois que cela a de grands avantages. Nous ne demandons jamais si un agriculteur est membre d'une association ou non. Nous ne dépendons nullement de la Société agricole, mais il va sans dire que si elle émet un vœu, nous nous hâtons de le remplir, car le gouvernement, la Société et la station poursuivent le même but, faire avancer l'agriculture.

M. Zundel remet au secrétariat la note suivante sur les stations agricoles de la Suisse pour la culture des pâturages des Alpes.

Je crois devoir signaler au Congrès l'existence en Suisse de stations agricoles d'un caractère particulier ; elles ont été fondées sous l'influence du *Schweizerischen Alpenwirthschaftlichen Verein*, c'est-à-dire sous les auspices d'une société qui a pour but la culture des pâturages des régions alpines. Cette société, présidée actuellement par M. Schatzmann, autrefois directeur de l'Ecole d'agriculture de Kreuzlingen, aujourd'hui à Coire, a été fondée en 1863 sur les instigations du regrettable Dr Schild, de Berne, qui avait prouvé que les Alpes diminuaient d'importance, parce que les animaux qu'on y élève et les produits qu'on en retire, enlèvent toujours aux hautes régions des éléments nutritifs des plantes, notamment les phosphates, la potasse, la chaux, etc., sans qu'on ait jamais songé à leur restituer ces éléments. Il n'y a pas lieu d'insister ici sur cet enlèvement de matières minérales qui se fait au sol et dont la majorité de nos cultivateurs ne se doutent pas encore ; la quantité de viande, de lait et de fourrage qu'on demande à ces régions renferme bien plus de matières minérales que ne peut en fournir le délitement des roches, surtout plus de phosphate ; en cent jours, une vache produisant huit litres de lait par jour, a fourni 3 kil. 500 de cendres, dont 875 grammes de potasse et près d'un kilogramme d'acide phosphorique qui, passant par les plantes, sont enlevées au sol.

La Société suisse de la culture des Alpes s'est donc donné pour but de faire restituer au sol, par des fumures et surtout des amendements convenables, les éléments qu'on lui enlève ; elle cherche à améliorer les pâturages des Alpes par une meilleure culture, soit en desséchant les parties trop souvent marécageuses, soit en utilisant les pierres que les intempéries détachent des roches et qui quelquefois détruisent tout un pâturage. Elle s'occupe de la disparition de broussailles inutiles, d'une amélioration de la flore et de la régularisation de la surface exploitée ; elle cherche à établir des abris contre les avalanches et provoque le reboisement des régions où cela lui paraît nécessaire. Elle cherche aussi à combattre la négligence, l'insouciance des propriétaires en les engageant à entrer dans la voie du progrès qu'elle leur trace, à régler le cheptel d'après le rendement du sol (et non suivant l'espace) et à modifier des réglements surannés, quelquefois séculaires. Enfin, comme complément de ses efforts, elle cherche à faire progresser la production du lait par l'amélioration du bétail, par un meilleur choix des reproducteurs, et s'occupe des progrès dont est susceptible la fabrication du fromage et du beurre. C'est cette société qui a provoqué en 1867 la brillante exposition de Berne, où l'on a admiré la variété de fromages et autres produits que fournit la Suisse. — La Société a un champ d'action des plus vastes, et comme moyen d'arriver à un résultat, elle publie un journal mensuel ; elle propose des prix d'une importance de mille à deux mille francs par an, et surtout elle a établi des stations agricoles avec champs d'essais.

L'objet de ces stations agricoles est surtout d'examiner l'action des divers engrais sur le sol de ces régions alpines ; l'on ne prend en considération que les engrais faciles à se procurer, facilement transportables à ces hauteurs et qui sont fournis par les localités mêmes. L'on ne doit faire emploi que de produits naturels ou de résidus que le premier individu venu peut trouver sous sa main ; on fait des essais avec la terre du sous-sol, avec de la marne, de la tourbe, du plâtre, de la chaux ; avec du fumier ordinaire, de la poudre d'os, des cendres de bois ou de houille, des chiffons, des scories, etc.

Les stations sont établies sur les Alpes à une assez grande hauteur ; généralement ce sont les propriétaires eux-mêmes qui fournissent gratuitement les champs d'essais et qui s'engagent à les bien surveiller ; ils font ordinairement les divers travaux qui leur sont indiqués, soignent spécialement chacun des treize lots qui forment les champs d'essais, font les pesées nécessaires pour chacun, font également les observations météorologiques et autres qu'ils enregistrent avec soin ; ils n'ont en général qu'à suivre les indications qui leur sont fournies par la Société, dont une commission fait de fréquentes visites aux stations.

Il y a actuellement sept stations subalpines, qui sont :

1° *Hubelweiden*, dans le Bas-Simmenthal (Berne) à 1,550 mètres au-dessus du niveau de la mer ;

2° *Schweinalp*, dans le canton de Schwytz à 1,650 mètres d'altitude;

3° *Acla*, près de Saint-Maurice (Grisons) à 2,140 mètres ;

4° *Grand-Planeiz*, dans le canton de Fribourg à 1,650 mètres ;

5° *Tunnetoch-Alp*, dans le Valais à 1,500 mètres ;

6° *Riedalp*, dans le Valais à 2,200 mètres ;

7° *Gross-Imberg-Alp*, dans l'Entlebuch (Lucerne) à 1,250 mètres ; c'est à cette dernière station que, sous la direction de M. Beck–Leo, on fait des essais avec des engrais plus spéciaux, plus coûteux, tels que le guano, les sels ammoniacaux, les phosphates, nitrates et autres engrais commerciaux. Quant aux analyses chimiques, elles sont faites par les soins de la Société dans des laboratoires de Berne et de Zurich.

Entretenir le Congrès des résultats déjà obtenus m'entraînerait trop loin et je me contenterai de dire que, grâce à la Société de l'*Alpwirthschafts*, bien des pâturages se sont déjà améliorés et ont été rendus propres à entretenir un plus grand nombre de bétail ; que celui-ci est mieux tenu, surtout mieux logé et donne de meilleurs produits. Grâce à l'impulsion donnée par la Société, les fermes de ces hautes régions se sont améliorées, les chemins sont mieux entretenus, et en maint endroit le touriste qui ne voyage pas seulement pour le plaisir des yeux, rencontre des progrès signalés.

Les *desiderata* constatés en Suisse ont été reconnus exacts et signalés pour les hautes régions de l'Autriche par M. Gustave Wilhelm, professeur à l'école d'agriculture d'Altenburg (Hongrie) ; je crois qu'ils existent aussi en France et je crois particulièrement devoir les signaler pour les Vosges, dont j'ai souvent parcouru les hauts pâturages exploités par des marquards, depuis Giromagny jusque vers le Champ-de-Feu, près de Barr, et où j'ai constaté partout une extrême négligence, pas la moindre trace de culture ou d'exploitation intelligente. Voyez le Rossberg, les ballons de Giromagny et de Guebwiller, le Ventron, le Hohneck, les Hautes-Chaumes de Pairis, le Brezouard, les montagnes du fond de la vallée de Liepvre, etc., vous trouverez des marquards entretenant trente, quarante, soixante et même cent vaches, lesquelles restent toute la journée dans les pâturages, quelque temps qu'il fasse, et on ne les fait rentrer à l'étable qui se trouve à côté du chalet que pour les traire et pendant les nuits pluvieuses ou froides ; ces métairies laissent à désirer dans leur construction, surtout pour les étables qui sont basses ; les environs du chalet sont salis par la fange que l'on ne sait pas récolter dans une fosse à purin ; mais, ce qui laisse surtout à désirer, ce sont les pâturages eux-mêmes. Sur ces pâturages il y a en général trop de bétail pour la quantité de nourriture qui s'y trouve, ce qu'atteste la maigreur relative du bétail ; la quantité de nourriture qui s'y trouve n'est nullement en rapport avec ce que pourrait produire cet espace ; si l'on examine les plantes qui y poussent, l'on trouve que les graminées sont relativement rares, qu'il y a au contraire beaucoup de cypéracées et que ce qui domine c'est la bruyère (*erica vulgaris*), la myrtille (*vaccinium*), les genêts (*genisto pilosa, scoparia* et surtout *sagittalis*), la gentiane, les guephalium, les épilobes, etc., toutes plantes que le bétail ne mange pas. Sur ces pâturages, déjà assez pauvres, on laisse perdre les engrais et personne ne pense à utiliser la bousse en la répandant au fur et à mesure; on préfère la laisser étouffer la végétation. Sur les sommets au dessus de 1,300 mètres, là où il n'y a plus de vestige d'arbres, tout au plus quelques arbustes nains, des buissons, la végétation est surtout pauvre, peu luxuriante, et dès le mois de juillet, tout y est desséché par les vents. La partie dont il y aurait le plus grand parti à tirer est située entre 800 et 1,300 mètres d'altitude; là, il y a moitié forêts, un quart de pâturages et un quart de tourbières et terrains vagues. Il y a grand nombre de ces terrains vagues rocailleux et pierreux, de bruyères qu'avec un peu de volonté on pourrait rendre à l'exploitation; mais ce sont les pâturages qui ont déjà un rendement qu'il faudrait surtout mieux soigner : ils sont généralement bons, mais trop abandonnés au hasard, à la végétation adventice. Les prairies situées dans les montagnes inférieures, que l'on fauche une fois en août et où le regain sert de pâturages, sont au moins l'objet de quelques soins; mais on ne fait rien pour les prés qu'on ne fauche pas et qui servent de pâturage depuis le commencement de juin jusqu'à la fin de septembre; cependant cela serait facile; aucun terrain n'est si rapidement changé en terre labourable que le granit de nos Vosges (1); aucun ne contient tant d'éléments de décomposition et d'efflorescence; mais pour cela il faut retenir ces éléments et empêcher que les eaux de pluie formant torrents ne les enlèvent à tout moment; il faut chercher à soigner la végétation; il faut cultiver ces pâturages, les fumer, extirper les mauvaises herbes, régulariser le sol, etc. On estime à 12,000 le nombre de bêtes entretenues dans nos métairies des Vosges (chaîne principale) et je n'exagère pas en disant qu'on pourrait entretenir 18,000 bêtes avec un peu de soins donnés aux pâturages; on pourrait presque doubler la production du beurre et du fromage, de ces objets si utiles à la consommation de l'homme et qui ont pris une si grande valeur de nos jours.

Je viens donc appeler sur ce point l'attention de nos Comices et Sociétés d'agriculture de l'Est; qu'ils cherchent à entraîner dans la voie du progrès ces marquards des montagnes, qu'ils s'occupent de l'amélioration des pâturages des hautes régions comme ils s'occupent d'amélioration du sol de la plaine ou des vallées.

---

(1) Nos montagnes supérieures des Vosges sont composées en majeure partie de granit, de trapp, de grauwacks et de porphyre feldspathique.

Communication de M. Grandeau sur la station agronomique de l'Est et les travaux de l'année 1868-1869.

MESSIEURS,

Après les communications si intéressantes qui viennent de
vous être faites sur les Stations expérimentales de l'Allemagne et de la Suisse, il me reste peu de choses à vous
apprendre sur l'organisation de ces établissements dont l'heureuse influence doit être évidente pour tous.

Permettez-moi, avant de vous faire connaître brièvement
l'état de la station de l'Est, d'adresser mes chaleureux
remerciements aux savants délégués de l'Allemagne pour le
concours si utile qu'ils viennent de prêter à mon œuvre naissante, en vous mettant à même d'apprécier la valeur d'une
institution au développement de laquelle je consacre tous
mes efforts.

Je serais ingrat, Messieurs, si je ne saisissais en même
temps l'occasion de remercier publiquement les directeurs
des Stations allemandes de la sympathie dont ils entourent
leur collègue de Nancy, après l'avoir mis, par leurs conseils
et par leurs exemples, à même de mener à bonne fin l'œuvre
qu'il a entreprise.

De fréquents voyages en Allemagne et la lecture assidue
des publications émanées des Stations m'avaient depuis dix
ans démontré la part importante qui revient à ces établissements dans les progrès de l'agriculture transrhénane. Je
songeais depuis longtemps au moyen d'importer cette institution dans notre pays, lorsque l'Exposition universelle de 1867
en m'offrant l'occasion d'étudier, pièces en mains, les importantes recherches de M. Hellriegel, directeur de la Station
de Dahme, sur la culture des céréales, me décida à partir
pour l'Allemagne afin d'y examiner à fond l'organisation
des Stations. M. de Liebig, dont l'amitié est pour moi si
précieuse, m'encouragea vivement à entreprendre cette étude
et à en porter les résultats à la connaissance du Gouverne-

ment : je reçus à la fin de juillet 1867 l'invitation d'assister à la réunion annuelle des directeurs des Stations qui devait se tenir à Brunswick. M. le Ministre de l'Agriculture informé, par le regrettable M. de Monny de Mornay, du voyage que je projetais, voulut bien me confier une mission spéciale pour l'Allemagne et donner ainsi un caractère officiel à l'enquête que j'allais faire avec l'intention d'ouvrir en France, à mon retour, la voie parcourue avec tant de succès depuis 20 ans, par les chimistes-agronomes de l'Allemagne.

J'employai les mois d'août et de septembre à visiter les principales stations allemandes, Weende, Brunswick, Halle, Hohenheim, Dahme, Carslruhe, Tharandt, Chemnitz, Leipsig, Möckern, etc.

Partout l'accueil le plus empressé me fut fait et tous les documents, dessins et plans désirables furent mis à ma disposition.

Je jugeai cependant un second voyage nécessaire pour compléter mes études et je séjournai de nouveau deux mois en Allemagne dans le cours de l'été 1868, après avoir assisté à la réunion annuelle des directeurs des Stations tenue cette année à Hohenheim.

Dès le mois de septembre 1867, ma détermination était prise; je quittais Paris pour fonder ici, au centre d'une région éminemment agricole, la première station française. M. le Ministre de l'Agriculture, auquel je fis part de cette résolution dans le rapport sommaire que je lui adressai sur les résultats de mon voyage, se montra très-sympathique à mon entreprise et m'alloua pour les années 1868, 1869 et 1870 une subvention qui m'a aidé à apporter aux laboratoires récemment construits dans ma propriété les améliorations nécessitées par leur destination spéciale. — La Société centrale d'Agriculture de la Meurthe voulut également s'associer directement à l'organisation de la première station française et mit à ma disposition une somme de deux mille francs que j'ai consacrée entièrement à l'installation du champ d'expériences et de ses dépendances dont il sera question plus loin.

Je ne puis entrer ici dans de longs détails sur les travaux effectués à la Station depuis sa fondation. Je me bornerai à les indiquer tout à l'heure, mais je crois utile auparavant de faire connaître exactement l'organisation (personnel et matériel), le budget et les frais d'établissement de la station agronomique de l'Est.

Il ressort des discussions précédentes qu'on peut résumer de la manière suivante le rôle des Stations.

Le directeur d'une station agronomique et ses aides doivent concentrer toute leur activité sur les points suivants :

1° Recherches et expériences sur la production des végétaux et des animaux. Le mot production est pris dans son acception la plus vaste : il comprend, à la fois, des recherches sur les diverses branches de la physiologie végétale et animale, de la zootechnie, de la chimie physiologique et de la météorologie envisagée au point de vue de la végétation ;

2° Propager, par l'enseignement oral et par les moyens de publicité dont ils disposent, les connaissances acquises dans le laboratoire et dans les champs d'essais ;

3° Exécuter pour les agriculteurs, pour les propriétaires et pour les négociants, à un tarif dressé par le directeur de la Station, des analyses de sols, d'eaux, d'amendements et d'engrais ;

4° Aider de leurs conseils les cultivateurs qui s'adressent à eux ; les renseigner sur les améliorations à introduire dans les assolements, dans les procédés de culture, dans l'emploi des engrais, etc.;

5° Provoquer la création de champs d'expériences, annexes indispensables de toute exploitation rurale bien entendue, et imprimer aux essais tentés par les cultivateurs une direction convenable, appropriée à la nature du sol, etc.

Comme vous pouvez le voir, Messieurs, par cette énumération, la tâche que j'ai entreprise est lourde et nécessite,

pour être menée à bien, beaucoup d'activité et de persévérance.

Réagir contre la routine, faire entrer dans la pratique les
données fournies par la méthode expérimentale appliquée à
l'agriculture, tel est le rôle difficile, mais très-important, je
crois, qui est dévolu au directeur d'une station agronomique.

La première condition pour atteindre le but que je viens
de tracer est la ferme volonté de réussir, la seconde consiste
à avoir à sa disposition les moyens matériels indispensables à
l'accomplissement des recherches scientifiques. J'ai donc tout
d'abord, au début de mon œuvre, porté mon attention sur
l'installation du laboratoire et des champs d'expériences de
la Station. Les planches et la description détaillée que je joins
à cette notice permettront de se rendre un compte exact des
moyens de travail dont je dispose actuellement, je ne m'y
arrêterai pas pour le moment.

Pour répondre aux nombreuses questions qui m'ont été
adressées à ce sujet, je crois devoir donner ici l'indication
exacte des dépenses qu'a entraînées l'organisation de la Station de l'Est.

Les frais de construction du laboratoire, achat du maté-
reil, des instruments (terrains non compris). .   31,800

La construction de la grange destinée au
battage des récoltes du champ, piquetage des
parcelles, l'achat de bascules, flacons pour
échantillons de récoltes, étiquettes, cases pour
les engrais, et autres menus frais s'élèvent à. .   1,047

La dépense totale d'installation a donc at-
teint le chiffre de   32,847

A cette somme il faut ajouter pour avoir
le chiffre des dépenses de la Station, de mars
1868 à juillet 1869 :

1° Entretien du laboratoire de mars 1868 à
mars 1869 (fin de la première année). . .   3,880

                    A reporter.   36,727

Report.	36,727
2° Entretien du laboratoire de mars 1869 au 1er juillet 1869.	1,982
3° Traitement du surveillant du champ d'expériences en 1868.	500
4° Traitement du préparateur de la Station, mars à juillet 1869.	670
5° Frais de culture du champ, frais de récoltes et achats d'engrais.	425
6° Garçon de laboratoire.	600
Dépense totale du 1er mars 1868 au 1er juillet 1869	40,904

J'ai hâte d'ajouter que je n'ai pas supporté entièrement cette dépense : le Ministre de l'agriculture m'a en effet alloué à titre d'encouragement la somme de 5,000 fr. sur chacun des exercices 1868 et 1869. Son Exc. M. Duruy, Ministre de l'Instruction publique, m'a en outre alloué une somme de 1,000 fr. sur l'exercice 1869; enfin, comme je l'ai dit précédemment, la Société centrale d'Agriculture de la Meurthe, a voté à la Station de l'Est, une subvention de 2000 fr. pour l'exercice 1868. La Station a donc reçu en 1868 et en 1869 la somme totale de 13,000 fr., ce qui réduit à 27,904 fr. la dépense restant à la charge de son fondateur.

Quelques mots maintenant du personnel de la Station. Je suis secondé de la manière la plus efficace dans mes travaux, et c'est pour moi une grande satisfaction de pouvoir rendre un témoignage public du concours dévoué que j'ai rencontré jusqu'ici. M. Brice, à l'habile direction duquel est confiée la Ferme-Ecole de la Malgrange, a mis gratuitement à ma disposition un champ d'essais d'un hectare (1); de plus je l'ai toujours trouvé empressé à m'aider de l'expérience que lui donne sa longue pratique agricole.

---

(1) Voir l'appendice pour la description du champ d'essais.

M. Knecht, agent comptable de la Ferme-Ecole, que j'ai spécialement chargé, dès l'origine, de la surveillance du champ d'expériences et de la moisson, s'acquitte de cette tâche avec une exactitude et un soin que je me plais à reconnaître. Il est très-important, en effet, que le directeur d'une Station puisse compter sur la rigoureuse exécution de ses prescriptions en ce qui concerne la quantité d'engrais, l'époque des semailles, la rentrée, le battage et la pesée des récoltes. M. Knecht tient en outre le registre d'observation sur la marche de la végétation, sur les accidents qui peuvent survenir, etc... son concours intelligent et dévoué m'est des plus utiles. En établissant le champ d'expériences sur le domaine de la Ferme-Ecole de la Malgrange, j'ai pensé, avec son directeur, que les apprentis de la Ferme pourraient aussi tirer profit de l'examen fréquent de ce champ et des essais qui s'y font. C'est pour eux une très-bonne école expérimentale et j'ai pu me convaincre déjà que nous ne nous étions pas trompés à cet égard.

Les recherches faites dans le laboratoire constituent une des parties les plus importantes de la tâche dévolue aux Stations. Seules, elles conduisent à l'explication rationnelle des faits observés dans les champs d'expériences. On peut grouper sous trois chefs principaux les travaux que poursuit le laboratoire de la station de l'Est depuis sa fondation :

1° Recherches sur les rapports qui existent entre la composition des végétaux cultivés dans les champs d'essais (blé, seigle, orge, avoine, maïs, pommes de terre, betteraves, tabac), la nature du sol des champs et la composition des engrais qu'ils ont reçus. Influence des divers engrais sur le rendement.

2° Essais de culture dans l'eau (additionnée de diverses substances nutritives), et dans des sols artificiels de composition connue.

3° Analyses de sols, d'eaux, de récoltes et d'engrais. De plus, différentes questions de physiologie végétale sont à l'étude.

J'espère pouvoir l'année prochaine commencer des essais d'alimentation du bétail pour lesquels la construction d'une étable expérimentale est nécessaire. Ce complément d'installation entraînera, pour la Station, une dépense de 6,000 fr. environ, mais l'importance pratique des résultats de ce genre de recherches est si grande que je ne pense pas qu'on doive reculer devant cette nouvelle dépense à laquelle il faudrait ajouter le traitement d'un garçon d'étable. On comprend aisément que le directeur d'une Station désireux de mener simultanément à bien ces divers travaux, ne peut suffire tout seul à la besogne qu'elles comportent. L'aide d'un ou de plusieurs chimistes lui est indispensable.

L'installation des laboratoires, de la salle et des cases de végétation dont il sera question plus loin, une fois terminée, mon premier soin a été de m'assurer le concours d'un préparateur exercé à cet ordre de recherches. Après avoir emprunté à l'Allemagne l'idée des Stations agronomiques et lui avoir demandé le plan d'une installation modèle, c'est aussi à elle que je m'adressai pour compléter le personnel de la station de l'Est. D'après le conseil de M. de Liebig, je priai M. le professeur Henneberg, directeur de la Station de Weende, dont j'avais, à maintes reprises déjà, éprouvé l'obligeante amitié, de me donner, en qualité de préparateur, un des élèves exercés, sous sa direction justement célèbre au delà du Rhin, aux délicates recherches de la chimie et de la physiologie appliquées à l'agriculture.

Je ne saurais trop me féliciter du résultat de cette démarche. Elle a valu au laboratoire de la station de l'Est un excellent chimiste et, à son directeur, un collaborateur et un ami autant qu'un préparateur habile (1). Convaincu, comme moi, de la salutaire influence que les Stations peuvent

---

(1) M. Petermann, docteur ès-sciences de l'Université de Göttingen, élève de MM. Wöhler, Lehmann et Henneberg; préparateur de M. Lehmann à la Station de Pommeritz de 1867 à 1868, et de M. Henneberg à la Station de Weende pendant l'année 1868.

exercer sur l'agriculture, préparé par ses études et par ses
fonctions antérieures aux travaux que nous poursuivons en
commun, M. le docteur Petermann remplit mieux que je
n'ose le dire en sa présence, les conditions qui assurent le
succès dans l'ordre de recherches auxquelles nous nous livrons
ensemble.

Sous le rapport du personnel, jusqu'au moment où le nombre, chaque jour croissant, des analyses d'engrais et de produits demandées par les agriculteurs et par les fabricants,
nécessitera la présence au laboratoire d'un aide spécialement
occupé à ces analyses, la station agronomique de l'Est ne
laisse donc rien à désirer, et j'espère que nos efforts réunis
aboutiront d'ici à quelques années à d'utiles résultats pour
l'agriculture Lorraine : je dis d'ici à quelques années, car il
faut se garder de conclure d'une façon hâtive dans l'étude
des problèmes complexes que présentent les recherches expérimentales ayant pour objet les êtres vivants, qu'il s'agisse
des animaux ou des végétaux.

Afin de compléter ce qui concerne l'organisation de la station de l'Est, je dois dire quelques mots du cours dont je
suis chargé à la Faculté des sciences.

Comme on l'a vu précédemment, l'une des parties du programme des stations et j'ajouterai l'un des éléments d'action
les plus utiles dont puissent faire usage leurs directeurs, c'est
l'enseignement oral complétant les recherches de laboratoire.

Au mois d'octobre 1867, au moment où j'allais quitter
Paris pour organiser l'établissement que je dirige, S. Exc.
M. le Ministre de l'instruction publique, auquel je faisais
part de mes projets, voulut bien m'offrir d'instituer à la Faculté des sciences de Nancy une chaire spéciale et me confier
le soin d'y professer la chimie et la physiologie appliquées à
l'agriculture. J'acceptai avec empressement cette proposition
qui devait me permettre d'entretenir de fréquents rapports
avec les personnes qu'intéressent les progrès de l'agriculture
et peut-être de provoquer chez quelques-unes d'entre elles le

goût des recherches dont je devais leur exposer les résultats. Cette fois encore, le concours du Ministre de l'agriculture m'était acquis à l'avance et, deux mois après mon arrivée à Nancy, j'inaugurai à la Faculté l'enseignement de l'agronomie sous le double patronage des Ministères de l'instruction publique et de l'agriculture (1).

---

(1) Le cadre suivant me paraît répondre aux principales exigences de cet enseignement, c'est du moins celui que j'ai adopté pour le cours que je professe à la Faculté des sciences de Nancy.

1. Introduction.

Historique des principales doctrines qui ont régné en agriculture, depuis Bernard Palissy et Ollivier de Serres, jusqu'à nos jours.

2. Biologie.

A. *Végétaux.* — Etudes des phénomènes physiques, chimiques et physiologiques de la végétation. — Atmosphère. — Climats. — Météorologie agricole. — Eaux. — Pluie. — Neige. — Sols. Formation ; Constitution mécanique ; Propriétés physiques et chimiques. — Nutrition des plantes. — Statique des végétaux de la grande culture. — Epuisement du sol. — Assolements. — Engrais. — Fumier. — Engrais minéraux. — Engrais artificiels. — Maladie des végétaux.

D. *Animaux.* Phénomènes physiques, chimiques et physiologiques de la nutrition chez les animaux. — Engraissement du bétail. — Lactation. — Produits accessoires, laine, etc. — Hygiène des animaux de la ferme.

3. Technologie.

Fabrication des engrais minéraux. — Phosphates. — Sels de potasse. — Chaux. — Industries agricoles proprement dites : sucreries, féculeries, distilleries, malteries, brasseries. — Fabrication du vin, du cidre.

4. Analyse chimique.

Analyse des sols, des amendements et des engrais. — Analyse des eaux. — Analyse des cendres de végétaux, des matériaux combustibles. — Analyse des fourrages et des aliments. — Analyse des boissons. — Analyse du lait, du beurre, de l'urine, etc.

Le développement de ce programme exige nécessairement plusieurs années.

A côté de cet enseignement régulier, j'ai fait, l'an dernier, pendant

Tels sont, Messieurs, les divers moyens d'étude et d'action dont je dispose actuellement ; si j'ajoute qu'il m'est possible de répéter en grand, sur des sols très-différents et dans des propriétés qui m'appartiennent, les essais tentés en petit dans les champs d'expériences, j'aurai établi, j'espère, la possibilité pour la station agronomique de l'Est d'arriver, au bout d'un temps plus ou moins long, à des résultats importants pour l'agriculture de notre région.

Comme j'avais l'honneur de vous le dire en commençant, je ne puis m'étendre beaucoup ici sur les premiers travaux de la station (1). Il en est cependant quelques-uns sur lesquels je désire appeler votre attention, parce qu'ils donnent lieu à des remarques d'un intérêt général.

---

les mois de juin et juillet, sur le terrain même du champ d'expériences de la station, des conférences.

Dans ces causeries, il est facile d'entrer dans les détails et de donner des explications, qui n'ont d'intérêt qu'autant que le professeur peut mettre sous les yeux de ses auditeurs les plantes, ou les procédés de culture et d'amendement auxquels elles se rapportent. Je considère ces entretiens familiers avec les agriculteurs comme un excellent moyen de propager chez eux le goût et l'intelligence de la méthode expérimentale.

(1) On trouvera, dans l'appendice, l'exposé sommaire des essais de culture dans l'eau et des renseignements sur les champs d'expériences dont les résultats, pour permettre des conclusions de quelque valeur, doivent porter sur une période assez longue.

Voici d'ailleurs, d'après mes registres de laboratoire, l'indication des principaux travaux effectués de janvier 1868 à juin 1869.

Recherches de physiologie. *(A continuer.)*

Recherches expérimentales sur le rôle de la séve descendante dans la végétation (en commun avec M. Andlauer) ;

Recherches sur la rapidité de croissance des feuilles pendant le jour et pendant la nuit ;

Je fais, comme vous le savez, tous mes efforts pour introduire dans notre pays la vente des engrais artificiels sur titre, et je suis heureux de voir les fabricants intelligents entrer résolûment dans cette voie, la seule qui puisse donner toute garantie à l'acheteur et conduire en même temps le producteur à rechercher les meilleurs modes de fabrication.

La Station a exécuté pendant l'année 1869 de nombreuses analyses d'engrais chimiques envoyés par les fabricants ou par les agriculteurs. Le nombre des analyses demandées à la Station est la meilleure preuve de l'emploi plus fréquent des engrais chimiques dans l'Est ; il montre que la Lorraine

---

Recherches sur la persistance de l'espèce dans les générations successives des graines de tabac importées de la Havane (*).

Analyses chimiques.

Analyse complète de l'eau de la source qui alimente mon laboratoire et la pièce, d'eau destinée aux expériences ;

Analyse du sol et sous-sol du champ d'expériences de la Malgrange ;

Analyse du sol du champ d'expériences de mon jardin ;

Analyse du sol du champ d'expériences de la manufacture de tabacs ;

Analyse des engrais différents mis en expérience dans mes essais de culture ;

Analyse de coprolithes de la Meuse (phosphate de chaux fossile) ;

Examen de l'eau du puits d'une ferme, à Fléville ;

Analyse de trois échantillons de marne de la commune d'Albestroff (Meurthe) ;

Analyse sommaire de trois échantillons d'eaux destinées à l'alimentation d'une brasserie ;

Analyse de calculs urinaires ;

Dosage du sucre dans des urines de diabétiques ;

(*) Je poursuis ces recherches en commun avec mon savant ami, M. Schloesing, directeur de l'École d'application des manufactures de l'État. Les champs d'expériences de Nancy et de Boulogne (Seine) sont établis, en ce qui concerne le tabac, sur le même plan. De la comparaison et de la composition des produits récoltés par chacun de nous ressortiront, nous l'espérons, quelques faits intéressants pour la culture française du tabac importé de la Havane.

tend peu à peu vers la culture intensive. Il prouve aussi que les fabricants et les cultivateurs reconnaissent de plus en plus que l'analyse chimique est le seul moyen de fonder le commerce des engrais artificiels sur une base solide ; il constate enfin que notre Station a conquis la confiance des praticiens, confiance si nécessaire pour qu'elle puisse remplir le but important qu'elle se propose : devenir l'intermédiaire entre la science et la pratique.

Dans la plupart des cas, le consommateur et le fabricant ont réglé entre eux le prix des engrais d'après le titre des matières essentielles décelées par l'analyse chimique. La station agronomique de l'Est établit le calcul de la valeur d'un engrais chimique sur les nombres inscrits dans la table suivante, nombres qu'elle estime concorder avec la valeur vénale réelle des engrais artificiels (1).

Valeur du kilogramme.

Azote dans le sulfate d'ammoniaque, le nitrate de
   potasse, le nitrate de soude, le guano du Pérou.   2 fr.

Azote dans la poudre d'os, les tournures d'os,
   les superphosphates, la poudrette. . . . . .   1 fr. 50

Nombreuses analyses d'engrais, phosphates, superphosphates, guanos, etc.

Champs d'expériences. (Années 1868 et 1869.)

Essais de culture de l'orge. . . . .
Essais de culture de l'avoine. . . . .
Essais de culture du tabac. . . . .
Essais de culture du maïs. . . . .   dans un sol sans fumure ; dans un sol
Essais de culture des pommes de terre. . .   qui a reçu différents
Essais de culture des betteraves. . . . . . .   engrais.
Essais de culture du sarrasin. . . . .

Essais de culture du tabac. Recherches sur les variations dans le taux de la nicotine et dans la richesse du tabac en potasse, à diverses époques de la végétation.

(1) Voir page 166 le tarif de la station.

Acide phosphorique soluble dans les superphos-
    phates . . . .   1 fr.
Acide phosphorique insoluble dans le phosphate
    de chaux précipité, le guano du Pérou, le
    Baker-guano, la poudre d'os très-fine, la pou-
    drette. . . . .   0 fr. 70
Acide phosphorique insoluble dans les tournures
    d'os, la poudre d'os éclaté . . . .   0 fr. 45
Potasse dans le nitrate de potasse . . . . . .   0 fr. 70
Potasse dans le sulfate de potasse, les sels de
    Stassfurt. . . . .   0 fr. 50

Quand on discute la valeur d'un engrais chimique, on néglige trop souvent encore de tenir compte des divers états
sous lesquels se trouvent les matières importantes pour la
nutrition des plantes. Tandis, par exemple, que le sulfate
d'ammoniaque contient l'azote dans un état directement assimilable par les racines des plantes, il faut que la gélatine
des os ou les poils mêlés avec le superphosphate soient atta-
qués par l'air et par l'eau pour subir une transformation qui
les rend assimilables. Le capital employé en engrais porte
des intérêts plus tard dans le dernier cas que dans le premier. C'est la même chose avec le phosphate de chaux, qui
sera rendu naturellement plus vite assimilable si on l'emploie
à l'état de phosphate de chaux précipité ou poudre d'os très-
bien pulvérisée, que si l'on répand dans ce sol de la poudre d'os en gros grains. Voilà pourquoi il faut fixer le prix
du kilogramme d'azote ou d'acide phosphorique en ayant
égard aux propriétés chimiques et mécaniques d'un engrais.

Je n'entrerai pas ici dans le détail des analyses faites à
la Station, je me bornerai à en citer quelques-unes qui donnent lieu à des remarques intéressantes. En voici quelques
exemples :

	Eau.	Acide phosph. sol.	Insol.	Azote.
1. Superphosphate .	28,57	5,27	14,40	2,13
2. Superphosphate .	15,87	11,83	—	2,08
3. Superphosphate .	28,27	8,98	9,93	3,09

Les analyses de ces trois superphosphates montrent que leur fabrication n'est pas parfaite. La faible quantité d'acide phosphorique soluble qu'ils contiennent indique que les fabricants n'emploient pas assez d'acide sulfurique ou qu'ils mélangent leur produit avec du noir animal pour le rendre plus sec. Dans ce dernier cas, il y a une perte manifeste.

Nous avons eu aussi à faire un certain nombre d'analyses de phosphorites, dont la teneur en carbonate de chaux variait de 6,25 à 11,56 pour o/o et celle de l'acide phosphorique de 14,60 à 25,1 p. o/o. L'usine qui nous avait envoyé ces échantillons désirait avoir un dosage exact de l'acide phosphorique outre le dosage dit industriel ; ces diverses phosphorites contenaient des quantités très-notables d'alumine et d'oxyde de fer, ce qui rend extrêmement difficile, comme le savent tous les chimistes, la séparation exacte de l'acide phosphorique.

Nous avons eu recours pour ces analyses, entre autres méthodes, au procédé si élégant et si parfait à la fois que M. Schlœsing a récemment imaginé pour le dosage du phosphore et nous avons pu constater la rigoureuse exactitude de ce procédé.

L'examen de ces phosphorites, la difficulté qu'offrent leur analyse ainsi que leur transformation en superphosphates (à cause de leur richesse en alumine) nous a engagés à entreprendre des recherches sur les superphosphates et sur leur fabrication.

Nous ferons connaître plus tard, M. Petermann et moi, les résultats de cette étude qui semble devoir nous conduire à la connaissance de faits intéressants.

Le laboratoire de la Station a eu aussi à faire quelques analyses de résidus de l'épuration du gaz, nous en citerons seulement une qui démontre le parti que l'agriculture peut tirer de l'emploi de cette matière pour la culture des plantes sarclées et de la luzerne par exemple.

Ce résidu avait la composition centésimale suivante :

Azote	0 55
Chaux	50 61
Oxyde de fer, alumine, traces d'acide phosphorique	5 16
Acide sulfurique, carbonique, acide sulfureux, soufre, eau pure (non dosés) . .	43 68
	100 00

La présence d'acide sulfureux et de sulfure de fer dans ce produit implique la nécessité de le laisser exposé à l'air avant de l'employer pendant assez longtemps (4 à 5 mois) pour que la totalité du soufre soit passé au maximum d'oxydation, l'influence des substances réductrices tel que l'acide sulfureux et le sulfure de fer présentant un danger réel pour la végétation. A ces conditions la chaux d'épuration du gaz devient un excellent engrais dont le bas prix permettrait d'en faire usage avec succès dans le voisinage des usines à gaz.

Enfin je citerai encore, à titre d'exemple de falsification, l'analyse d'un soi-disant engrais qui nous avait été envoyé par M. le directeur de la Ferme-Ecole de Laheyvaux. Cette matière vendue comme engrais riche en azote, n'était autre chose que de la terre contenant seulement 0,7 p. o/o d'azote. Ce fait montre que l'analyse chimique est le seul moyen auquel puisse avoir recours l'agriculteur pour éviter l'achat onéreux de substances soi-disant fertilisantes que le commerce des engrais offre trop souvent à sa crédulité.

Les quelques exemples que je viens de citer suffisent, je l'espère du moins, pour mettre en relief les divers ordres de services qu'une station agronomique est appelée à rendre à l'agriculture. Je ne doute pas qu'une fois bien comprise l'idée des stations ne se propage rapidement chez nous; mon but sera alors atteint.

Le jour où la France comptera un certain nombre de stations bien organisées, bien dirigées et reliées à leurs sœurs aînées de l'Allemagne par la communauté des vues et par la poursuite d'un but qui doit vous apparaître clairement après les discussions auxquelles vous venez d'assister, j'éprouverai une de ces joies vives qui dédommagent de bien des sacrifices et de bien des labeurs.

Les stations répondent à l'une des nécessités les plus impérieuses de l'agriculture moderne, l'alliance de la science et de l'art dans la culture du sol. Elles doivent amener, selon moi, dans un temps plus court peut-être qu'on ne serait tenté de l'admettre, un progrès considérable dans l'agriculture, et partant un accroissement de richesse et de bien être pour notre pays, éminemment agricole comme chacun sait. Si l'on en juge par les résultats obtenus en Allemagne depuis bientôt vingt ans, il ne semble pas qu'il puisse y avoir de dépense mieux entendue et plus profitable à l'intérêt de tous que celle qu'entraîneraient la création et l'entretien de ces établissements.

Resterait maintenant à examiner la question de la répartition de ces dépenses entre l'Etat, les départements et les associations agricoles.

Plus que personne partisan des œuvres fondées par l'initiative privée, je souhaiterais d'avoir été assez heureux, dans la campagne entreprise par moi depuis deux ans au sujet des stations, pour convaincre les agriculteurs français de l'intérêt personnel que chacun d'eux aurait à concourir à l'organisation, par souscriptions individuelles, de stations et de laboratoires dans les principaux centres agricoles de la France.

L'accueil fait par vous, Messieurs, aux idées dont je suis l'interprète convaincu, de même que celui que j'ai rencontré au sein de la Société des Agriculteurs de France, lors de notre dernière session, me donne l'espoir que cet appel à l'initiative privée sera entendu. Je renouvelle aussi le vœu que le gouvernement vienne en aide par de larges subventions aux particuliers comme aux associations qui s'organiseraient dans le but de créer et de propager les stations agronomiques, à la condition *sine quâ non* que les uns et les autres fournissent la preuve qu'ils seront en mesure, avec le concours de l'Etat, de fonder sous le double rapport du personnel et du matériel des établissements durables et propres à remplir le but que leur assigne leur nom.

La création d'une station agronomique, vous l'avez vu, Messieurs, entraîne une dépense première de 3o à 35,ooo fr.: son entretien nécessite un budget de 15 à 16,ooo fr. (1) De plus et surtout il faut à sa tête un homme compétent et zélé. Partout où ces trois conditions ne seront pas remplies, on n'aura pas créé une véritable station.

Faire bien ou ne pas faire, telle doit être la règle absolue au cas particulier; procéder autrement serait compromettre gravement l'institution même et en retarder, pendant longtemps encore peut-être, l'importation définitive dans notre pays. Rien n'est plus préjudiciable en effet au succès d'une idée que sa réalisation incomplète ou défectueuse.

---

(1) On peut établir ainsi approximativement le budget minimum d'une station :

Traitement du directeur	6,000 à	6,000 fr.
du préparateur	2,500 à	3,000
d'un aide-préparateur.	1,200 à	1,500
d'un surveillant du champ et de l'étable	1,000 à	1,000
d'un garçon de laboratoires . .	600 à	600
Frais d'entretien de l'étable, du laboratoire, expériences, fourrages, achats d'engrais, etc.	4,200 à	4,500
Total.	15,500 à	16,600 fr.

(Voir à la fin du volume la description des laboratoires et du champ d'expériences, et les planches qui l'accompagnent, et ci-contre le tarif de la Station agronomique de l'Est pour les analyses d'engrais, de sols et d'eaux.)

11

Tarif de la station agronomique de l'Est, pour les analyses d'engrais, de sol et d'eaux (1).

I. Engrais.

1. POUDRE D'OS. — Dosage de l'eau, de la matière organique, du phosphate de chaux, de l'acide phosphorique, de l'azote et du sable.. . . . . 25 fr.

2. PHOSPHATE. — Dosage de l'eau, de l'acide phosphorique et du résidu insoluble. 15

3. SUPERPHOSPHATE. — Dosage de l'acide phosphorique soluble. 5

   De l'acide phosphorique insoluble.. 5

   De l'azote. 5

4. GUANO DU PÉROU. — Dosage de l'eau, de la matière organique, du résidu de la calcination, du sable, de l'acide phosphorique et de l'azote.. 25

   Dosage de l'acide phosphorique et de l'azote seuls. . . 10

   Détermination de l'humidité. 5

5. NOIR ANIMAL. — Dosage de l'eau, du charbon, de la terre d'os, du carbonate de chaux, du sable 25

   Détermination de l'acide phosphorique. 5

   —   du carbonate de chaux. 5

   —   du sulfate de chaux 5

6. SELS DE POTASSE ET ENGRAIS ANALOGUES. — Détermination de chacun des éléments, par élément. 5

II. Fourrages et aliments.

7. Détermination de l'eau, des substances minérales, des matières azotées, de la cellulose, de la graisse et des principes extractifs 30

8. Des matières azotées, de la cellulose et de la graisse. . 20

   Dosage de la fécule dans les pommes de terre.. 5

   Dosage du sucre dans les jus, par polarisation 5

III. Eaux.

Essai hydrotimétrique et dosage du résidu solide par litre. 5

(1) Pour les membres de la Société centrale d'agriculture de la Meurthe, les analyses sont faites avec une réduction de 1/5e sur les prix portés au tarif.

Dosage de la chaux. . . . .   5 fr.

De chacun des autres éléments, par élément   5

Analyse complète d'une eau.   100

IV. Sols, limons, cendres de végétaux.

Détermination de l'acide phosphorique, des alcalis, de

l'azote, etc., par élément dosé.   5

Analyse d'une marne.   20

Analyse complète d'une terre   100

Analyse de cendres par élément   5

Analyse complète d'une cendre.   50

V. Matières alimentaires.

LAIT. — Dosage du beurre, de l'eau, de la caséine . .   25

BEURRE. — Détermination de la quantité de graisse. . .   15

NOTA. Pour toutes les autres analyses, le directeur fera connaître aux agriculteurs qui s'adresseront à lui, les conditions auxquelles elles seront exécutées.

L'ordre du jour appelle l'exposé des travaux de la Station météorologique forestière de Nancy.

M. le Secrétaire général :

J'espère, Messieurs, que M. Mathieu voudra bien vous exposer lui-même l'organisation de la Station météorologique forestière qu'il a fondée en 1866 et vous faire connaître les résultats fort intéressants des observations recueillies en 1867 et 1868. Le voisinage de l'Ecole forestière est une bonne fortune pour la station agronomique de l'Est; je suis heureux de l'occasion qui s'offre à moi d'exprimer ma gratitude aux savants professeurs de cette Ecole pour la symphathie qu'ils ont constament témoignée à la station de l'Est et à son fondateur.

La parole est à M. Mathieu, sous-directeur de l'École forestière :

MESSIEURS,

L'action des forêts sur le climat d'un pays, sur l'alimentation et le débit des sources, sur la rapidité de l'écoulement superficiel des eaux pluviales, sur la violence des vents, la fréquence des orages, sur tous les phénomènes météorologiques enfin, a été l'objet d'appréciations nombreuses, mais diverses. Une base solide, en effet, a toujours manqué aux discussions des savants auteurs qui ont traité la matière, base indispensable, cependant, celle de l'expérimentation.

L'Ecole forestière, sur l'invitation de l'administration dont elle ressort, a entrepris de combler cette lacune. Dès les premiers mois de 1866, elle se mit à l'œuvre et institua, dans trois stations distinctes, une série d'observations qu'elle s'efforce chaque jour de perfectionner et d'étendre.

L'Ecole ne pouvait songer à embrasser dès le début la généralité d'un problème aussi complexe que l'est celui de la météorologie forestière et agricole comparée. Elle a cru prudent d'en aborder quelques côtés seulement, et ce sont les résultats des années 1866-1868, résultats insuffisants, sans doute, que je vais avoir l'honneur de vous soumettre, dans l'espoir que vous les jugerez dignes de quelque intérêt.

Avant tout, permettez-moi de réclamer votre indulgence. Les chiffres sont indispensables en semblable matière, et je comprends la difficulté d'en saisir la valeur dans un rapide exposé; je ne puis pas les exclure complétement, mais je m'efforcerai d'en user le moins possible.

Les expériences poursuivies jusqu'ici ont porté sur quatre points principaux que je vais successivement développer.

1° L'état boisé d'une contrée influe-t-il sur la quantité de pluie qu'elle reçoit?

Le meilleur moyen de résoudre le problème serait de comparer un pays à lui-même, couvert de forêts d'abord, ensuite défriché. Mais dans ce mode d'investigation un des éléments de comparaison fait toujours défaut : nous savons bien en effet combien il tombe d'eau en moyenne annuelle dans telle ou telle région actuellement déboisée, mais nous ne pouvons connaître, si ce n'est par une tradition vague et toujours contestable, la quantité exacte de l'eau qu'elle recevait à l'époque où les forêts en couvraient la surface.

Il y a donc obligation de tourner la difficulté et l'on y peut parvenir. Supposons deux contrées voisines, suffisamment étendues, sous une même latitude, d'égale altitude, de sol géologique et par conséquent de relief identiques, ne différant enfin l'une de l'autre que parce que la première est entièrement ou plus spécialement forestière tandis que la seconde est agricole en totalité ou en majeure partie.

Si dans ces contrées, comparables de tous points, sauf un, on reconnaissait dans la quantité d'eau pluviale qu'elles reçoivent annuellement une différence constante, il serait certainement permis d'y voir une conséquence de l'unique dissemblance qui les sépare.

Nous croyons posséder aux environs de Nancy deux stations offrant toutes les conditions qui viennent d'être énumérées.

L'une est celle des Cinq-Tranchées, à l'ouest et à huit kilomètres de la ville, au milieu du vaste plateau forestier de la Haye, à l'altitude de 380 mètres environ.

L'autre est celle d'Amance, à douze kilomètres Est de Nancy, à vingt kilomètres de la précédente par conséquent. Placée près du sommet de la colline, à l'altitude d'à peu près 380 mètres, elle occupe le centre d'une région agricole, dont les forêts ne sont point exclues à la vérité, mais où elles n'occupent que la moindre place.

Des pluviomètres ont été installés dans chacune de ces stations, loin de tout abri capable d'amoindrir la chute de la pluie sur les appareils. Voici les résultats obtenus :

	ÉPAISSEUR D'EAU REÇUE A LA	
	Station agricole d'Amance.	Station forestière des Cinq-Tranchées.
8 derniers mois de 1866....	0m,591	0m,692
Année 1867 entière......	0 ,862	0 ,925
Année 1868 entière......	0 ,631	0 ,749

D'où résulte, pour les trois années successives d'observations, une différence en faveur de la station forestière qui s'exprime par les chiffres 0m,100, 0m,063 et 0m,118.

Il pleut donc plus aux Cinq-Tranchées qu'à Amance, et si, comme les probabilités autorisent à l'admettre, la cause de cette différence, reproduite pendant trois années successives avec une constance remarquable, tient à la nature des lieux et non au hasard, il faut y voir l'influence de l'état forestier de l'un, agricole de l'autre.

2° Le couvert des forêts, en interceptant l'eau qui tombe de l'atmosphère, n'amoindrit-t-il pas dans une forte proportion la quantité de celle qui parvient jusqu'au sol?

On comprend toute l'importance de la question, puisqu'il faudrait conclure d'une solution affirmative que, le sol forestier étant moins bien abreuvé que celui des champs, l'alimentation des sources s'y trouve plus ou moins compromise.

Il est incontestable que toute l'eau pluviale ne parvient pas jusqu'au sol de la forêt; que partie de celle que reçoivent les feuilles, surtout par les pluies fines et de courte durée, retourne directement dans l'atmosphère par voie d'évaporation. Disons cependant que cette portion doit être faible, parce que les feuilles, organisées pour la nutrition gazeuze et la transpiration, ne fixent ni n'absorbent l'eau, qui glisse à leur surface sans généralement les mouiller. Mais ce sont là des inductions théoriques; je vous ai promis, Messieurs, des résultats d'observation.

Rien de plus simple en apparence qu'une expérience de ce genre et il semble au premier abord que deux pluviomètres ordinaires, l'un sous le massif de la forêt, l'autre dans quelque clairière du voisinage, donneront une prompte solution du problème.

Mais où placer le pluviomètre sous le bois? Quiconque a cherché sous un arbre un abri contre l'averse sait très-bien que s'il est des points où ne parvient pas une goutte d'eau, il en est d'autres au contraire, sous les gouttières, où l'on est immédiatement inondé. Suivant que le pluviomètre occupera l'une ou l'autre de ces positions, il accusera les résultats les plus contradictoires. Nous avons cherché à conjurer cet inconvénient et nous croyons y être complétement parvenu.

Dans un massif de hêtres, charmes et chênes d'environ quarante ans, uniformément constitué, on a compté le nombre de perches couvrant l'are et l'on a déduit la surface moyenne occupée par la cime de chacune d'elles. Au pied de l'une de ces perches (hêtre) choisie autant que possible de dimensions moyennes, a été établi un pluviomètre de construction spéciale, dont la surface de réception est exactement égale au développement de la cime et embrasse en son

centre la tige de l'arbre. L'instrument correspond de la sorte aux
gouttières comme aux points plus ou moins abrités, et recueille en
outre l'eau qui ruisselle le long du fût. Dans ces conditions, le pluviomètre exprime certainement, sans l'exagérer ni l'affaiblir, l'épaisseur de la lame d'eau reçue par le sol boisé.

Un pluviomètre de forme ordinaire a été établi dans un vide, loin de
tout abri, à deux cents mètres environ du précédent. Les observations
ont été faites aux Cinq-Tranchées.

	ÉPAISSEUR DE LA LAME D'EAU RECUEILLIE	
	sous Bois.	hors Bois.
8 derniers mois de 1866....	0^m,658	0^m,691
Année 1867..........	0 ,868	0 ,925
Année 1868..........	0 ,703	0 ,749

Il pleut donc moins sous le couvert de la forêt qu'en dehors.

Il fallait s'y attendre.

Mais constatons que l'écart est très-faible. Dans notre perchis de
quarante ans, il parvenait à la terre de la forêt 94 pour 100 de toute
l'eau pluviale en 1866 ; le rapport restait exactement le même en
1867 et, en 1868, il s'élevait à 95 pour 100.

Si petite que soit la différence, faut-il en conclure que le sol forestier
est moins bien abreuvé que celui qui est découvert? Nullement. Rap-
pelons-nous en effet les résultats d'Amance et des Cinq-Tranchées et
comparons-les.

	ÉPAISSEUR DE LA LAME D'EAU REÇUE PAR LE SOL A LA STATION	
	forestière des Cinq-Tranchées Sol couvert d'arbres.	agricole d'Amance. Sol découvert.
8 derniers mois de 1866. . . .	0^m,658	0^m,591
Année 1867..........	0 ,868	0 ,862
Année 1863..........	0 ,703	0 ,631

Laissons donc de côté cette crainte que le sol soit moins bien abreuvé, que les sources soient moins bien alimentées dans les forêts que dans les champs ; affirmons qu'il pleut autant et plus sous le couvert des arbres d'une région forestière que sur la terre nue d'une contrée agricole (1).

3° Quelle action l'état boisé exerce-t-il sur la conservation des eaux reçues par le sol?

Il ne suffit pas de savoir quelle est la quantité d'eau qu'un sol reçoit, il est surtout important de connaître ce qu'il en fait, comment il peut la conserver pour l'alimentation des plantes et des sources.

Il est bien certain qu'une grande partie de l'eau pluviale retourne à l'atmosphère sous forme de vapeur, soit par la succion des racines et la transpiration des feuilles, soit par évaporation directe à la surface du sol.

En ce qui concerne l'exhalation foliacée, on l'a certainement exagérée quand on a prétendu que les forêts, en soutirant l'humidité du sol, tendent à le dessécher, à tarir les sources, à causer l'aridité.

Les végétaux agricoles transpirent et exhalent de l'eau dans l'atmosphère comme ceux des forêts et aucune expérience sérieuse n'a établi la relation suivant laquelle cette fonction s'accomplit chez les uns et chez les autres.

Il serait facile, je crois, de prouver que la végétation agricole, qui puise dans l'air autant de carbone que la végétation des forêts, qui absorbe dans le sol bien plus de matières azotées et minérales, qui en poids total égale ou dépasse de beaucoup la production forestière, ne saurait à l'égard de l'eau, véhicule et dissolvant de tous les principes

---

(1) Le sol forestier n'est pas toujours et complétement abrité, pas plus que celui des champs n'est en tout temps et entièrement découvert, nous le savons. On nous accordera cependant sans peine que le premier est beaucoup mieux garanti que le second et cela suffit pour nous autoriser à maintenir nos conclusions quant au fond, reconnaissant que la mesure de leur application peut varier avec les lieux, le mode de culture, la nature des espèces végétales, etc. D'ailleurs s'il peut paraître exagéré d'appliquer aux champs et aux forêts les résultats d'observations faites en sol découvert et sous le massif des arbres, nous ferons remarquer que, par compensation, ces résultats seraient bien autres; que les différences qui en découlent seraient singulièrement agrandies s'il nous avait été donné d'exclure complétement de nos stations découvertes l'influence des forêts du voisinage et réciproquement.

Cette observation concerne non-seulement la mesure de la pluie, mais aussi et surtout celle de l'évaporation et de la température dont il sera question plus loin.

assimilés, avoir des exigences *infiniment* moindres que les arbres de nos bois. Répétons-le cependant, les observations sur ce côté de la question font absolument défaut et arrivons à celles qui concernent l'évaporation directe par la surface du sol.

Pour mesurer l'action du couvert sur l'évaporation, il faudrait rigoureusement comparer deux sols de tous points identiques, de même composition, de propriétés semblables, pénétrés l'un et l'autre d'égales quantités d'eau. C'est là une première difficulté, à laquelle s'en ajoute une autre bien plus grande encore : comment mesurer les pertes d'eau que ces sols subissent à chaque moment ?

Il nous a semblé que le moyen le plus simple d'approcher de la solution du problème était de comparer l'évaporation de deux nappes liquides de même surface et d'égale profondeur, contenues dans des bassins parfaitement étanches, dit atmidomètres, dont l'un serait sous le couvert de la forêt, tandis que l'autre, placé en dehors, serait soumis à l'action du vent et du soleil.

Sans aucun doute l'évaporation d'une surface liquide ne mesure pas la quantité d'eau exhalée par le sol, quantité très-variable avec la composition minéralogique et le degré d'humidité ; peu importe, puisque nous ne cherchons point une valeur absolue, mais simplement une *relation*, parfaitement suffisante pour nos observations de météorologie comparée.

Les expériences d'évaporation ont été poursuivies à la station de Belle-Fontaine, sur le bord de la forêt de Haye.

Les bassins d'évaporation, dont l'un est en plein bois, l'autre au milieu d'une pépinière forestière et loin de tout abri, sont ramenés le premier de chaque mois à un niveau uniforme, correspondant à une profondeur de 30 centimètres. A la fin du mois on note la profondeur du liquide, on en retranche l'épaisseur de la lame d'eau reçue de l'atmosphère et mesurée par les pluviomètres ; la différence entre ce qui reste et la profondeur initiale de $0^m,80$, exprime évidemment l'épaisseur de la lame d'eau évaporée pendant la durée du mois.

Les résultats des deux années d'expérimentation, 1867 et 1868, ont été parfaitement concordants.

A l'air libre il s'évapore cinq fois plus d'eau dans le courant de l'année que sous le massif de la forêt. L'écart devient d'ailleurs d'autant plus grand que la température est plus élevée, et si, en avril, l'évaporation dans les champs est à peine le triple de celle des bois, en juillet elle devient dix fois plus considérable.

En 1868, le bassin d'évaporation à l'air libre a exhalé 85 pour 100 de l'eau pluviale reçue dans le cours de l'année; le bassin semblable de la forêt n'en a perdu que 22 pour 100.

Ainsi le sol de la forêt reçoit non-seulement autant et plus d'eau que celui qui reste sans abri, mais il la conserve avec infiniment plus d'énergie et la dispense par conséquent à la végétation et aux sources avec beaucoup plus de régularité.

4° Quelle est l'influence des forêts sur la température?

Les expériences dans cette voie sont de date récente, 1869, et ne seront coordonnées qu'à la fin de l'année.

Cependant, pendant les dix derniers mois de 1868, la température de l'eau des bassins hors bois et sous bois a été relevée avec soin chaque jour, matin et soir, à la même heure. Les résultats sont donc comparables.

Ils tendent à établir que la température moyenne annuelle est plus faible sous bois que hors bois. On pouvait le prévoir. Mais ce qui ne pouvait l'être, c'est que cette loi se maintient pour les températures de chaque mois, de sorte que, même en hiver, il fait en moyenne mensuelle plus froid en forêt que dans les champs, sauf rectification, que des expériences plus nombreuses, plus longtemps poursuivies, peuvent introduire.

Hâtons-nous d'ajouter que l'écart constaté, s'il est grand en été, devient très-faible en hiver; qu'en 1868, par exemple, la température moyenne de la forêt pendant le mois de juillet s'est trouvée inférieure à celle des champs de 4°,35 le matin et de 9°,33 le soir, tandis qu'en décembre la différence est descendue à 0°,48 pour le matin et 0°,94 pour le soir.

Si donc la forêt tend à abaisser la température, elle a surtout pour effet de la régulariser par l'atténuation de ces chaleurs brûlantes qui dessèchent le sol et le frappent d'aridité.

L'examen des températures moyennes mensuelles du matin et du soir nous permet en outre de constater que si la température varie beaucoup du jour à la nuit, sur les espaces découverts, ces oscillations s'affaiblissent singulièrement sous le couvert des arbres. Tandis qu'à l'air libre la différence entre la température moyenne du matin et

celle du soir a varié, suivant les mois, de 0°,05 à 8°,57; elle s'est
maintenue au bois entre 0°,04 et 1°,22.

Il serait fort intéressant, après avoir étudié les moyennes annuelles
ou mensuelles, d'examiner la marche de la température, matin et soir,
pour chacun des jours de l'année; les nombreux chiffres qu'il faudrait
réunir et comparer, et la crainte de fatiguer votre bienveillante attention ne me le permettent pas. Je me contenterai donc d'ajouter qu'il
résulte de nos expériences que, dans la forêt, les variations de température s'effectuent lentement alors qu'elles sont brusques dans les
champs; que, dans ceux-ci, le thermomètre descend souvent plus bas
et surtout monte beaucoup plus haut que dans les bois (1).

On a parfois comparé l'action climatérique des forêts à celle des
océans. Cette comparaison, Messieurs, est exacte à plus d'un égard.
Comme ceux-ci, elles tendent à accroître l'humidité, à adoucir les
températures extrêmes, à transformer enfin les climats excessifs, si
funestes à la végétation, en climats littoraux, qui lui sont si propices.

Il est à peine besoin d'ajouter que si ces conclusions semblent devoir
convenir à toutes les forêts, les chiffres d'où nous les avons déduites
ne sont applicables qu'à notre climat et aux forêts de hêtres, chênes
et charmes qui s'y rencontrent. Ils varieraient nécessairement des bois
feuillus, qui se dépouillent à l'automne, aux bois résineux dont la ver-
dure est permanente; des forêts de chênes et de pins, qui laissent
encore un si large accès aux rayons solaires, à celles de hêtres et de
sapins, au couvert épais et impénétrable.

Tels sont, Messieurs, les résultats de météorologie comparée obtenus jusqu'ici par l'Ecole forestière. Ils tendent à confirmer l'opinion
que les forêts, dont les produits ligneux sont un besoin indispensable
et sans cesse croissant pour l'agriculture, l'industrie, les constructions
et l'économie domestique, remplissent aussi un autre rôle non moins
utile; qu'elles égalisent les climats, accroissent l'humidité, la fixent
dans le sol et assurent aux sources et à la végétation une alimentation
plus abondante et surtout mieux soutenue. Ils proclament l'union né-

---

(1) Voir la planche qui reproduit les tracés graphiques des diverses observations concernant l'année 1868; consulter surtout celui qui reproduit la
marche quotidienne de la température hors bois et sous bois. Ce tracé exprime beaucoup mieux les faits que les plus longs développements; la difficulté seule de le reproduire à la séance a empêché d'en parler.

cessaire de l'agriculture et de la sylviculture, union réalisée si heureusement dans nos belles et riches contrées du Nord-Est, qui ne brillent pas seulement au premier rang par leur agriculture et leur industrie, par le patriotisme et l'instruction de leurs habitants, mais aussi par les magnifiques richesses forestières qu'elles ont conservées et dont elles savent apprécier toute l'importance.

M. le Président, interprète des sentiments unanimes de l'assemblée, remercie M. Mathieu de la communication très-intéressante qu'il vient de faire et le félicite des importants résultats qu'il a obtenus.

La parole est à M. Chautard, professeur à la Faculté des sciences à Nancy.

MESSIEURS,

Les questions du ressort de la météorologie sont très-nombreuses, très-diverses; toutes intéressent au plus haut point l'agriculture. Par suite de leur étendue et de leur complexité, elles exigent des recherches longtemps prolongées; elles réclament le concours généreux d'un grand nombre d'observateurs et l'appui bienveillant de diverses sociétés. C'est en me plaçant sur ce terrain que je me permettrai d'abord de développer les points suivants :

1° Des observations météorologiques dues au concours des associations.

A. — L'*udométrie* a une importance et une actualité qui ressortent nettement de la remarquable communication faite par notre honorable collègue M. Mathieu. Toutefois, s'il importe de connaître l'action exercée par les forêts sur la quantité de pluie annuelle qui tombe dans une localité, il n'est pas moins intéressant de savoir comment se distribuent les pluies sur une vaste étendue de territoire, par exemple sur les divers points d'un ou de plusieurs départements. Il y a à tenir compte ici, non-seulement de l'action des forêts, mais encore d'une foule de circonstances locales, telles qu'accidents de terrains, vallées, cours d'eau, etc., etc. Jusqu'ici le problème a été simplement posé, il attend encore une solution. Ne pourrait-on pas faire appel aux Comices agricoles pour stimuler dans leur sein le zèle de deux ou trois personnes qui, pendant quelques années, voudraient bien se livrer à des recherches de ce genre.

Les udomètres sont faciles à construire à peu de frais ; ils peuvent être installés partout, pourvu que le lieu soit suffisamment découvert et que l'appareil soit hors d'atteinte des personnes qui, par ignorance ou par malveillance, pourraient influencer les résultats.

On sent combien des données positives sur cette matière seraient utiles dans les questions relatives à l'acclimatation des graines et des végétaux, à la création des prairies artificielles, etc.

B. — La marche et la distribution des orages se trouvent intimement liées aux recherches qui précèdent. L'agriculture y trouvera un degré de plus d'intérêt, puisque ce n'est que par une bonne statistique des orages que l'on pourra fixer les bases d'un système équitable d'assurances. Or, pour y arriver, voici quelles ont été les propositions de l'observatoire de Paris, auxquelles nous nous sommes pleinement ralliés :

« Une station centrale, au moins, par canton est nécessaire. La personne qui voudra bien se charger d'un canton devra intéresser au travail plusieurs collaborateurs, afin de suppléer aux absences et d'obtenir des renseignements dans les diverses communes. L'acceptation de cette mission temporaire n'entraîne aucun assujettissement et n'exige aucun instrument spécial, les orages s'annonçant suffisamment d'eux-mêmes et les constatations nécessaires se faisant là où l'on se trouve.

» On aura soin de noter pour chaque orage :

» 1° Le lieu où l'on se trouve, l'heure où l'orage éclate, celle où il finit ;

» 2° Le point de l'horizon d'où l'orage est venu, la direction dans laquelle il marche et disparaît ;

» 3° La vitesse des nuages, les directions dans lesquelles ils voyagent, la force et la direction du vent à la surface du sol ;

» 4° L'intensité des éclairs et du tonnerre ;

» 5° Les chutes de pluie et de grêle, les trombes quand elles se forment, l'heure où apparaissent ces divers phénomènes et leur durée ;

» 6° L'état des récoltes avant et après l'orage, la gravité des dégâts de toute nature.

» Pour faciliter la rédaction de ces observations, des bulletins imprimés sont distribués aux différentes personnes qui veulent bien se charger de les faire après chaque orage. Ces bulletins sont adressés au préfet sous le couvert du maire de la commune, ce qui dispense de lettres d'envoi et de frais de poste. »

C. — Dans le département de la Meurthe, des personnes influentes, membres du Conseil général, Maires, Juges de paix, etc., ont bien voulu prendre dans chaque canton la direction du service; nous avons fait également un appel tout particulier aux instituteurs, aux membres des divers Comices agricoles, et nous sommes heureux de pouvoir dire publiquement que cet appel a été entendu. Aussi, depuis quatre ans, le travail est assez complet pour qu'à l'aide des documents fournis par nos zélés correspondants, nous ayons pu arriver à quelques données intéressantes que je m'empresse de faire connaître à l'assemblée :

1° Les orages suivent de préférence le cours des rivières; à Nancy, ville située entre deux vallées importantes, celle de la Meurthe et celle de la Moselle, les orages sont moins fréquents et moins intenses que dans les régions placées au sud et au nord;

2° Les orages entrent généralement dans le département par le sud-ouest, éprouvent dans le voisinage des Vosges une inflexion qui les fait remonter vers le nord, direction dans laquelle ils disparaissent le plus ordinairement, pour reprendre ensuite leur marche vers l'est ;

3° Les orages à grêle sont plus nombreux et plus violents dans les cantons sud, ceux de Vézelise, d'Haroué et lieux environnants, que sur les autres points du département;

4° Lorsqu'une nuée orageuse est venue rejoindre la chaîne des Vosges à l'est du département, elle y puise souvent une nouvelle activité électrique, et en s'infléchissant vers les cantons du nord, elle y cause des dégâts souvent considérables. C'est ce qui s'est présenté plusieurs fois dans les cantons d'Albestroff et de Château-Salins.

D. — L'observation des phénomènes naturels peut comporter une étude plus générale encore que l'agriculture ne doit point dédaigner. Les plantes sont en quelque sorte, pendant les diverses phases de leur existence, le produit de toutes les modifications antérieures du sol et de l'atmosphère. Or, ce serait une étude bien intéressante que celle qui embrasserait à la fois tous les phénomènes périodiques de l'évolution des végétaux, soit diurnes, soit annuels; elle formerait à elle seule une science aussi étendue qu'instructive. Quelles données scientifiques possède-t-on à l'heure qu'il est, par exemple, sur la floraison, la fructification du blé, de la vigne, des arbres fruitiers, etc., dans leur rapport avec les variations de l'atmosphère?

C'est surtout, comme le remarque avec raison M. Quételet, le savant directeur de l'observatoire de Bruxelles (et c'est pour cela que, de mon côté, j'appelle l'attention du Congrès sur ce point), c'est surtout, dis-je, par la simultanéité d'observations faites sur un grand nombre de points que ces recherches peuvent prendre un haut degré d'importance. Une seule plante étudiée avec soin nous présenterait déjà les renseignements les plus satisfaisants. On pourrait tracer à la surface du globe les lignes *synchroniques* pour sa feuillaison, sa floraison, sa fructification, etc. On peut concevoir à la surface de la terre une ligne sur laquelle la floraison est avancée ou retardée de dix, de vingt, ou de trente jours. Ces lignes seront-elles équidistantes? auront-elles des analogies avec les lignes isothermes? quelles seront les dépendances qui existeront entre elles? D'autre part les lignes *isanthériques*, ou de floraison simultanée, auront-elles un parallélisme avec les lignes relatives à la feuillaison ou à d'autres phases bien prononcées dans le développement de l'individu? On peut se demander encore si les lieux pour lesquels la feuillaison a lieu le même jour, auront aussi la floraison et la fructification le même jour. On voit déjà, en s'en tenant aux données les plus simples, combien de rapprochements curieux peuvent être déduits d'un système d'observations simultanées, établi sur une grande échelle (1).

Les phénomènes relatifs au règne animal, ceux particulièrement qui concernent les migrations des oiseaux voyageurs, n'offriraient pas des résultats moins remarquables.

Un grand nombre de réponses aux questions que se posent les Sociétés d'acclimatation dépendent de la solution du problème dont nous venons de tracer les principaux points.

2° Des observations météorologiques dues au concours des individus.

Indépendamment des recherches précédentes, qui exigent le concours de ce qu'on peut appeler l'*association libre*, il en est d'autres qui, dans chaque localité, ne réclament qu'une action *individuelle*. Celles-ci sont de deux sortes : les unes nécessitent l'emploi d'instruments précis, qui ne peuvent être maniés que par des opérateurs

---

(1) Voir, pour l'ensemble des observations des phénomènes périodiques, les instructions données par M. Quételet dans le *Bulletin de l'Académie de Belgique*.

exercés et de profession ; telles sont les recherches qui concernent l'action de la lumière, la présence de l'électricité de l'air, la distribution du magnétisme à la surface du globe, les variations de l'aiguille aimantée, l'étude des aurores boréales. Ces dernières recherches tirent une grande partie de leur importance des applications dont elles peuvent être l'objet en télégraphie électrique. Mais eu égard précisément aux conditions spéciales qu'elles exigent pour être poursuivies avec fruit, elles ne sont susceptibles d'être abordées que dans des observatoires largement pourvus et par suite sortent du cadre de la discussion actuelle.

Les autres, qui ont pour objet la détermination du *climat*, réclament bien aussi l'usage de certains appareils, mais ce sont des appareils simples, d'un maniement facile et à la portée de tout le monde.

A. — Le *thermomètre* doit être mis en première ligne parmi les instruments à consulter; il conviendrait de déterminer simultanément les températures de l'air et de la terre. La température de l'air est donnée à l'aide d'un thermomètre à mercure examiné trois fois par jour (six heures du matin, midi, six heures du soir), ainsi que par l'observation d'un thermomètre à *minima* indiquant la température *minima* de la nuit. Ces thermomètres doivent être fixés à deux mètres au-dessus d'un sol gazonné, loin du rayonnement des murs et abrités par un double toit en zinc incliné légèrement du côté du midi, de manière à préserver en tout temps et à toute heure les thermomètres de l'action directe du soleil. Le zéro de ces appareils doit être vérifié de temps à autre dans la glace fondante. Quant à la température maximum de la journée, surtout pendant les grandes chaleurs de l'été, sa détermination exige certaines précautions dont les gens du monde ne se doutent pas la plupart du temps. Tous les thermomètres exposés à la porte de nos opticiens ou à la fenêtre de nos habitations, échauffés par l'action directe des rayons solaires ou par le contact des surfaces près desquelles ils sont appliqués, donnent toujours des indications fautives et souvent beaucoup trop élevées.

Pour obtenir la véritable température *maxima* d'une journée, il faut se transporter, armé de son thermomètre, entre deux ou trois heures de l'après-midi au milieu d'une cour, d'un jardin, d'une place publique, et là, *en plein soleil*, agitant pendant quelques minutes l'instrument, examiner à diverses reprises la liqueur qu'il renferme.

Les thermomètres à mercure sont les meilleurs. Lorsque ce liquide est bien stationnaire, on note la division de l'échelle qui correspond au sommet de la colonne, et l'on a ainsi la température réelle de l'air. On construit pour ces sortes d'observations d'excellents petits thermomètres, nommés *thermomètres fronde*, à cause de la manière même dont on en dirige l'emploi.

La température de la terre, dans les couches surtout où plongent les racines des arbres, mériterait une attention spéciale. Il serait très-intéressant de suivre chaque jour la marche de trois ou quatre thermomètres dont les boules seraient équidistantes en ligne verticale ; la boule du premier serait immédiatement au-dessous de la surface du sol et celle du dernier à une profondeur de six à huit décimètres.

B. — Le *baromètre* doit aussi être observé au moins une fois par jour et à une heure fixe, en ayant soin de suivre et de noter ses excursions *maxima* et *minima*. Chaque observation du baromètre doit être accompagnée de l'indication du thermomètre de l'instrument afin de pouvoir, au besoin, opérer la réduction de la hauteur à 0°.

Pour que les observations barométriques soient comparables d'un lieu à un autre, il faut tenir compte de l'*altitude* de ces divers lieux ; de plus, il est indispensable que les baromètres aient été comparés à un *étalon* fixe ; on choisit ordinairement le baromètre de l'Observatoire de Paris. Il résulte de cette comparaison la connaissance d'une *variable* (*constante* pour chaque instrument maintenu en place), qui permet de corriger chaque observation.

Le transport d'un baromètre après sa comparaison exige un soin tout particulier, pour éviter la rentrée de l'air dans la *chambre barométrique ;* chaque observateur fera bien d'opérer ce transport lui-même, ou de ne le confier qu'à une personne se rendant compte du maniement de l'instrument.

En province, les particuliers peuvent faire cette comparaison auprès d'un baromètre qui aurait été étalonné lui-même à Paris ; en général, chaque Faculté des sciences possède un ou plusieurs baromètres pouvant servir de terme de comparaison.

Toutefois, lors même qu'une longue série d'observations barométriques aurait été faite à l'aide d'un appareil défectueux, mais auquel on n'aurait rien changé, il n'en résulterait pas pour cela que ces observations dussent être rejetées. D'abord elles restent évidemment compa-

rables entre elles, pourvu cependant que l'écart qu'elles présentent avec
les résultats obtenus à l'aide d'un bon baromètre, ne soit pas considérable ; en second lieu, en tenant compte de cet écart, dans le résultat
quotidien ou annuel, il est évident qu'il sera facile de restituer à la
hauteur observée sa véritable valeur. C'est ce qui nous est arrivé à
Nancy pour le baromètre dont M. le Dr Simonin père s'est servi pendant plus de vingt années, dans ses longues et patientes recherches.
Cet appareil indiquait une hauteur inférieure de 9^{mm}·, en moyenne, à celle
du baromètre de notre laboratoire de physique à la Faculté des sciences,
instrument que nous avons transporté et installé nous-même après
l'avoir fait étalonner avec beaucoup de soin à l'Observatoire impérial
de Paris, par M. Renou, secrétaire général de la *Société météorologique de France*.

Nous indiquons ces divers détails afin de ne pas décourager les
observateurs dont les baromètres n'auraient pas reçu la sanction dont
je viens de parler. Leurs observations faites régulièrement n'en peuvent pas moins fournir des indications extrêmement intéressantes, en
usant des éléments de correction que j'ai indiqués.

C. — L'*hygromètre* donne encore des renseignements utiles ; mais
depuis quelques années, on remplace cet appareil par le *psychro-
mètre*, moins sujet à se déranger.

D. — Une *girouette* bien établie sur un lieu un peu élevé, non
abrité, permettra d'enregistrer la direction du vent.

E. — La *force* du vent, l'*état* du ciel devront également être notés
avec soin.

F. — Les *quantités d'eau* tombées par suite de pluie, de grêle ou
de neige seront recueillies à l'aide d'un udomètre, soit immédiatement
après la chute, soit à termes fixes et de 24 heures en 24 heures.

G. — Enfin la nature et le nombre des *tempêtes*, des *orages*, des
jours de *brouillard*, de *rosée*, de *gelée sèche* et de *gelée blanche*,
de *verglas*, etc., devront, pour un observateur attentif et consciencieux, faire partie de la statistique de l'année.

3° Des observatoires météorologiques régionaux; de leur importance dans la prévision du temps à courte échéance.

Ce n'est qu'après plusieurs années d'observations et une discussion
sagement raisonnée des résultats, que l'on pourra se faire une idée
véritablement scientifique de la constitution météorologique, du *climat*

d'une localité ou d'une contrée. C'est une œuvre de patience et de temps qui offre ses difficultés et ses labeurs ; malgré cela nous nous sommes mis à la tâche, et depuis 1862, alors qu'en France les recherches de ce genre étaient rares et isolées, que les Facultés restaient encore en dehors de ce mouvement, nous poursuivions notre œuvre sans hésiter, continuant en cela celle que M. le Dr Simonin père a accomplie lui-même pendant vingt ans à Nancy et que M. Marchal poursuit encore à Lorquin, avec un zèle que nous sommes heureux de constater publiquement (1). De plus, en 1856, avec le concours de M. Faye, recteur de l'Académie universitaire lorraine, nous avons organisé les observatoires des écoles normales du ressort académique. Depuis deux ou trois ans seulement, c'est-à-dire dix ans après que nous en avons eu l'initiative, le réseau s'est étendu à toute la France, mais il est bon de noter — et nous y insistons, au risque de tomber dans les redites, — que c'est de Nancy que le mouvement est parti, que c'est en Lorraine que l'essor a été imprimé à ce mode important et fécond de recherches météorologiques. Serait-il donc dès lors inopportun de demander qu'à Nancy, ville si merveilleusement située pour des observations de ce genre, à la naissance de la grande chaine des Vosges, au confluent de deux cours d'eau considérables, au point de jonction de deux vallées distinctes et remarquablement fertiles, en possession de bâtiments dans lesquels l'installation pourrait être immédiate, ville enfin richement dotée d'instruments et d'hommes dont le concours est assuré d'avance, qu'à Nancy, dis-je, soit organisé un observatoire météorologique, institution bien plus conforme à l'état habituel de son ciel et de son atmosphère, que celle d'un observatoire astronomique, création cependant bien demandée, bien promise jusqu'à ce jour, mais dont la viabilité et les succès semblent à priori si problématiques (2) !

---

(1) M. Marchal vient de recevoir de l'Association scientifique une médaille pour ses travaux de météorologie. Lorquin est un chef-lieu de canton, situé à l'est du département de la Meurthe, sur les hauts plateaux habités des Vosges.

(2) Les dépenses qu'exigerait une semblable organisation, rendue annexe des diverses Facultés des sciences de l'Empire, seraient relativement peu considérables, eu égard aux résultats importants qu'elles devraient infailliblement produire :

Un Directeur centralisant le service et chargé de la
    publication et de la discussion des observations. .   1,800 fr.

A reporter. . . . . 1,800 fr.

Sans doute, dira-t-on, ce nouvel observatoire sera un établissement de l'ordre purement scientifique, très-bon pour déterminer un jour la solution des vastes problèmes qu'embrasse la météorologie, mais ne pourrait-il pas conduire d'une manière plus immédiate et plus prochaine encore à des résultats dont l'agriculture, les travaux publics, la navigation, l'hygiène pourraient tirer parti? Oui, mais c'est à la condition d'obtenir un autre genre de concours dont il me reste en terminant à entretenir l'assemblée. Je veux parler de celui de l'administration, en tant qu'elle consentirait à l'*abolition*, ou tout au moins à la *réduction* des tarifs des dépêches postales et télégraphiques, dans le but de faciliter la prévision du temps à courte échéance.

On sent combien il y aurait avantage pour l'agriculture, au moment des grands travaux de la campagne, des semailles, des récoltes, de connaître le temps probable du lendemain. Cela n'est pas impossible puisque M. Poincarré, ingénieur du service hydraulique à Bar-le-Duc, réussit ordinairement dans ses prédictions. Mais si les observations locales entrent comme élément indispensable dans la détermination du temps probable d'une région, il est non moins nécessaire de mettre également en ligne de compte le résultat d'observations plus ou moins éloignées. Or le télégraphe est un auxiliaire précieux et indispensable pour résoudre la question ainsi posée.

Les postes télégraphiques existent à peu près partout aujourd'hui; si donc, dans chaque département, ou dans des régions plus étendues, il y avait une station météorologique principale communiquant avec ses voisines, éparses dans la région, ainsi qu'avec certains observatoires, celui de Paris par exemple, on aurait un réseau complet dont les données de chaque jour suffiraient à coup sûr pour les prédictions demandées. Pour faciliter ce travail, multiplier les résultats et en faire profiter les campagnes, je demande au Congrès d'émettre le vœu

Report.	1,800 fr.
Un agent chargé de la partie matérielle du service des observations.	800
Un auxiliaire surnuméraire.	200
Réparation d'instruments, imprimés, frais divers. .	200
Total.	3,000 fr.

Ce devis résulte de l'appréciation de M. Renou, inspecteur général du service météorologique en France, qui, dernièrement, après une tournée faite dans l'Est, insistait près de S. Exc. M. le Ministre de l'Instruction publique, pour que Nancy devînt le siège d'un *Observatoire météorologique régional*.

*qu'en vue de la prédiction du temps à courte échéance, on obtienne
la transmission en franchise des indications météorologiques de
l'Observatoire à tout centre régulièrement constitué et de ce centre
à divers points déterminés d'avance.*

Le vœu est mis aux voix et adopté.

M. Kœnig, secrétaire de la Société agricole du Haut-Rhin,
formule un vœu relatif à l'aménagement, sur les plateaux
des Vosges, des eaux des étangs, des lacs et marais qui, selon
lui, sont indispensables à la culture dans la vallée.

MM. Dubocq, ingénieur en chef des mines, Ronna et
Grandeau, font observer, dans l'intérêt de l'agriculture, que
cette question spéciale n'est pas assez étudiée pour devenir
l'objet d'un vœu formel, et le Congrès se borne à demander,
sur là proposition de M. Tachard, que *la question générale de
l'utilisation, au profit de l'agriculture et des irrigations, des
eaux des montagnes, soit mise à l'étude.*

Ce vœu est mis aux voix et adopté.

La parole est à M. Pâté, de la Netz :

MESSIEURS,

A la dernière séance de la session des Agriculteurs de France, j'ai
fait une proposition qui n'a pu être étudiée à fond, mais qui a été
favorablement accueillie.

Cette proposition consiste à offrir en 1870, ou plus tard, si les
conditions ne sont pas remplies (et ce sera plus tard), un prix de
40,000 fr. à la personne ou à l'association qui aura résolu le problème
du fauchage et du moissonnage mécanique.

Ne seraient admis à concourir que ceux qui auront donné des
preuves de la réalisation d'une pratique supérieure à tous les modes
en usage de faucher et de moissonner.

Cette supériorité devra être absolue, ce qui veut dire : *travail plus
perfectionné, plus économique dans le prix de revient à l'hectare
et offrant un salaire plus élevé à ceux qui se livrent à ce genre
d'entreprise.*

Seraient admis à concourir tous les étrangers, mais après avoir fait
des preuves sur des centaines d'hectares en France.

Remarquez bien, Messieurs, qu'il ne s'agit pas d'un concours où viendraient se présenter quelques mécaniciens habitués à ce genre de lutte, où, pendant une heure ou deux, dans une localité particulière, avec une machine plus ou moins perfectionnée, devant un jury plus ou moins bien disposé, plus ou moins compétents au point de vue de la pratique, feraient preuve d'une supériorité relative.

Il ne s'agit pas non plus du perfectionnement de telle ou telle machine, mais de la résolution du problème tout entier, avec les diverses machines connues ou inconnues, et appliquées selon les circonstances favorables à chacune d'elles.

Ce prix a pour but surtout, d'encourager la formation d'un personnel habile. M. Texerau de Lessein dans son rapport sur les concours dit que c'est une carrière nouvelle à ouvrir aux jeunes gens intelligents, et qu'en pareil cas, l'association fera ce qu'individuellement il n'est pas possible de faire. Je le crois.

Mon but ici n'est pas d'indiquer les détails du programme, mais vous comprendrez qu'il doit différer beaucoup de ce qui s'est fait jusqu'alors. Il faudrait qu'une commission dont les membres seraient répandus sur toutes les parties de la France pût suivre chaque année les travaux exécutés, et il faudra bien compter trois moissons avant de songer à décerner la haute récompense que je vous propose d'appuyer près de la Société des Agriculteurs de France.

Les récompenses de notre Société doivent avoir une expression de vérité pratique et une valeur morale supérieure à tout ce qui s'est fait dans ce genre jusqu'alors. Autrement à quoi servirait l'expression? Et quelle serait notre raison d'être ?

La signature de la Société des agriculteurs de France n'a pas encore été compromise, évitons les erreurs. Il faut que cette signature soit toujours respectable, qu'elle offre des garanties absolues. Et que dans le monde entier on ait confiance dans les récompenses données par nous pour n'importe quel objet.

Pour atteindre ce résultat, nous devons être sobres dans l'offre de nos récompenses, car si nous multiplions nos prix et nos médailles inconsidérément, ces médailles n'apparaîtront plus que comme une entreprise de quincaillerie sans valeur où le mérite sera confondu au milieu de la médiocrité. Nous commettrions alors toutes les erreurs des premiers concours sans avoir le même genre d'utilité.

Je supplie ici tous nos collègues de cette grande Société de ne pas donner une seule récompense cette année, ces récompenses ne seraient pas suffisamment mûries. Non-seulement nous devons avoir soin de nos finances, mais surtout de notre dignité. Tout ce qui sortira de notre Société doit être grand et positif comme elle.

Voyez donc, Messieurs, quelle immense valeur auraient nos récompenses si de toutes les parties du globe on sait qu'un instrument primé par nous a une valeur absolue, qu'un mécanicien constructeur d'instruments a une habileté complète, que tel engrais a telle propriété, etc., etc.

Je répète mes supplications, Messieurs, au nom des praticiens cultivateurs. Donnons peu de récompenses, *mais donnons les telles qu'elles aient un cachet d'utilité agricole générale* et quelles ne deviennent pas la proie des petites ambitions et de l'amour-propre personnel lesquels engendrent la jalousie, la discorde et enfin la sisanie.

Il nous reste à examiner si la proposition que j'ai l'honneur de faire vous représentera cette haute utilité générale.

L'enquête agricole a été unanime pour constater une rareté d'ouvriers agricoles toujours croissante. Cette rareté est dans l'ordre des choses, elle est l'expression du progrès, l'expression de la marche ascendante du bien-être vers lequel tout ouvrier intelligent a une légitime tendance.

Parce que nous vivions du côté de la main-d'œuvre dans une quiétude parfaite, beaucoup ont cru que des réclamations nous rendraient cette main-d'œuvre abondante, docile et à bas prix. Erreur, Messieurs, erreur, le progrès marche pour tous. Il faut chercher d'autres moyens. Et il ne s'agit pas de faire concurrence aux ouvriers. Les machines au contraire les affranchiront et produiront sans secousses et d'une façon toute pratique la véritable égalité.

S'il est démontré que les ouvriers sont rares, qu'ils le deviendront encore plus, il est bien certain aussi que les travaux, ayant la rentrée des récoltes pour objet, sont les plus importants et sont de ceux qui ne souffrent aucun retard sous peine de grandes pertes, pertes supportées d'abord par les cultivateurs, mais aussi par les consommateurs ; car si les récoltes appartiennent aux exploitants, ces récoltes sont aussi la subsistance, la vie de la nation entière. Tous avons un intérêt à leurs bonnes et promptes rentrées.

Soyons donc vigilant de ce côté, c'est à la fois notre intérêt et notre devoir.

Avouons, Messieurs les cultivateurs, que les mécaniciens construc-teurs ont fait des prodiges d'inventions de machines à notre usage (votons-leur des remerciements), et avouons que nous, agriculteurs, ne sommes point en état d'en faire partout un usage économique.

Je constate un fait, car la culture ne mérite point de reproche. Nous avons été pris à l'improviste. C'est à tel point que nos écoles d'agriculture n'ont presque rien fait de ce côté, n'ont rien pu faire et ne peuvent encore rien aujourd'hui, selon leur organisation.

C'est la création d'une fonction nouvelle en agriculture qui est de-venue nécessaire, fonction spéciale qui demande une aptitude et un apprentissage spécial. Cette fonction sera celle des ingénieurs mécani-ciens agricoles ayant leurs chauffeurs, conducteurs, aides, etc., etc.

La nécessité de cette création et l'emploi des machines est tellement reconnu utile et l'association comme moyen, qu'une société par action est en voie de formation entre deux jeunes mécaniciens de Ver-gaville, et tous les cultivateurs les plus distingués des environs de Dieuze, Morhange et le Bitchwald, lesquels ont souscrit chacun une ou plusieurs actions de 25 fr.

Ce projet d'association a été soumis au patronage de notre nouvelle, Société libre (1) des agriculteurs de la Moselle et de la Meurthe, à Morhange.

La question est à l'ordre du jour de la prochaine séance.

Vous voyez, Messieurs, que les praticiens intelligents des localités les plus reculées sont d'accord sur un objet aussi considérable, sans en avoir été touché autrement que par le besoin que chacun en a ressenti.

Vous n'hésiterez pas à faire bon accueil à ma proposition. Je ferais d'ailleurs appel à vos lumières.

M. le Président, au nom de la Société des agriculteurs de France, rappelle qu'en effet un prix doit être fondé; mais la dépense est forte, et la Société doit d'abord grossir ses re-cettes par de nombreuses adhésions. A la différence des États

---

(1) Fille aînée de la grande Société des agriculteurs de France.

ordinaires, plus elle comptera de soldats, plus elle sera prospère (*Applaudissements.*) Le vœu de M. Pâté sera réalisé dès que les finances de la Société le permettront.

L'ordre du jour appelle la discussion de l'enseignement agricole.

La parole est à M. L. Grandeau, Secrétaire général, pour développer sa proposition relative à la création, dans l'Est de la France, d'une Ecole régionale d'agriculture.

M. Grandeau s'exprime en ces termes :

MESSIEURS,

S'il est une vérité qui ressorte clairement des débats si intéressants auxquels nous assistons depuis trois jours, c'est, à coup sûr, la nécessité évidente, aux yeux de tous, de développer largement, à ses divers degrés, l'enseignement agricole dans notre pays. Là est, n'en doutons pas, l'avenir de l'agriculture française.

En tenant compte des institutions existantes, sans oublier que depuis deux ans bientôt une commission composée d'hommes éminents étudie, sous la présidence du ministre de l'agriculture, la réorganisation du haut enseignement agricole en France, sans méconnaître les généreuses tentatives du ministre libéral que l'université s'honore de voir à sa tête, l'on peut dire que la question demeure entière et que la France agricole attend encore la création d'un établissement supérieur où s'enseigneront les sciences auxquelles l'agriculture doit désormais demander ses plus grands progrès.

Convaincu, par l'exemple de ce qui se passe chez nos voisins, de la possibilité de transformer, par une instruction théorique, précédée ou suivie d'un enseignement pratique, la face de l'agriculture française, j'appelle de tous mes vœux la prompte exécution des réformes reconnues indispensables par tous les hommes compétents.

Il faut créer au plus tôt un véritable institut agronomique

dans lequel viendront se former, sous la direction des représentants les plus autorisés de la science, des hommes distingués qui iront répandre ensuite sur le territoire de l'empire les saines notions sans lesquelles la culture de notre fertile pays continuera à se traîner dans les ornières de la routine. Cet institut doit être fondé à Paris : là, seulement, pourra se recruter convenablement le personnel enseignant qui, je le répète, doit être la plus haute expression de la science agronomique contemporaine. Je suis sur ce point, comme sur presque tous les autres, absolument de l'avis de M. E. Tisserand dont la présence au milieu de nous eût été si utile à la cause que j'ai prise en main (1).

Je sais, Messieurs, combien vos instants sont précieux, aussi serai-je très-bref : je n'insisterai pas davantage sur la nécessité impérieuse de donner enfin à l'agriculture la place qu'elle réclame, à bon droit, depuis longtemps dans notre haut enseignement et j'aborderai directement le sujet pour lequel je suis inscrit à l'ordre du jour. Tout le monde d'ailleurs est, je le crois, d'accord sur ce point; la création d'un institut agronomique ne saurait se faire attendre longtemps. Honneur aux hommes qui la réaliseront.

La proposition que je viens vous soumettre, sans avoir l'importance qui s'attache à la réorganisation de l'enseignement supérieur de l'agriculture, mérite, je crois, toute votre attention et présente un intérêt général pour notre région.

Je viens, Messieurs, après avoir envisagé la question sous

---

(1) Je ne saurais trop recommander à l'attention des membres du Congrès le remarquable travail qui a pour titre : Rapport à S. Exc. le ministre de l'agriculture, du commerce et des travaux publics, sur l'organisation d'un enseignement supérieur de l'agriculture, présenté au nom de la commission de l'enquête agricole, par M. E. Tisserand, directeur des domaines de la Couronne. Imprimerie impériale. Décembre 1868.

ses diverses faces, vous proposer d'émettre le vœu que l'Est
soit doté d'une école régionale d'agriculture et engager chacun de vous à étudier les meilleures conditions de cette utile
création.

Trois hommes, dont le nom restera cher aux agriculteurs
français, MM. Bella, Nivière et Rieffel, s'inspirant de l'exemple
donné à Roville par notre illustre compatriote, Mathieu de
Dombasle, ont doté leur pays d'écoles qui offrent à l'Ouest et
au Centre de la France des ressources dont notre région est
complétement déshéritée aujourd'hui.

Je crois pouvoir me dispenser d'insister ici sur l'utilité
qu'aurait pour notre contrée une école de ce genre ; les agriculteurs, les propriétaires et l'administration supérieure de
l'agriculture sont unanimes pour la reconnaître : je vous demanderai donc seulement la permission d'entrer dans quelques
développements sur les moyens de réaliser une création dont
le but et l'opportunité sont manifestes pour tous. Je lais-
serai également de côté, dans cet exposé, la discussion de la
répartition des matières qui feront l'objet de l'enseignement
et les programmes d'études, pour me borner à examiner les
bases sur lesquelles pourrait être fondée cette utile école.

Nées de l'initiative privée, puis subventionnées par le
gouvernement, les écoles de Grignon, la Saulsaie et Grandjouan sont devenues la propriété exclusive de l'Etat. Dans
chacune de ces Ecoles, l'Etat est à la fois cultivateur et professeur, si je puis m'exprimer ainsi. Pour des motifs que beaucoup
d'entre vous connaissent et dont l'exposé m'entraînerait trop
loin, je considère cette organisation comme défectueuse, et
je ne proposerai pas au Congrès de demander l'érection dans
l'Est d'une école organisée sur le modèle de celles que je viens
de citer : je crois savoir d'ailleurs que l'administration est, à
ce sujet, dans les mêmes idées et ne consentirait pas à créer
une quatrième école régionale sur le plan de Grignon, de la
Saulsaie et de Grandjouan.

La création d'une école appartenant à l'Etat, une fois

écartée, la première pensée qui se présente à l'esprit est la fondation, par association privée et à l'aide de souscriptions personnelles, d'un établissement d'enseignement vivant de ses propres ressources et s'administrant au gré de ses fondateurs. Cette combinaison séduisante, comme toutes celles qui reposent sur le libre terrain de l'initiative individuelle aurait toutes mes sympathies et s'il se trouvait, ce qui n'est pas impossible, dans les sept départements composant la région de l'Est assez d'hommes comprenant les véritables intérêts agricoles de la contrée pour s'associer et réaliser ce projet, les choses iraient au mieux.

L'exemple du collége Sainte-Barbe est là pour montrer ce que peut en matière d'enseignement, l'association désintéressée d'hommes intelligents et libéraux. Je serais quant à moi disposé à apporter à la réalisation d'un projet conçu sur ces bases mon concours le plus dévoué et ma faible part d'influence. Mais, tout en désirant vivement l'accomplissement de ce programme, je ne puis me faire illusion sur les difficultés réelles qu'il présente.

Une troisième combinaison basée sur l'union des efforts de l'association privée et de l'action de l'État me semble offrir une solution complète, facilement réalisable et qui aurait beaucoup de chances de rencontrer l'assentiment de l'administration supérieure de l'agriculture.

Le principe fondamental sur lequel doit reposer l'organisation de la future École régionale est celui-ci : séparation absolue de l'enseignement et de la culture; le premier restant intégralement à la charge de l'État et sous la direction du chef de l'École, la seconde se faisant entièrement par les soins, aux risques, périls et profit du propriétaire ou fermier dont l'exploitation serait annexée à l'école. Cela étant, examinons rapidement, si vous le voulez bien, les situations respectives du propriétaire de la ferme, de l'État et des membres de l'association formée en vue de cette création.

Le propriétaire ou le fermier met à la disposition de l'école

pour servir à l'instruction des élèves : 1° les terres composant
son exploitation, qu'il s'engage à tenir en parfait état de culture tout en se réservant le choix des assolements ; 2° ses
étables et écuries ; 3° l'industrie agricole annexe de la ferme,
s'il en existe une ; 4° enfin un champ destiné aux expériences
et dont la contenance sera déterminée à l'avance (20 ou 25 hectares suffiraient). Il s'oblige en outre à donner accès aux
élèves, conformément au règlement de l'Ecole, dans toutes
les parties de son exploitation et à les laisser suivre toutes
les opérations qui se pratiquent sur sa ferme. Il recevra à
titre d'indemnité une rémunération dont le chiffre sera dé-
battu entre lui, les organisateurs de l'Ecole et l'Etat.

L'Etat prendrait à sa charge la totalité des frais d'enseignement et percevrait les rétributions scolaires ; il entretien-
drait les laboratoires, pourvoirait aux frais des champs d'expériences et des essais de tout genre dont l'utilité serait
reconnue par le Directeur. Le traitement des professeurs devrait être suffisant pour que leur recrutement fût convenable.

Si la ferme sur laquelle s'établira l'école possède des bâtiments suffisants et pouvant facilement être appropriés aux
besoins de l'enseignement et au logement des élèves, on
pourra demander à l'Etat de payer les frais d'appropriation. —
Dans le cas où, au contraire, l'insuffisance des bâtiments nécessiterait des constructions nouvelles, l'association devrait en
fournir le capital, et il y a lieu de croire que l'Etat consentirait à en payer l'intérêt.

L'internat ne serait pas exigé ; loin de là, il devrait être
l'exception. La durée de l'enseignement fixée à deux ans pourrait être portée à trois pour ceux des élèves qui désireraient
se perfectionner dans l'une des branches de l'agronomie ou
qui voudraient suivre d'une manière complète les travaux
pratiques de la ferme-annexe de l'école.

En résumé : ferme-modèle indépendante de l'école mise à
la disposition des élèves ; enseignement aux frais de l'Etat de
toutes les branches de l'agriculture par des professeurs dis-

tingués et convenablement rémunérés ; association privée faisant les frais de tout ou partie des constructions réclamées par les besoins de l'enseignement ; entretien par l'Etat des laboratoires, champs d'expériences, etc., telles sont les bases qui me semblent devoir assurer une marche féconde en résultats aux efforts communs de l'initiative privée et de l'Etat.

Je ne puis avoir, Messieurs, la prétention d'entrer dans des détails sur les moyens propres à amener la réalisation de ce programme, mon but est surtout de vous prier d'étudier la question ; je veux cependant vous indiquer une combinaison facile, il me semble, à réaliser.

Supposons un instant que le propriétaire d'une ferme de 120 ou 150 hectares dans de bonnes conditions de sol et de culture vienne nous dire : Je vous offre de former une association ayant pour but la création, sur les bases indiquées plus haut, d'une école régionale d'agriculture. Ma ferme vaut 300,000 francs ; formez, par actions de 1,000 ou 2,000 francs chacune, un capital égal et constituons une société au capital social de 600,000 francs. La durée de notre association sera de cinquante ans pendant lesquels vous me verserez un intérêt de 5 p. 100 par exemple du capital que j'engage dans l'affaire. Vos actionnaires recevront également un intérêt de 5 p. 100 du capital souscrit par eux ; nous nous engageons réciproquement à affecter en améliorations, à l'enseignement et à l'exploitation, les bénéfices qui excèderaient la somme nécessaire au payement de cet intérêt de 5 p. 100 versé à chacun de nous. Le prix du fermage rentrera dans la caisse de l'école dont l'Etat prend à sa charge tous les frais d'enseignement (matériel et personnel). Les 300,000 francs souscrits par les actionnaires seront employés partie en construction, partie en fonds de roulement et de réserve. A l'expiration de notre acte de Société, nous ou nos ayants droit pourrons liquider l'affaire et partager les bénéfices au prorata de nos apports ou proroger l'acte de Société pour une nouvelle période de cinquante années.

Ne pensez-vous pas qu'une telle proposition devrait être acceptée, et que, bien qu'écartant de part et d'autre toute idée de spéculation, elle permettrait, sans imposer aux contractants de lourds sacrifices pécuniaires, de doter notre région d'une institution dont l'agriculture locale ne tarderait pas à reconnaître tous les avantages ? J'estime, pour ma part, que cette combinaison offrirait de grandes chances de succès si vous vouliez bien, après l'avoir examinée, lui accorder votre patronage.

Deux mots seulement sur le siége de l'école : il faut de toute nécessité que l'établissement qui nous occupe soit placé aussi près que possible d'une grande ville offrant, comme complément d'étude, aux élèves qui le fréquenteraient les ressources qu'on rencontre seulement dans un centre intellectuel. Nancy me semble, sous ce rapport, devoir convenir parfaitement : siége de Facultés des sciences, des lettres, de droit, de l'Ecole impériale forestière, d'une Ecole de médecine, d'une Station agronomique, peu de villes de l'Est offrent autant de ressources pour l'étude. La patrie de Mathieu de Dombasle a d'ailleurs quelques droits, je pense, à réclamer une institution dont l'idée première remonte à cet éminent agronome.

Je m'arrête, Messieurs, et je conclus en vous demandant de soumettre la question à un examen sérieux et de mettre en œuvre ensuite, si, comme je l'espère, vous partagez mon avis sur les points fondamentaux que j'ai eu l'honneur de vous exposer, tous les moyens en votre pouvoir pour arriver à la création d'une école dont l'influence salutaire se ferait promptement sentir sur l'agriculture de notre pays.

M. Lembezat m'avait fait espérer qu'il assisterait à la séance. J'aurais été heureux de le voir apporter à cette discussion le concours de sa haute autorité en matière d'enseignement agricole. J'apprends qu'il est retenu au concours par ses fonctions, mais je crois pouvoir vous dire qu'il partage, presque sur tous les points, les vues qui m'ont guidé dans l'exposé que vous avez écouté avec tant de bienveillance.

Je suis certain que l'administration de l'agriculture ferait étudier très-attentivement une proposition sérieuse ayant pour point de départ l'association privée unie à l'intervention de l'Etat dans le but de fonder à Nancy une Ecole d'agriculture pour la région de l'Est.

Je conclus en vous demandant, Messieurs, de vous associer par un vote à ma proposition et d'émettre le vœu suivant :

« *Le Congrès de Nancy émet le vœu que des études soient faites relativement à la création d'une Ecole régionale d'agriculture dans l'Est et que les agriculteurs de cette région soient mis en demeure de fournir leurs lumières sur la question et de faire parvenir à qui de droit leurs propositions.* »

Je suis convaincu, Messieurs, que le vœu que vous allez émettre sera d'un grand poids dans la question et j'espère que les conseils généraux des sept départements de l'Est voudront bien joindre leurs efforts aux nôtres pour amener la prompte réalisation de ce vœu.

M. Faveret, professeur d'agriculture au collége de Rouffach, combat la proposition de M. Grandeau.

Il pense qu'au lieu de créer de nouveaux siéges d'enseignement et de disséminer ainsi les fonds d'un budget déjà insuffisant, il faudrait au contraire en restreindre le nombre, afin de donner des traitements plus convenables aux professeurs.

M. Grandeau, Secrétaire général :

MESSIEURS,

Je ne puis laisser passer, sans y répondre, la critique que vient de faire M. Faveret, du projet que j'ai eu l'honneur de développer devant vous. Que M. Faveret me permette de le lui dire, nous ne sommes pas ici au conseil du ministère de l'agriculture, et nous n'avons pas à discuter le budget de cet important département.

En demandant la création dans l'Est d'une école régionale, je n'ai en aucune façon la crainte de suggérer au ministre de l'agriculture la pensée de réduire les traitements des

professeurs existants, pour en former les appointements des
professeurs nouveaux. Tel ne saurait être, à coup sûr, le
projet du ministère ; si je suis bien informé, et j'ai quelques
raisons de croire qu'il en est ainsi, l'administration supérieure
de l'agriculture verrait avec faveur la création de l'établissement que je réclame en ce moment. Comme je le disais tout
à l'heure, M. Lembezat m'avait fait espérer qu'il pourrait
assister à la séance. Retenu par ses fonctions sur le terrain
du Concours régional, il m'a adressé, il y a quelques instants,
une lettre dont les critiques de M. Faveret m'engagent à vous
donner connaissance, comme j'y suis d'ailleurs autorisé par
son auteur. Voici cette lettre :

26 juin 1869.

Mon cher ami,

J'avais formé le projet d'assister ce matin à la séance du Congrès,
où doit être discutée la question de l'enseignement agricole, et celle
de la création d'une Ecole régionale à Nancy.

Il m'est impossible de me rendre auprès de vous en ce moment,
mais je tiens à vous donner en quelques mots mon opinion pour que
vous puissiez en faire votre profit, dans l'intérêt de la cause que vous
devez défendre, et qui est en si bonnes mains.

L'Est est une région essentiellement agricole, bien que l'industrie
soit remarquablement développée dans plusieurs départements de la
région.

Les procédés de culture sont bons, et le manuel opératoire, proprement dit, laisse peu à désirer. Ce qui manque le plus à mon avis,
c'est la connaissance des vrais principes de l'agriculture, qui aurait
pour effet de modifier d'une manière heureuse, les idées des cultivateurs sur bien des points.

C'est dans ce sens que je considère la création d'une Ecole régionale, comme devant rendre d'immenses services à l'agriculture de
l'Est, en répandant dans la classe aisée des propriétaires et des
fermiers, une bonne et solide instruction agricole telle qu'on peut
l'organiser aujourd'hui avec les hommes spéciaux, qui ne manquent
pas, Dieu merci.

Il se présente à l'esprit trois combinaisons.

13

La première consisterait à organiser l'affaire par souscriptions, et à rester complétement indépendants de l'administration.

Ce serait peut-être la meilleure, mais je lui crois peu de chances de succès.

Nous avons bien en ce moment le sentiment de l'initiative individuelle, mais il n'est pas encore assez développé pour subvenir aux dépenses que demanderaient l'installation et l'organisation d'une école comme celle dont il s'agit.

Toutefois, il ne faudrait pas rejeter cette idée, sans s'assurer, si elle serait susceptible de réalisation.

La seconde serait de demander purement et simplement à l'administration de l'agriculture, de se rendre aux vœux du pays, et de prendre à sa charge comme elle l'a fait ailleurs, la culture et l'école.

Je vous avoue que je crois que ce projet rencontrerait peut-être en ce moment des difficultés qui pourraient l'ajourner, et peut-être le compromettre. Je ne puis pas vous développer ici tout ce qu'il y aurait à dire là-dessus, car ce serait trop long, mais je vais vous soumettre le troisième moyen à tenter.

Cette dernière combinaison, que je crois possible et facilement réalisable, consisterait à trouver un domaine rapproché le plus possible de la ville de Nancy, sur lequel l'Etat organiserait tout ce qui se rapporte à l'enseignement, au personnel des employés, ferait les frais de l'enseignement, donnerait une subvention convenable au gérant, qu'il fût propriétaire, fermier, ou directeur, mais n'entrerait pour rien dans les détails de la culture.

On placerait ainsi les élèves en présence d'une culture personnelle, qui aurait à leurs yeux la valeur d'une opération essentiellement industrielle, puisqu'elle serait conduite aux risques et frais du propriétaire, ou de l'administrateur de la ferme.

Proposez la question dans ce sens au Congrès, et voyez comment elle sera accueillie.

Il y a certainement des objections graves et nombreuses, à mon point de vue, à faire à ce projet, que pour mon compte je ne soutiendrais peut-être pas très-énergiquement, mais je crois qu'il a le plus de chances de passer, et que dans tous les cas, ce serait une épreuve à tenter, épreuve dont les résultats peuvent être meilleurs que je ne saurais l'affirmer en ce moment.

Je vous livre mon idée, mon cher ami, et vous autorise parfaitement à la communiquer, sous la forme qui vous paraîtra la plus convenable, aux membres du Congrès.

Bien à vous d'amitié.

R. LEMBEZAT.

Nota. — La station agronomique devrait évidemment être transportée à l'Ecole. Tout cela sera étudié à fond, si l'administration est saisie d'une proposition acceptable. R. L.

Vous le voyez, Messieurs, je suis en communauté complète d'idées avec notre collègue de la Société des agriculteurs de France, et je suis heureux de pouvoir étayer mes propositions de l'opinion de l'un des membres les plus distingués de l'inspection générale de l'agriculture. Que M. Faveret soit sans inquiétude ; le jour où l'Etat s'associera à nous pour l'érection de l'Ecole régionale de l'Est, il le fera sans porter atteinte en aucune façon aux droits acquis. Je n'insisterai pas davantage, Messieurs, et je demanderai à l'assemblée de vouloir bien donner son assentiment au vœu formulé par moi tout à l'heure.

Personne ne demandant la parole, M. le Président donne lecture du vœu proposé par M. Grandeau au vote de l'assemblée : il est conçu en ces termes :

Le Congrès émet le vœu que *des études soient faites relativement à la création d'une école régionale d'agriculture dans l'Est, et que les agriculteurs de la région soient ainsi mis en demeure de fournir leurs lumières sur la question et de faire parvenir à qui de droit leurs propositions.*

Ce vœu, mis aux voix, est adopté.

M. Hofacker, directeur général des haras de Wurtemberg :

MESSIEURS,

Quand il est question d'instruction et d'enseignement j'ai le droit, vous me pardonnerez cet orgueil patriotique — de vous parler de ma patrie. L'instruction y est obligatoire depuis de longues années. Tout enfant est obligé d'aller à l'école dès l'âge de sept ans et d'y rester jusqu'à l'âge de quatorze ans; puis les filles et les garçons, pendant quatre ans, ont à prendre une heure d'instruction tous les dimanches, c'est ce qui s'appelle école du dimanche. C'est moins pour les faire avancer que pour qu'ils n'oublient pas trop vite ce qu'ils ont appris. Par conséquent l'instruction du peuple reste obligatoire jusqu'à l'âge de 18 ans.

Les résultats d'un tel système d'enseignement sautent aux yeux; aussi me croirez-vous quand je vous dirai que pendant neuf ans que j'ai été officier, il ne m'est arrivé qu'une seule fois d'avoir dans mon escadron un conscrit ne sachant ni lire ni écrire : c'était un bohémien né à l'ombre d'une haie et resté vagabond jusqu'à ce qu'il devînt soldat.

Quand un tel pays, Messieurs, est essentiellement agricole, on peut s'attendre à ce que l'enseignement agricole n'y joue pas un rôle inférieur. Que cela devait être ainsi, c'est ce que comprit parfaitement feu notre bon Roi, qui était lui-même agriculteur praticien distingué. Il y a plus de 50 ans qu'il fonda l'*Académie de Hohenheim,* que vous connaissez tous; et peu de temps après il institua quatre *écoles d'agriculture,* une dans chaque province, pour l'éducation des fils de paysans et de petits propriétaires, destinés à devenir paysans à leur tour ou à gagner leur vie comme surveillants, agents de ferme, etc. Les jeunes gens reçoivent dans ces écoles une certaine instruction générale et spéciale, en même temps qu'ils sont initiés aux travaux de ferme et à toutes les cultures qui se font dans leur région. Cela correspond donc à vos fermes-écoles. Depuis deux ans il existe encore une école de viticulture, destinée aux jeunes vignerons; outre la culture de la vigne, du traitement du vin, de la mise en cuve, etc., on s'y occupe spécialement de la culture des arbres fruitiers, des légumes et du houblon.

Voilà, Messieurs, ce que nous pouvons appeler l'enseignement agricole supérieur et moyen. On en resta là jusqu'il y a 16 ans. Alors on s'aperçut que cela ne suffisait pas, qu'il fallait faire prendre part a l'instruction toute la population agricole. On tâtonna, on essaya pendant assez longtemps et c'est il y a deux ans seulement que le système a été arrêté définitivement. Aujourd'hui donc l'enseignement agricole inférieur, si je puis dire ainsi, est réglé de la manière suivante :

1° Nous avons dans la plupart des villages du royaume « *des réu-*

nions régulières d'adultes », de paysans et d'agriculteurs, qui se tiennent en hiver une fois par semaine ou par quinzaine. Les paysans s'y trouvent tout à leur aise et discutent librement et sans gêne toutes les questions relatives à leur métier. Ordinairement il s'y rencontre un ou deux agriculteurs plus instruits que les autres, faisant valoir leurs connaissances au profit de l'auditoire. Moi-même, comme président d'un comice agricole, j'ai assisté souvent à ces soirées, et si j'ai réussi quelquefois à apprendre quelque chose de nouveau aux paysans, en revanche j'ai aussi appris d'eux à respecter et à suivre certaines pratiques dictées par une longue expérience.

2° On a formé dans les villages des *sociétés de lecture* auxquelles les livres sont fournis par les bibliothèques des comices agricoles ou des villages mêmes, ou par l'État qui leur en fait cadeau.

3° Dans beaucoup *d'écoles du dimanche*, dont je vous ai parlé plus haut, on a introduit l'enseignement agricole.

4° On a fondé *des écoles agricoles volontaires* auxquelles peuvent se rendre les garçons obligés à aller à l'école du dimanche et qui alors en sont dispensés, ou des jeunes gens un peu plus âgés. Les leçons qui se donnent dans ces écoles comprennent : écriture, lecture, petites compositions et lettres, calculs agricoles, connaissances des instruments aratoires et de quelques machines, du sol et des cultures de la contrée, quelques notions sur la physiologie des plantes et l'élevage du bétail.

Les écoles sont sous la surveillance des comices agricoles; elles sont entretenues par les communes avec l'aide de l'État. Le dernier donne toujours les prix et paie en partie le maitre. Car les leçons sont données par les maitres d'école, et pour que ceux-ci en soient capables, on en réunit tous les ans vingt ou trente d'une certaine contrée à l'Institut d'Hohenheim où on leur donne pendant trois semaines l'instruction nécessaire.

Outre cela l'Etat a toujours à sa disposition huit ou dix *instructeurs-voyageurs* qui parcourent le pays, font des conférences dans les villages, visitent les terres des paysans et les poussent aux améliorations. S'il tombe de la grêle, ils accourent sur-le-champ et montrent aux paysans comment ils peuvent réduire leurs pertes le plus possible, etc.

Enfin on a institué à Hohenheim des cours pour les gens qui sont chargés dans les villages des arbres fruitiers (toutes nos routes en sont bordées, c'est la loi qui l'exige); pour des bergers, des forgerons, des charrons; à l'Ecole vétérinaire et dans les grandes villes, des leçons pour les maréchaux-ferrants.

Voilà, Messieurs, à peu près ce qu'est l'enseignement agricole dans le Wurtemberg qui ne compte pas tout à fait 1,800,000 habitants et où il existe plus de 800 écoles dans lesquelles on enseigne l'agriculture à environ 20,000 élèves. C'est la meilleure preuve, Messieurs, que ces institutions fleurissent et qu'elles sont pratiques; aussi, la population agricole du pays comprend-elle parfaitement que pour faire avancer sa production, pour faire face à une concurrence toujours plus dangereuse, il faut s'armer de tous les moyens et surtout de ceux que nous offre la science de nos jours.

M. Th. de Gohren, professeur à l'Institut agronomique de Tetschen-Liebwerd, délégué de l'Autriche, fait connaître dans la notice suivante, les principales dispositions relatives à l'organisation du budget de l'Institut de Liebwerd.

Statuts de la Haute-École d'agriculture et d'industrie agricole de Tetschen-Liebwerd (Bohême).

I. *But de l'institut.* — La haute école d'agriculture et d'industrie agricole de Tetschen-Liebwerd a pour but d'enseigner à ceux qui sont préparés suffisamment par la pratique et qui souhaitent obtenir une instruction scientifique, toutes les sciences dont la connaissance est nécessaire à un propriétaire, à un fermier, à un futur administrateur de grandes terres ou d'établissements agricoles industriels.

II. *Moyens pour atteindre ce but.* — On vise à atteindre ce but, par une éducation générale et morale : — 1° A l'aide d'une forte instruction dans toutes les sciences fondamentales et accessoires sur lesquelles repose l'exploitation agricole ; — 2° Par l'usage des instruments et produits agricoles, par des démonstrations, des exercices pratiques, des excursions, des conversations, etc.

III. *Durée du cours.* Le cours complet dure trois ans (six semestres.)

Les deux premières années sont consacrées à l'instruction agricole générale, la troisième est destinée à l'étude des spécialités, de l'administration et des industries agricoles.

VI. *Objet de l'enseignement théorique :* 1° Objet de l'instruction universelle : — A. Morale en général : des devoirs de l'agriculteur comme membre de la commune et de l'Etat ; — B. Économie politique : ses rapports avec l'agriculture et avec l'industrie agricole ; — C. Traits principaux de l'histoire et de la statistique de l'agriculture ; — D. La langue bohème.

2° L'agriculture et ses différentes branches : — A. La production des plantes, y compris la culture des prés et du houblon ; — B. La production du bétail (étude des races en général) ; — C. La science de l'organisation, de l'administration et de la direction des terres.

3° Sciences fondamentales : — A. La zoologie, la botanique et la minéralogie ; — B. La physique et la chimie ; — C. L'arithmétique, la géométrie et des exercices de géodésie.

4° Sciences auxiliaires préliminaires : — A. Le droit agricole ; — B. La technologie agricole générale ; — spéciale (fabrication de la bière, du vin, de l'alcool, du vinaigre, du sucre, de l'amidon, du fromage, de l'huile, des briques, etc.) ; — C. La science forestière ; — D. La culture des fruits, la viticulture, l'horticulture ; — E. L'architecture agricole ; — F. Traits principaux de la diététique du bétail et du traitement des animaux domestiques malades ; — G. L'administration agricole ; — H. La tenue des livres agricoles.

VII. *Moyens d'instruction* : — L'institut est pourvu de tous les moyens nécessaires à l'enseignement théorique et pratique ; — La grande ferme de Liebwerd est le plus important moyen d'instruction ; — Outre cela on fait usage du domaine de Tetschen et de ses métairies, ses forêts et ses établissements industriels (brasserie, distillerie, moulin, filature de lin, etc.)

Enfin l'institut a à sa disposition : — Un jardin botanique ; — une pépinière ; — des arbres forestiers ; — un verger, une vigne et un four pour sécher les fruits ; — un jardin potager ; — une houblonnière ; — un rucher ; — une magnanerie ; — une briqueterie ; — une bibliothèque, dont dépendent des collections de produits agricoles, d'instruments et de modèles, de différents sols, de minéraux, de plantes, d'objets zoologiques, d'appareils physiques et chimiques, d'échantillons de laine.

Enfin un champ d'expériences ; — un atelier technologique ; — un laboratoire chimique réuni à la station agronomique, complètent les ressources de l'institut.

Le paragraphe XV des statuts contient le plan d'enseignement complet et les différentes leçons de chaque semestre.

Le nombre des leçons pendant la première année est de 22 par semaine, pendant la deuxième et la troisième 24, y compris les exercices pratiques.

VIII. *Conditions d'admission.* 1° Etre âgé de 17 ans au moins.

2° Une constitution saine et forte.

3° Preuves d'une éducation antérieure suffisante.

4° Preuve qu'on a travaillé au moins un an pratiquement.

5° Certificat de bonne conduite.

6° Garantie des parents ou du tuteur relative au paiement des frais d'études.

IX. *Frais d'études.* — La rétribution scolaire est fixée à la somme de 150 francs par an, payable par semestre et d'avance.

Logement, entretien et habillement des élèves. — Les élèves logent à l'institut, ils y ont aussi leur pension.

Les frais de pension sont payables par semestre et d'avance.

BUDGET DE LA HAUTE-ECOLE D'AGRICULTURE DE TETSCHEN-LIEBWERD.

Pour la direction et le traitement des professeurs...	24,900 fr.
Moyens d'enseignements (bibliothèque, collections, champ d'expériences, jardin botanique).............	6,750
Entretien des bâtiments, des meubles, éclairage, chauffage, frais de chancellerie, frais d'impression....	7,600
Domestiques................................	1,500
Pour la caisse des retraites..................	1,250
Pour le fonds de réserve....................	2,500
Divers....................	5,500
Total des dépenses.....	50,000 fr.

Revenu.

Dotation de l'Etat........................	25,000 fr.
Frais d'enseignement.......................	16,050
Dons des protecteurs......................	7,850
Intérêts	1,000
Revenus divers	100
Total égal.....	50,000 fr.

M. Maguin, président du comice agricole de Metz,

appelle l'attention du Congrès sur l'utilité qu'il y aurait, suivant lui, à introduire dans les classes de lettres l'enseignement de l'économie rurale, progrès qui n'a été réalisé jusqu'ici que dans les établissements d'enseignement spécial, et il demande que le baccalauréat-ès-lettres comprenne désormais l'examen sur cette science.

M. Maguin doit, dit-il, à l'obligeance de M. Baudoin, inspecteur général de l'instruction publique, des renseignements intéressants sur les améliorations récemment introduites en ce sens dans les établissements publics d'enseignement secondaire. Dans un grand nombre de ces établissements, l'étude de l'économie politique et par conséquent de l'économie rurale, fait partie de l'enseignement spécial. Mais il existe encore une lacune à combler en ce qui concerne l'enseignement littéraire. Les jeunes gens qui suivent les cours des lettres, sont fréquemment appelés à donner au pays des propriétaires ruraux, des législateurs, des magistrats, des administrateurs et à exercer une grande influence sur les progrès de l'agriculture. Or, pour exercer utilement cette influence, réglementer l'agriculture ou interpréter les règlements qui la régissent, il faut en connaître les principaux besoins, il faut posséder des notions sommaires d'économie rurale. C'est parce que nos législateurs, nos administrateurs sont souvent étrangers aux choses de l'agriculture que le Congrès libre de Nancy a été si souvent appelé à demander la modification de lois qui régissent actuellement l'agriculture.

M. Maguin propose au Congrès d'émettre le vœu *que l'économie rurale fasse désormais partie de l'enseignement secondaire classique et de celui des Ecoles de droit.*

M. Lefebvre, professeur de physique au lycée de Nancy :

MESSIEURS,

Je désire simplement vous présenter sans les développer quelques observations sur la question qui nous occupe. Le caractère des études secondaires classiques est d'être essentiellement générales : elles ont

pour but de former le goût, de développer l'intelligence et de mettre
le jeune homme qui les a faites à même de poursuivre plus tard ses
études vers un objet spécial et déterminé : elles ne sont donc pas destinées à former des agriculteurs, pas plus que des avocats ou des
médecins. Les examens des baccalauréats-ès lettres et ès-sciences en
sont la consécration et la sanction; on demande au candidat de prouver qu'il possède en littérature, en histoire et en sciences cette somme
de connaissances que doit posséder tout homme bien élevé. Il me
semble donc qu'introduire dans les programmes de ces examens des
notions d'agriculture, si restreintes que vous les voudrez, ce serait
sortir des vrais principes et faire perdre à l'enseignement secondaire
classique son véritable caractère. Je voterai donc contre le vœu émis
par M. Maguin.

M. Lucien Humbert insiste ensuite sur la nécessité de l'enseignement des arts agricoles, et notamment de l'architecture
rurale, dans les écoles d'adultes, dans les écoles primaires,
etc. Il voudrait provoquer, par un vœu du Congrès, une circulaire des recteurs ou inspecteurs d'académie dans le but
de satisfaire à ces observations.

M. Humbert a remis après la séance au secrétariat la communication suivante qu'il se proposait de lire :

MESSIEURS,

Permettez-moi de saisir l'occasion qui m'est offerte aujourd'hui
pour vous entretenir un instant d'un sujet que je crois digne de tout
votre intérêt et de toute votre faveur.

Je veux vous parler de la nécessité de l'enseignement des arts
agricoles en général, et de l'architecture agricole en particulier.

L'architecture rurale est encore bien négligée en France et mon
sujet est tellement vaste que je ne puis songer aujourd'hui à le parcourir tout entier, même rapidement.

Je ne vous dirai donc que quelques mots de ses principes premiers.

Dans toute exploitation il est indispensable de concevoir dès le début
un plan d'ensemble raisonné, afin que si les fonds disponibles ne
permettent pas de tout faire à la fois, on puisse du moins, en construi-
sant plus tard d'autres parties accessoires, les rattacher à un plan

primitif et obtenir un tout convenable répondant à toutes les exigences.

Il n'est pas douteux que les bâtiments ruraux contribuent pour une part importante au succès des opérations d'un établissement agricole.

Quand on voit dans une contrée des bâtiments agricoles bien placés, disposés avec intelligence, entretenus avec soin, on y reconnaît l'agriculture prospère ; le contraire est partout où l'agriculteur insouciant ou ignorant, accepte pour loger le bétail des locaux étroits, manquant d'air ou mal construits.

Des constructions sagement établies augmentent sensiblement la valeur d'un fermage. Il faut donc instruire les agriculteurs de l'avenir sur les conditions les plus essentielles d'une bonne construction des bâtiments ruraux et leur en faire saisir toute l'importance. Il ne suffit pas en effet de bien travailler la terre, de l'ensemencer à temps, d'obtenir de belles récoltes. Il faut encore que cette culture soit économique, que la rentrée des récoltes dans les bâtiments n'exige pas de main-d'œuvre trop coûteuse, il faut enfin et surtout éviter les fatigues inutiles et improductives des hommes et des animaux.

Le choix de l'emplacement et l'orientation sont deux questions importantes que doivent sérieusement méditer ceux qui construisent une maison de ferme. La place du cultivateur n'est pas au village, mais au milieu des champs qu'il cultive. C'est là chaque fois qu'il le peut, qu'il doit établir les bâtiments de son exploitation. Il est utile de le bien faire comprendre aux jeunes gens, car ainsi il augmenteront les bénéfices de l'exploitation par une économie évidente sur les transports et rendront plus facile la surveillance du chef sur les travailleurs. Les terres seront ainsi mieux cultivées. C'est à cela en partie qu'il faut attribuer le grand progrès de l'agriculture chez les Anglais et dans leurs colonies. Il ne faut pourtant rien d'exclusif même dans le bien.

Ainsi il n'est pas douteux que dussent les bâtiments occuper une situation moins centrale, ils devront toujours, s'il y a lieu, être placés près d'une voie ferrée ou navigable.

On devra toujours choisir un terrain sec et élevé, en même temps que la proximité des eaux potables ; il faudra proscrire en tous cas les emplacements bas et marécageux, les charrois y sont difficiles et coûteux, les récoltes s'y conservent mal, et on y voit, ce qui est plus grave encore, languir la santé des hommes et celle des animaux.

J'ai dit aussi : la sérieuse importance d'une bonne orientation. Il faut en effet que les élèves sachent qu'on doit placer au midi l'habitation et les cours pour le gros bétail et exposer au nord l'étable et la laiterie. Les bâtiments doivent être convenablement groupés autour d'une cour spacieuse et l'habitation placée de manière à faciliter l'active et incessante surveillance du maître.

Une maison de ferme n'est établie sur un bon modèle que lorsque tous les travaux agricoles s'y peuvent éxécuter de la façon la plus rapide et la plus économique, et comme conditions essentielles, les divers bâtiments doivent être disposés de telle sorte que les accidents par le feu y soient plus rares et plus faciles à maîtriser ; en un mot, que l'ensemble des constructions offre le plus d'avantages possibles tout en conservant la régularité du plan et l'aspect symétrique.

Il n'est pas moins urgent encore de donner aux élèves une idée des proportions utiles aux différents bâtiments ruraux selon le genre de culture et le nombre d'animaux. Des constructions exiguës sont d'un mauvais service, les animaux y sont mal à l'aise et peu garantis des rigueurs du temps. D'autre part, des constructions mal étudiées, d'une étendue exagérée sont une cause d'augmentation de travail et de fatigues et d'un surcroit de dépenses qui augmente le capital immobilisé sans utilité réelle. Il est donc indispensable de se rendre préalablement un compte exact de la superficie nécessaire pour abriter les chevaux, bêtes à cornes, moutons, etc., ainsi que de la capacité à donner aux granges et greniers d'après le volume des denrées qu'ils doivent contenir et enfin ce qui est non moins important, de la force à donner aux solives qui doivent soutenir les planchers en raison du poids des récoltes à y emmagasiner. C'est ainsi que le cultivateur pourra calculer les dimensions à donner aux bâtiments qui doivent abriter le bétail et les denrées en y ajoutant toutefois la place que devront occuper tous les accessoires immédiats de chaque local.

L'aérage des écuries et des étables doit être facile à se faire à l'aide d'ouvertures placées à des hauteurs convenables.

A notre séance de jeudi l'honorable M. Jacotin, du comice de Rethel, attirait avec raison votre attention sur un point où je crois bon de la rappeler encore, parce que son principe et le mien me paraissent être les corollaires l'un de l'autre. M. Jacotin disait que moitié peut-être de la portion utile des fumiers se trouve totalement perdue pour l'agriculture par l'insouciance ou le défaut d'installation de la plupart des petits cultivateurs. Avant donc de préconiser les engrais chimiques, conclut M. Jacotin, travaillez à empêcher cette perte absolue du plus excellent et du plus économique des engrais.

C'est pourquoi je dis à mon tour, pour atteindre le même but, qu'il faut autant que possible que les écuries et étables aient un sol imperméable, avec des pentes dirigeant le purin vers des fosses placées en lieu tel qu'il n'y ait aucune infiltration à craindre pour les caves, les puits et les sources.

On ne saurait trop recommander la multiplicité des fenêtres dans les bergeries. Il serait bon d'avoir en communication directe avec celles-ci un petit parc où les moutons pourraient prendre l'air en liberté.

Enfin les toits à porcs et la basse-cour devront être à proximité de la cuisine, sans que cependant leurs émanations puissent arriver jusqu'à celle-ci.

Par ce que je viens de dire, vous voyez, Messieurs, que non-seulement, il faut à chaque animal la liberté de ses mouvements, mais il faut encore qu'il respire un air suffisamment renouvelé. Pour cela il sera utile de donner aux écuries, étables et bergeries 4^m,00 de hauteur et aux toits à porcs 2^m,30 à 2^m,50.

Les granges et la machine à battre devront toujours être d'un accès facile aux chariots et une bonne ventilation devra y maintenir les récoltes dans un état de sécheresse convenable. Quant à leur capacité et à celle des greniers, elle est, je le répète, subordonnée au poids et au volume des denrées. Il faut donc que les jeunes gens possèdent quelques données sur ces deux points.

J'ai aussi un mot à dire d'une branche importante des arts agricoles, c'est-à-dire plus spécialement des desséchements, drainages et irrigations. L'irrigation est une des pratiques les plus utiles et les plus productives de l'agriculture. Sans chaleur et sans eau, il n'est point de prairies, point de végétation possible. La pratique des irrigations remonte à la plus haute antiquité. Ne voyez-vous pas l'urgence de bien faire comprendre aux jeunes gens l'utilité de ce travail et les moyens de le mettre en pratique avec le plus d'avantages et d'économie sans négliger non plus l'importance du choix des eaux.

Car si des eaux convenables enrichissent un sol, il en est d'autres que leurs qualités délétères doivent faire rejeter; celles par exemple qui proviennent des forêts où domine le chêne. Il est encore des moyens d'améliorer ces eaux en jetant sur leur passage des terres ou des fumiers. Mais en règle générale, l'eau la plus favorable aux irrigations est toujours l'eau potable.

Pour marcher à coup sûr, il lui faut quelques connaissances spéciales sur cette branche importante de sa profession, car les travaux qu'il exécutera doivent le rendre maître absolu de ses eaux et lui permettre d'arroser, en temps et lieu, telle ou telle portion de prairie, selon les saisons ou la nature du sol et sans avoir à redouter les dangers des débordements.

Si l'eau rend de grands services à la culture, sa surabondance peut aussi lui nuire immensément. En effet, que de terres improductives en France par la seule présence continuelle ou intermittente d'eaux stagnantes qui les réduisent à l'état de marais. Non, il ne suffit pas que l'agriculteur sache amener les eaux sur ses terres, il faut encore qu'il les éloigne dès qu'elles y sont nuisibles. C'est dans ce but qu'on opère les travaux de desséchement et de drainage.

Le desséchement des terrains marécageux peut et doit être considéré comme une des plus sérieuses améliorations agricoles qui, outre les bénéfices réels qu'elle offre à l'agriculture en lui rendant des terres fertiles au lieu de marais improductifs, ne contribue pas peu à l'assainissement d'une contrée. Pour cette double raison on ne saurait trop encourager les travaux de desséchements qui comme ceux de drainage peuvent parfois avec beaucoup d'avantage se combiner avec les irrigations des terrains avoisinants.

Encourager les travaux de drainage, c'est travailler aux plus grands intérêts agricoles, mais il faut d'abord enseigner où, quand et pourquoi le drainage est utile, les moyens de le mettre en œuvre économiquement et avec certitude de bons résultats, enseigner aussi que dans beaucoup de terrains où le drainage a paru impossible on trouve une immense ressource dans le drainage vertical qui semble presque inconnu dans nos contrées et dont j'ai vu les Anglais faire de si fréquentes applications.

Il est incontestable que le drainage en abaissant le niveau des eaux stagnantes permet ainsi le développement complet des racines auxquelles ces eaux étaient nuisibles.

En cela ne produit-il pas un effet analogue à celui d'un autre travail aussi de grande utilité et dont nous ne désirons pas moins la propagation, je veux parler du défoncement des terres fortes et grasses. En citant le défoncement, je ne m'écarte pas de mon sujet. Ce travail, en effet, ne pourrait-il pas être considéré comme un véritable drainage à air, dont il serait superflu de faire ressortir les avantages.

Le drainage facilite encore incontestablement le transport et la transformation des gaz fertilisants, par l'introduction de l'oxygène entre les couches, il augmente aussi la richesse du sol en détruisant le refroidissement produit par l'évaporation superficielle de l'eau.

J'arriverais trop tard du reste pour prendre ici la défense du drainage. Depuis longtemps son procès est gagné. Constatons néanmoins avec regret un fait incontestable, c'est qu'il reste encore beaucoup à faire pour répandre cette utile pratique autant qu'il conviendrait.

Pour me résumer qu'il suffise de dire ici :

Que pour les bâtiments de l'exploitation, la distribution doit satisfaire à ces conditions essentielles : surface utile et disponible aussi étendue que possible, commodité des services, économie du temps et de la main-d'œuvre, salubrité pour tous, sécurité contre les accidents qui peuvent compromettre la vie et la fortune.

Il est parfaitement inutile d'établir des bâtiments dont la durée pourrait être évaluée à un siècle, dès lors qu'en dépensant beaucoup moins on peut après 25 ou 30 années rétablir les mêmes bâtiments à nouveau et réaliser encore un bénéfice en prenant, à cet effet, l'économie faite sur la première dépense capitalisée avec ses intérêts.

Je voudrais faire ressortir la nécessité, je dirai plus, le droit même pour ces hommes qui consacrent leur existence à l'agriculture, de jouir d'une habitation commode et salubre qui contribue largement au bien-être de la famille.

Le plan doit en être conçu avec convenance et réserver la place utile à chaque service; l'aspect extérieur doit être l'expression du goût et de l'esprit progressif de ceux qui l'habitent, car il n'est pas nécessaire pour la décorer dans le style simple qui lui convient, de s'écarter des prescriptions de la plus sage économie.

On ne saurait trop recommander les maisons à un ou plusieurs étages au-dessus du rez-de-chaussée comme étant les plus saines et les plus riantes.

Plus riantes, ce n'est pas là une considération insignifiante, car il ne faut pas tout sacrifier au luxe, mais faire encore quelque chose pour la satisfaction morale qui prédispose certainement au bien et au travail.

D'autres plus compétents ont compris déjà avant moi le haut intérêt du sujet dont j'ai l'honneur de vous entretenir, c'est à cela que nous devons un certain nombre d'ouvrages spéciaux sorti de la plume des plus savants agronomes français, anglais et allemands.

Si je suis entré dans quelques détails c'était pour pouvoir établir une comparaison entre ce qui existe et ce qui devrait exister. Ne voyons-nous pas en effet dans nos campagnes la plupart des écuries ayant à peine 2^m,00 ou 2^m,20 de hauteur, leur sol mal réglé permettant aux urines de séjourner sous les pieds des chevaux? Souvent même l'aérage de ces écuries n'a été l'objet d'aucune préoccupation.

Les habitations elles-mêmes ne sont-elles pas le plus généralement incommodes, insalubres et mal disposées pour la surveillance et la facilité des services intérieurs? Beaucoup de cultivateurs ignorent trop ce qu'il leur serait si utile de connaître; je ne puis admettre, en effet, qu'ils ne l'ignorent pas, car leur apathie serait un plus grand mal.

Faisons donc la guerre à l'ignorance et à l'apathie, [c'est dans ce but que je réclame l'adjonction à l'enseignement agricole primaire des principes généraux des arts qu'il concerne, c'est-à-dire l'architecture agricole, les desséchements, les drainages, les irrigations et la mécanique.

Le désir que j'exprime est, je pense, le complément nécessaire, indispensable même du vœu émis à cette tribune par notre savant secrétaire général, M. Grandeau, tendant à l'érection d'une école régionale agricole, en ce que mon but est d'atteindre spécialement cette classe intéressante de jeunes agriculteurs que leur éloignement ou leur trop modeste fortune privent inévitablement des bienfaits d'une instruction supérieure. C'est donc à nous qu'il appartient de porter à ceux-là l'instruction qu'ils ne peuvent venir chercher.

Puissé-je avoir réussi, Messieurs, à vous faire voir la multiplicité des connaissances indispensables à des agriculteurs sérieux, à des agriculteurs de progrès.

Il me semble que les éléments de ces connaissances pourraient leur être déjà donnés sans quitter le village où ils sont nés. Messieurs les instituteurs ont déjà répondu avec un entrain qui est à leur honneur à l'appel qui leur a été fait. Leur dévoùment nous répond du reste.

Les préjugés amoncelés nous ferment le chemin du progrès; ne sommes-nous pas les champions pacifiques de la civilisation.

Unissons-nous pour franchir tous les obstacles et disons à ceux qui hésitent : Amis, de l'autre côté de ces montagnes d'ignorance, il y a le bien-être dans la prospérité de l'agriculture.

M. Liégeois, professeur d'économie politique à la Faculté de droit de Nancy :

MESSIEURS,

J'avais demandé la parole, non pour traiter devant vous la question générale de l'enseignement agricole, pour laquelle la compétence me manquerait absolument, mais pour appeler votre attention sur un point tout spécial, sur la nécessité de faire figurer au programme de cet enseignement une matière qui en est le complément nécessaire : je veux parler de l'économie politique. Mais, au moment où nous touchons au terme de nos travaux, je sens combien les moments du Congrès sont précieux et je saurai être extrêmement bref.

L'économie politique enseigne les lois suivant lesquelles les richesses se produisent, se distribuent et se consomment. Or l'agriculture n'est-elle pas l'une des branches principales de la production ? Comment donc nos futurs agriculteurs pourront-ils atteindre le maximum de produit, qu'ils doivent rechercher sans cesse, s'ils ignorent les grandes lois économiques dont l'action peut faciliter ou entraver leurs combinaisons ? Il serait facile de montrer que désormais il ne sera plus possible de faire de l'agriculture scientifique si l'on ignore les premiers éléments de la science économique.

Le peu de temps dont nous disposons en ce moment ne me permet pas de développer devant vous cette idée aussi complétement que je l'eusse désiré. Permettez-moi seulement, Messieurs, de prendre texte de nos discussions mêmes pour vous bien montrer le fondement de la thèse que je ne puis qu'indiquer ici.

Dans la séance d'avant-hier, l'honorable M. Lecouteux vous a entretenus des effets de la culture intensive, et, dans les développements pleins d'intérêt auxquels il s'est livré, il a fait entrevoir l'importance du *capital* appliqué à la terre ; il vous a parlé aussi de la hausse des *salaires* et des *fermages*. Eh bien, c'est l'économie politique qui, seule, nous enseigne exactement la nature et les fonctions du capital, et nous apprend à ne le confondre ni avec la richesse en général, ni avec la monnaie, confusion trop souvent commise et qui donne naissance à une foule d'erreurs de grande conséquence. Quant aux *salaires*, n'est-il pas nécessaire que nous sachions quelles lois naturelles les régissent, quelles sont les diverses influences auxquelles ils obéissent, et en particulier si l'élévation du prix des denrées provoque, comme on le croit, la hausse des salaires ? Enfin, les variations dans le taux des fermages ne seront-elles pas éclairées d'un jour nouveau, si nous connaissons la théorie de la *rente foncière ?*

De son côté, notre honorable collègue, M. de Boullenois, nous a parlé, dans les deux dernières séances du Congrès, des meilleures conditions d'exploitation de l'industrie agricole ; de l'insuffisance des profits que la culture des céréales laisse au cultivateur ; de la nécessité de lui assurer des prix rémunérateurs, ce qui entraînerait, comme conséquence au moins implicite, le rétablissement de l'*échelle mobile ;* il a enfin demandé la suppression des deux impôts qui pèsent sur la production du sucre et de l'alcool extraits de la betterave. Sur tous ces points — à part les questions d'impôts sur lesquelles je me suis expliqué hier — je diffère absolument d'opinion avec M. de Boullenois.

Mais enfin, si je crois que l'avenir de l'agriculture française est dans le *libre échange*, je suis trop partisan de la liberté de discussion, j'ai trop de confiance dans l'excellence et dans la fécondité des saines doctrines économiques, pour ne pas admettre que l'on puisse, de très-bonne foi, penser autrement. Voilà assurément des questions sur lesquelles il faut faire la lumière, et que de futurs agriculteurs ne pourraient ignorer sans grand dommage. Qui donc viendra éclairer le débat ? Qui réfutera les sophismes et ralliera tous les esprits impartiaux ? Ce sera encore l'économie politique.

Hier, M. Chevandier de Valdrôme mettait en opposition l'intérêt du producteur et celui du consommateur. S'il est vrai de dire que, à la longue, ces intérêts sont harmoniques, puisque la production ne peut être active qu'autant que la consommation vient l'entretenir et la renouveler, pourtant il faut reconnaître que, dans chaque cas particulier, l'intérêt du producteur est de vendre cher et celui du consomma-

teur d'acheter à bas prix. Lequel de ces deux intérêts devra, si vous
me permettez l'expression, servir de point cardinal dans la discussion
des questions économiques ? Lequel devra être préféré par le législateur, comme plus conforme à la justice ? Evidemment celui du consommateur, puisque le souhait de ce dernier est toujours que tous les
produits et les services soient abondants et à bas prix, et que celui du
producteur est, au contraire, que les produits amenés sur le marché
par ses confrères soient rares et chers, de manière qu'il puisse tirer
un meilleur parti de ses produits à lui. C'est l'économie politique qui
nous donnera cette démonstration.

L'honorable M. Barral nous a dit excellemment que l'accroissement
du capital dans la culture intensive entraine toujours un accroissement
de travail. Rien n'est plus vrai : donc il faut créer le *capital* par
l'*épargne*. Donc il faut organiser le *crédit* de façon à lui faire produire
tous les fruits qu'il peut donner sans l'influence féconde de la liberté.
Sans doute le crédit ne crée pas les capitaux, comme l'ont prétendu
des esprits ignorants des vraies doctrines économiques, mais il les
fait passer, — et c'est là encore un service assez grand rendu à la société et au travail — de l'état improductif à l'état productif. Par lui, l'é-
pargne qui dormait stérile dans l'escarcelle du campagnard ou dans le
coffre du citadin, va se déposer chez le banquier, alimenter l'escompte
et activer la circulation des produits.

Et si les capitaux sont si indispensables au développement du travail, il est donc important de dissiper ce funeste préjugé que le luxe
fait, comme on dit, » *aller le commerce.* » La vérité est, au contraire,
qu'en détruisant des capitaux, il tend sans cesse à amoindrir les progrès de la société et à réduire le salaire du travail. Une seule chose
peut nous éclairer sur ce point, c'est la distinction qu'établit l'économie politique entre les consommations improductives et les consommations reproductives. Je regrette vivement de ne pouvoir développer
cette idée, qui, au premier abord, semble paradoxale.

Enfin, Messieurs, pensez-vous que nous puissions nous flatter d'avoir
donné des notions précises et des idées justes à nos futurs cultivateurs,
si nous ne les éclairons sur la division du travail, l'échange, la concurrence, la monnaie, la valeur, les prix, etc.? Je n'insiste pas sur ces
considérations, elles m'entraineraient au-delà des limites qui me sont
assignées, et je conclus en proposant au Congrès de voter le vœu

suivant : *Que les éléments de l'économie politique soient à l'avenir compris dans le programme de l'enseignement agricole.*

Le vœu, mis aux voix, est adopté.

M. Baudoin, inspecteur général de l'instruction publique, a la parole :

MESSIEURS,

Je ne suis pas autorisé à prendre la parole devant le Congrès; mais il m'est impossible de laisser formuler sans rien dire des vœux qui semblent faire croire que le ministre de l'Instruction publique ne s'est pas occupé de ces importantes questions.

Il y a cinq ans, un inspecteur général, qui avait habité l'Allemagne pendant six ans entiers, a été envoyé en mission par M. Duruy. Il avait ordre d'étudier avec le plus grand soin l'organisation des écoles primaires et secondaires de la Belgique, de l'Allemagne du Nord et du Sud et de la Suisse. A son retour il a présenté le résultat de ses observations et M. Duruy forma sans retard un grand conseil dont les membres préparèrent un nouveau système d'enseignement. Les matières qui composent la quatrième année d'études comprennent un cours d'économie rurale et politique qui dure deux ans. Aujourd'hui les programmes nouveaux sont appliqués dans 396, près de 400 établissements d'instruction publique. Ce que demandent les vœux de MM. Maguin et Humbert, c'est donc précisément ce qui se fait, depuis quatre ans dans près de 400 établissements, l'assemblée pensera peut-être que dès lors les vœux exprimés sont sans objet.

Les vœux de MM. Maguin et Humbert ne sont pas pris en considération par l'assemblée et ne donnent, par suite, lieu à aucun vote.

M. Bretagne, directeur des Contributions directes, dépose sur le bureau la note suivante relative aux abornements généraux :

MESSIEURS,

Il est un fait incontestable, c'est le morcellement de la propriété, surtout dans les contrées de l'Est. Cette manière de posséder a-t-elle des inconvénients? la grande culture est-elle préférable à la petite et à la moyenne ? je ne me permettrai pas de trancher ces questions. Seulement, la propriété morcelée existe ; dans la Meurthe, notamment, elle occupe plus des trois cinquièmes de la contenance totale, 386,000 hectares sur 609,000, tandis que les grands domaines ne comprennent que 223,000 hectares dont 171,000 en forêts. La petite propriété a, en outre, une tendance générale à se répandre; ainsi, dans ce département, le nombre des propriétaires augmente de 800 à 1,000 chaque année. C'est un fait qu'il faut accepter ; d'ailleurs, s'il a quelques inconvénients, il a aussi d'immenses avantages, surtout au point de vue de la moralité et de l'hygiène publiques. — Il ne reste donc qu'un parti à prendre, et il est digne de fixer l'attention de tous ceux qui s'intéressent à l'agriculture, c'est de tâcher de donner à la petite propriété les mêmes avantages qu'à la grande, c'est-à-dire d'en assurer la possession et d'en faciliter l'exploitation. — Les abornements généraux, combinés avec la création des chemins ruraux et la rénovation du cadastre remplissent parfaitement ce but : le département de la Meurthe est actuellement le seul où ces trois opérations se font simultanément; je crois opportun de donner quelques explications sur la manière dont elles ont été exécutées dans deux communes et s'accomplissent actuellement dans quelques autres.

Mais qu'il me soit permis de faire remarquer auparavant que dans l'enquête agricole pour les départements de la Meuse, des Ardennes, de la Moselle et de la Meurthe, les abornements ont été généralement demandés, toutefois, avec un caractère obligatoire qui me paraîtrait d'une application difficile. — 95 communes sur 478 dans les Ardennes, 100 sur 587 dans la Meuse ont fait des abornements généraux : mais ces opérations faites uniquement en vue de délimiter les propriétés, tout excellentes qu'elles sont, auraient donné des résultats bien meilleurs si on les avait fait concorder avec la rénovation du cadastre et la création de chemins d'exploitation pouvant desservir toutes les parcelles comme cela se pratique dans la Meurthe à la satisfaction unanime des intéressés.

Il paraît bien démontré aujourd'hui qu'un cadastre exécuté par des géomètres d'après les simples indications des propriétaires et d'indicateurs, ne pourra jamais faire titre. Ce ne sera jamais qu'un renseignement plus ou moins exact et fort utile sans doute, mais qui demandera toujours à être examiné avec soin et discuté avant d'être admis par les magistrats appelés à juger les contestations de limites.

L'Etat pour asseoir l'impôt, n'a jamais pu faire exécuter le cadastre en se substituant aux propriétaires pour fixer à jamais leurs titres ; c'est une question qui les regarde seuls ; ils sont les maîtres de dé-fendre leurs intérêts comme ils l'entendent ; pourquoi s'immiscer dans une question aussi délicate, qui ne peut causer que des difficultés inextricables ?

En effet, il y aurait, selon moi, un grave inconvénient à habituer le public, qui y est déjà trop enclin, à compter sur l'appui du gouver-nement pour la protection des intérêts privés ; protection qui est tou-jours insuffisante et entraine une lourde responsabilité. Il est préférable de laisser à chacun pleine liberté dans la gestion de ses intérêts et d'habituer les individus à compter d'abord sur eux -mêmes.

Il n'y a qu'une opération qui puisse faire titre, c'est un abornement général exécuté d'après un contrat consenti par les propriétaires. En faisant connaître comment ce travail s'est exécuté dans la commune de Léning (Meurthe), on comprendra mieux ma proposition.

Dans cette commune, comme dans celle d'Altroff (en 1863) où il a été exécuté également avec la rénovation du cadastre, qui seule com-plète l'opération, l'abornement général a été fait à la demande et aux dépens des propriétaires ; c'est cette opération qui est devenue elle-même le cadastre, en sorte qu'elle a un caractère entièrement privé ; c'est le livre terrier des propriétaires, c'est la charte librement con-sentie par eux, discutée par une commission qui a pris son temps pour étudier les droits de tous.

Cette opération entièrement privée, est ensuite admise comme ca-dastre, en sorte que l'opération administrative, pour la répartition de l'impôt, dérive de celle exécutée pour asseoir l'intérêt particulier ; elles s'identifient ensuite l'une avec l'autre ; on ne peut trop insister sur ces principes.

L'abornement général du territoire se compose d'opérations isolées appliquées à chaque canton, triage au lieudit : dont le périmètre est déterminé par une commission spéciale ; ce périmètre est ensuite aborné.

Le nombre des lieuxdits dans la commune de Léning, qui lors du premier cadastre en 1811 était de 175, ayant une contenance moyenne de 2 hect. 85, a été porté par la commission syndicale à 225 en sorte que leur contenance moyenne est descendue à 2 hect. 22. Il a donc été pris toutes les mesures nécessaires pour qu'il ne puisse y avoir que des déplacements insensibles et éviter les reproches qu'un mode de procéder différent, a suscité dans un département voisin.

Un grand avantage de l'abornement, c'est l'indication de la largeur de chaque parcelle à chacune de ses extrémités; car le chiffre de la contenance est trop vague pour indiquer exactement de quel côté a pu se pratiquer une usurpation.

A Léning sur 2,092 parcelles 842 ont été redressées.

On sait trop que les anticipations sont la cause de contestations qui amènent parmi les populations la discorde et la haine; l'abornement général les rend impossibles. A ce sujet, je crois devoir donner lecture de la lettre qui m'a été écrite par M. Duvivier, juge de paix à Albestroff.

« Les communes d'Altroff et de Léning, depuis les abornements » généraux de leur territoire ne portent plus aucune contestation de » limites devant mon tribunal; avant ces opérations, les contestations » de limites dans ces deux communes étaient nombreuses, mais se » terminaient toujours sur simple avertissement.

» Les habitants des communes d'Altroff et de Léning sont très-satis » faits des résultats produits par ces abornements.

» Albestroff, le 6 avril 1869. »

M. Loche, directeur de la *Lorraine,* a remis au secrétariat la note suivante relative aux assurances contre la grêle.

Du Crédit agricole en France, dans ses rapports avec l'assurance contre la grêle.

Le prêt hypothécaire, autrement dit le Crédit foncier, est depuis longtemps fondé en France; cette institution nous fut acquise du jour où elle trouva sa base, c'est-à-dire l'assurance contre l'incendie. En est-il de même du Crédit agricole? Non!... Pourquoi? Parce qu'il n'a pas encore de base, c'est-à-dire pas d'assurance sérieuse sur laquelle il puisse s'asseoir.

On comprend en effet qu'un homme qui possède des immeubles dont la valeur, en cas de sinistre, lui est incontestablement garantie par l'assurance, puisse, en donnant une hypothèque sur ses biens, emprunter la somme dont il a besoin; mais comment concevoir, comment espérer que le cultivateur prolétaire, le fermier qui ne possède pour toute fortune que la récolte par lui ensemencée sur un sol qui n'est pas à lui, puisse emprunter les fonds nécessaires au perfectionnement ou tout au moins à l'amélioration de sa culture, quand la possession de cette récolte lui est disputée par tous les éléments, par tous les fléaux et que rien ne peut la lui garantir ?

On peut donc affirmer que, faute de base, le crédit agricole n'existe pas et qu'il n'existera réellement que le jour où une institution primordiale viendra garantir au fermier la valeur réelle de sa fortune, c'est-à-dire sa récolte, *fruit* de son travail.

Cette institution, c'est l'assurance ! l'assurance qui garantira la valeur des récoltes susceptibles d'être détruites par la grêle, l'assurance qui garantira la valeur du bétail qui peut être détruit par la mortalité, grêle et mortalité qui, en ruinant le cultivateur, ruinent aussi la confiance qu'il pourrait inspirer et le crédit qu'on n'hésiterait pas à lui accorder s'il trouvait à se faire garantir lui-même contre ces deux fléaux.

Depuis plus de 60 ans (depuis 1802), des économistes, des philanthropes, des spéculateurs, se sont occupés de l'assurance contre la grêle, et plus récemment de celle contre la mortalité du bétail. Des tentatives en tous genres ont été faites, mais des *déceptions sans nombre* ont seules répondu à des efforts dignes d'encouragement et de succès. Cependant il faut bien le reconnaître, la voie a été largement ouverte, tout particulièrement dans l'assurance contre la grêle, et l'expérience acquise par de sérieux travaux, l'a déblayée d'une foule de difficultés qui la rendait impraticable, de sorte qu'aujourd'hui il n'y a rien de hasardé à dire l'assurance contre la grêle possible *à certaines conditions*, sans cependant méconnaître qu'elle offrira *longtemps encore* de graves difficultés, dont la plus difficile à vaincre est de la faire *comprendre et admettre* par ceux-là mêmes pour qui elle est créée, telle qu'elle peut exister, c'est-à-dire comme institution de prévoyance et de garantie, et non comme objet de spéculation et de lucre.

Aux conditions qui lui sont assignées par l'expérience, cette assurance peut exister, prospérer même, et atteindre le seul, l'unique but pour lequel elle est fondée, garantir au propriétaire ou fermier qui s'assure la *presque* totalité de la valeur de sa récolte, les *neuf dixièmes au moins, les dix-neuf vingtièmes au plus*.

Lui demander de faire mieux quant à présent, serait lui demander l'*impossible* ; un peu plus tard, lorsqu'elle aura, par de larges réserves, acquis les forces qu'elle n'a pas aujourd'hui, elle pourra faire participer ses assurés, dans de plus larges proportions, aux avantages qu'elle est destinée à leur offrir, mais il faut, pour en arriver là, cultiver l'arbre et le *laisser grandir* avant que de vouloir en recueillir les fruits ; tous les hommes intelligents comprendront cela.

Les personnes étrangères à l'assurance, en voyant la prospérité dont jouit celle particulière à l'incendie, se demanderont peut-être pourquoi celle contre la grêle ne marche pas dans la même voie ? C'est qu'autant la première est simple et facile, autant la seconde est difficile. D'où viennent ces difficultés ? Premièrement, du défaut de confiance dont manque encore cette branche d'assurance ; deuxièmement, de l'élévation exhorbitante de la contribution, élévation qui, au fond, n'a de raison d'être qu'au point de vue de la spéculation qui a besoin et qui tient à réaliser des bénéfices.

En ce qui touche le défaut de confiance, il vient de ce que, soit faute d'expérience, soit que l'on ait exploité à son profit personnel les bienfaits de la mutualité, soit les deux causes réunies, les résultats obtenus par tous ceux qui, jusqu'à ce jour, ont tenté l'application de ce système, ont toujours été mauvais, de là est née la prévention qui pèse encore si lourdement sur l'assurance mutuelle et paralyse son développement.

Quant à l'élévation de la contribution, obstacle non moins sérieux que le précédent, loin d'être comme on l'avait toujours pensé, une ressource pour parer à l'importance des sinistres, elle produisait diamétralement l'effet contraire ; au lieu d'augmenter ces ressources elle les diminuait dans des proportions considérables, parce qu'elle éloignait de l'assurance tous ceux qui n'avaient pas la certitude d'être atteints par la grêle au moins une fois en trois ans, et souvent plus, et ne permettait d'y venir qu'à ceux qui avaient cette certitude, laquelle s'acquiert par l'expérience des faits.

Il y avait donc dans ce mode d'opérer, c'est-à-dire dans cette augmentation toujours croissante, et toujours insuffisante de la contribution, une faute, une erreur, un vice de logique dont le bon sens et la raison ont fait justice, voici comment :

En matière d'assurance grêle, comme en matière d'incendie, il y a,

personne ne l'ignore, de bons et de mauvais risques ; les bons sont
ceux qui, par des raisons de situations topographiques, sont sinistrés
le moins souvent, ceux-là ne s'assurent que par prévoyance et à
condition que la contribution qui leur est demandée soit en rapport
avec le peu de gravité ou d'importance du risque dont ils veulent se
garantir ; les mauvais sont ceux qui ont la certitude acquise d'être
sinistrés une ou deux fois en trois ans, ou tout au moins chaque fois
que les chaleurs de l'année la rendent tant soit peu orageuse, ceux-là
c'est la crainte du sinistre qui les amène à l'assurance ; ils y viennent
presque toujours, quelle que soit d'ailleurs l'élévation de la contribution, parce qu'ils savent qu'elle leur sera rendue, le plus souvent au
centuple.

Or, avec quoi faire face aux sinistres à payer si, par l'*élévation* de
la contribution, vous éloignez tous les bons risques de l'assurance ?

Poser cette question, c'est résoudre le problème !

C'était, tout en maintenant l'élévation de la contribution à la hauteur des mauvais risques, en abaisser le niveau en faveur des bons,
de manière à les appeler à l'assurance, et à encourager la prévoyance
par le bon marché.

La vérité de ce raisonnement est devenue incontestable, elle appartient désormais aux faits accomplis, nous allons en fournir la preuve.

Une institution qui s'est fondée dans l'Est de la France, qui a son
siége à Nancy, et qui a pris le nom de l'ancienne province dans laquelle elle étend ses opérations, *la Lorraine,* en un mot, vient de
prouver, pendant six années de suite, que le bon marché de l'assurance contre la grêle était la véritable base de cette institution.

En effet, depuis et y compris 1863 jusqu'en 1868 inclusivement,
cette société, avec une contribution de deux ou trois cinquièmes au-
dessous de celle demandée par les autres institutions du même genre,
a pu faire face aux nombreux sinistres qui affectent annuellement cette
partie de la France.

Pour arriver à ce résultat, voici ce qu'elle s'est dit :

Le cultivateur qui s'assure *par prévoyance,* sans avoir la certitude
d'être sinistré, et qui reste cinq, six ou sept ans sans l'être, fait un sacrifice à sa sécurité ; ce sacrifice tournant au profit de la Société chaque
fois qu'il n'y a pas de sinistre, doit être encouragé par tous les moyens
possibles, dont le plus efficace est assurément le *bon marché.*

Le fait de grêle étant éventuel, la prime ou contribution à payer, pour s'en garantir, doit être conditionnelle et subordonnée à cette éventualité, en d'autres termes, il n'est pas juste que la contribution soit la même pour celui qui est sinistré que pour celui qui ne l'est pas. Maintenir l'égalité entre eux, c'est faire de l'assurance une loterie, une sorte de jeu de hasard dont les gagnants vous ruinent, dont les perdants s'éloignent.

En effet, celui qui étant assuré n'a pas été sinistré, aura toujours *payé trop cher*, eu égard à ce qu'il retire de l'assurance, tandis que celui qui sera atteint par la grêle, profitant seul de la contribution versée par tous, ne paiera jamais assez, proportionnellement au dommage qu'il a apporté à la Société et à l'indemnité qu'il en reçoit. Il fallait donc trouver le moyen d'imposer une contribution rationnelle, en rapport surtout avec l'éventualité du sinistre ! C'est le but qu'a atteint *la Lorraine*.

Etant avéré que l'élévation de la contribution éloigne le bon risque de l'assurance, n'y laisse venir que le mauvais et augmente ainsi la somme des sinistres, *la Lorraine* a divisé la contribution qu'elle impose en trois parties. La première se compose d'une somme en argent, soit par exemple 10 fr. pour 1,000 fr. de valeurs assurées qu'elle appelle le *maximum ;* la deuxième se compose des 7/10 de ce maximum, soit 7 fr. pour 1000 fr. de valeurs assurées, qu'elle nomme *fonds de prévoyance;* la troisième se nomme *franchise ;* elle se compose du premier vingtième de la valeur totale assurée en chacune des trois classes de récolte dont la Société garantit la valeur.

Si le sociétaire est sinistré et que la perte qu'il éprouve ne dépasse pas 50 fr. par 1000 fr. de valeurs assurées en chacune des classes soumises à l'assurance, il n'a droit à aucune indemnité, la Société n'a rien à lui payer, parce qu'il reste son propre assureur pour ce premier vingtième (la perte de cette partie de sa récolte ne pouvant jamais le ruiner, ni même le gêner sérieusement). Si la perte atteint le quart sans dépasser moitié de la valeur assurée, la franchise s'augmente d'un quarantième, le sociétaire reste son propre assureur de 75 fr. par 1,000 fr. Si la perte dépasse la moitié de la récolte assurée, la franchise s'augmente encore d'un quarantième, elle est alors de deux vingtièmes (ou d'un dixième) soit de cent francs par mille, somme que cette franchise ne peut jamais dépasser.

Ainsi appliquée, ladite franchise qui n'est qu'une augmentation de contribution imposée à l'assuré sinistré, exonère la Société des quatre dixièmes de ses pertes ; en certaines années on pourrait dire des cinq dixièmes ou de moitié. *La Lorraine* est donc aussi riche avec cette franchise qu'elle le serait en exigeant une contribution de 13 à 14 fr. par 1,000 fr., chiffre qui éloignerait tous les bons risques de l'assurance.

Sa première ressource, qui est aussi sa première garantie est donc son fonds de prévoyance. Cinq fois en six ans, ce fonds de prévoyance lui a suffi à faire face à toutes ses charges, elle est même parvenue à faire des réserves qui ont atteint le chiffre de 60,000 fr.

L'année 1868, *exceptionnellement désastreuse*, a frappé de 210,000 fr. de perte les 10,600,000 fr. de valeurs qu'elle avait assurées, et l'a forcée à recourir à l'appel de son maximum qui serait resté insuffisant si elle n'avait pas eu son fonds de réserve sur lequel elle a pu prendre la somme nécessaire pour payer, comme elle l'a fait, l'intégralité de ses pertes.

Il ne sera peut-être pas sans intérêt de faire connaître ici le résumé succinct des opérations qu'elle a faites depuis sa fondation, 1ᵉʳ janvier 1863 jusqu'au 31 décembre 1868.

Pendant ces six années, elle a garanti pour 42,810,350 fr. de récoltes, répartis comme il suit :

En 1863....	4,057,542ᶠ	
En 1864....	6,613,332	
En 1865....	7,007,256	Somme égale, 42,810,350ᶠ
En 1866....	7,251,407	
En 1867....	7,273,345	
En 1868....	10,607,469	

Pendant ces six exercices, elle a perçu, pour former le fonds de prévoyance de chacun d'eux. . . . . 410,201 fr. 21

Elle a perçu en outre une fois en six ans, et pendant l'année 1868, le maximum de sa contribution, soit. 38,917   68

Elle a donc reçu au total pour prix de l'assurance des 42,810,350 fr. de récoltes qu'elle a couvertes de sa garantie. 449,118   89

Report. . . . . 449,118 fr. 89

Ce qui donne une moyenne de 10 fr. 50 par
1,000 fr. de valeurs assurées en toutes classes
réunies.

Aux cotisations perçues, il y a lieu d'ajouter pour
intérêts des capitaux en caisse, etc. 8,660 33

Total général reçu. 457,779 22

Pendant les six premiers exercices, cette Société
a payé pour indemnités à ses sociétaires sinistrés,
pour prix d'expertises et autres charges compris. . 429,446 02

Il existe donc un excédant des recettes sur les dépenses, et elle a en réserve un capital de. 28,333 20

En présence de ces résultats confirmés par six années de pratique,
l'on peut dire que l'assurance contre la grêle est définitivement fondée. Une chose reste à faire ! C'est de la propager, et de la faire
comprendre et adopter par l'agriculture.

Pour atteindre ce but, moins facile qu'on pourrait le supposer, il
faudrait, ce nous semble, commencer par détruire la prévention qui
pèse *sur la mutualité* en en faisant connaître les bienfaits, et en prou-
vant aux populations agricoles que ce n'est que dans *leur union*
qu'elles trouveront leur véritable force, que ce n'est aussi que de
cette *union* créée par l'*association* que sortira une assurance assez
puissante pour servir de *base* au *crédit* dont elle manque, et qui lui
est indispensable pour arriver au progrès.

Ne serait-ce pas au gouvernement qu'appartiendrait la mission de
cet enseignement ? Ne serait-ce pas à lui d'en prendre l'initiative en
instituant, dans certaines écoles, *des cours* d'assurances mutuelles ?
Nous le croyons, et nous pensons que s'il n'en est pas ainsi, bien longtemps encore l'agriculture, ignorante des bienfaits de la mutualité et
de la puissance de l'association, restera privée indéfiniment de la base
du crédit qu'elle demande depuis des siècles et qui, faute de garanties, n'a jamais pu et ne pourra jamais lui être ouvert.

Ne serait-il pas convenable aussi de faire suivre de près l'étude du
système des opérations et des résultats de la Société *la Lorraine*, et
après cette étude, si les résultats continuent d'être aussi satisfaisants
qu'ils l'ont été jusqu'à présent, de voir s'il n'y aurait pas lieu, à titre

d'encouragement, de déclarer cette institution d'*utilité publique ?* Dans l'intérêt de l'agriculture, nous livrons ces idées aux appréciations de qui de droit.

Le produit territorial de la France doublé en un demi-siècle et porté de deux milliards cinq cents millions, chiffre qu'il représentait en 1790 (1) à cinq milliards constatés en 1840 (2), témoigne assez hautement de ce qui a été fait en faveur de l'agriculture.

Depuis trente ans, grâce aux encouragements de toute nature qui lui ont été donnés, les simples laboureurs se sont faits cultivateurs, les cultivateurs sont devenus agriculteurs, et avant qu'un même nombre d'années ne se soit écoulé, les agriculteurs deviendront agronomes.

Devant ces magnifiques résultats, qu'il nous soit permis de dire dans l'intérêt de l'agriculture, la plus belle et la plus noble des industries, que le pas le plus utile est encore à faire, ce pas c'est la fondation du crédit qui lui manque, et sans lequel elle ne pourra jamais avancer que lentement et péniblement.

Serait-ce parce que le moyen indiqué est le plus simple et le moins coûteux de tous, qu'il serait réprouvé ou négligé, nous ne voulons pas le penser.

Arrivons donc par l'assurance rendue possible, facile même lorsqu'elle sera devenue populaire, à faire des cinq milliards représentés par le revenu territorial de la France, qui se trouve aujourd'hui dans les mains des populations agricoles, la base de la garantie sur laquelle devra et pourra s'établir le crédit dont elles manquent, et avant un demi-siècle ce revenu aura encore plus que doublé, il aura triplé, car il aura pour se développer le capital qui lui a toujours fait défaut.

M. Grandeau, Secrétaire général :

M. Herment-Bidault, agriculteur à Vitry, s'était fait inscrire à l'ordre du jour de cette séance pour une communication sur la question des laines; par une lettre que je reçois à l'instant, il me prie de l'excuser auprès des membres du Congrès, une circonstance imprévue l'empêchant de se rendre à

---

(1) Statistiques de Lavoisier.
(2) Statistiques de Léonce de Lavergne.

Nancy, il m'envoie par le même courrier un résumé statistique qui sera inséré au compte rendu. Voici cette lettre :

Monsieur le Secrétaire général,

Je m'empresse de répondre à votre appel et à celui de Messieurs
les membres du comité d'organisation du congrès agricole de Nancy,
en donnant mon adhésion audit Congrès, et en lui soumettant une
question qui concerne à un très-haut point l'intérêt général des agriculteurs de France.

Je veux parler de nos laines indigènes, qui sont mises en concurrence vis-à-vis de messieurs les fabricants, avec les laines étrangères
dites de l'Australie. Ce nouvel état de choses existe depuis 1861.

Cette question, je le sais, a déjà été l'objet de plusieurs discussions
plus ou moins favorables pour nous. Il serait cependant bien nécessaire de pouvoir arriver à une conclusion. Je crois donc utile d'exposer ici la situation des affaires en laine, qui se sont traitées en Cham-
pagne depuis 1854 ; année où j'ai pris à mon compte l'exploitation
que je dirige aujourd'hui.

La moyenne des prix de vente pour notre pays était :

en 1854, le kilog. 6f 20	en 1859, le kilog. 6f »	en 1864, le kilog. 4f 60
en 1855, — 6 »	en 1860, — 6 20	en 1865, — 4 70
en 1856, — 6 »	en 1861, — 5 »	en 1866, — 4 70
en 1857, — 6 40	en 1862, — 4 50	en 1867, — 4 60
en 1858, — 6 40	en 1863, — 4 70	en 1868, — 4 20

En 1869 il n'y a jusqu'à ce jour aucune offre sérieuse pour les
laines lavées à dos. Les suints tondus dans le courant du mois de
mars dernier ont trouvé preneurs à 1 fr. 50 et 1 fr. 60 le kilo, avec
vente difficile, tandis que les prix obtenus pour ces mêmes laines en
1859 et 1860, étaient de 2 fr. 50 et 2 fr. 80. Différence en moins
40 p. 100, résultat bien triste à constater, et qui n'a peut-être pas
encore dit son dernier mot, si on persiste à vouloir nous laisser dans
cette situation.

M'objectera-t-on que si nos laines ne sont pas recherchées aujour-
d'hui, c'est faute de commerce ou de besoins de la part de la fabrication ? Je répondrais à ceux-là, que nous voyons messieurs les fabricants de notre département s'en aller tous les trois mois aux ventes

de Londres, et s'approvisionner de laines étrangères, tandis que les nôtres sont complétement délaissées.

Donc la fabrication marche, et nos laines restent sur le grenier.

Après cet exposé, la question peut donc se réduire à ceci :

Est-il possible de continuer à produire de la laine sous condition de la vendre 40 p. 100 au-dessous des prix qui existaient avant le libre échange : je dirai hautement que non, attendu que les frais généraux de main-d'œuvre et d'exploitation, au lieu d'aller en diminuant, vont et iront, cela est connu de tout le monde, toujours en augmentant. En est-il de même auprès de ces messieurs de l'Australie ? Nous savons tous aussi que le prix de revient de leur laine est infiniment au dessous du nôtre.

On peut donc conclure de ces faits, et des économistes éminents l'ont reconnu avant nous, qu'il est de notre intérêt général de rétablir la taxe qui existait à l'entrée des laines étrangères en France. J'engagerai mes confrères qui assisteront aux réunions du Congrès, à y apporter aussi le résultat de leurs appréciations, espérant qu'enfin on voudra bien rendre justice à notre agriculture, cette mère de toutes les industries.

M. Limbourg, délégué de la société centrale de la Prusse rhénane, veut, avant que le Congrès se sépare, faire un nouvel appel aux sentiments de bon voisinage et de confraternité internationale qui doivent donner tant de force à l'agriculture en Allemagne et en France. Il exprime la reconnaissance des délégués allemands pour l'accueil qu'ils ont reçu à Nancy, et invite MM. les membres du Congrès à venir à leur tour assister au congrès agricole qui se tiendra en septembre prochain à Trèves. Ils y seront reçus avec l'amitié la plus franche et la plus cordiale.

M. de Fehling, délégué du Wurtemberg :

MESSIEURS,

Permettez-moi d'ajouter quelques mots à ce que mon compatriote, M. Limbourg, vient de vous dire, pour vous exprimer notre très-grand désir, que vous nous rendiez notre visite aussitôt que possible sur l'autre côté du Rhin. — Les agriculteurs et les forestiers allemands se réunissent chaque année. L'assemblée de l'année prochaine aura lieu en septembre à Stuttgart. Nous vous prions, Messieurs, de vous y rendre aussi nombreux que possible.

Vous y trouverez les agriculteurs de tous les états allemands, d'Autriche, de Prusse, de Bavière, de Saxe. Soyez bien sûrs, Messieurs, d'être tous les bien-venus, et d'être reçus avec un accueil cordial et amical.

Nous aimons toujours à rencontrer nos voisins, même comme concurrents en sciences et en industrie, dans ces luttes paisibles, les seules dignes d'une époque si avancée en civilisation dans tous les sens, dont nous aimions à nous glorifier. Alors donc au revoir, en septembre 1870 à Stuttgart.

M. Drouyn de Lhuys déclare l'ordre du jour épuisé. Avant de quitter le fauteuil, il adresse ses remercîments à l'assemblée dans les termes suivants :

« Permettez-moi, Messieurs, de vous féliciter cordialement du concours nombreux et empressé, de l'attention intelligente et soutenue que vous avez tous apportés à ces intéressants débats.

» Je remercie également au nom de la Société des agriculteurs de France les personnes qui sont venues en foule s'inscrire sur la liste de ses membres et se ranger sous son drapeau.

» Je disais, le premier jour de cette session, que notre société, dans le cours de sa campagne agricole, avait trouvé à Nancy une glorieuse étape; j'ajoute qu'elle y trouve un riche recrutement. »   (*Vifs applaudissements.*)

La parole est à M. le Secrétaire général, qui s'exprime ainsi :

Messieurs,

J'ai si souvent abusé de votre bienveillante attention pendant le cours de cette session que j'hésiterais à prendre une dernière fois la parole si je n'étais certain à l'avance d'être votre interprète à tous en priant notre hôte illustre d'accepter

15

nos félicitations et nos remercîments pour la manière si
libérale, si ferme et si courtoise avec laquelle il a présidé
nos laborieuses séances (*Bravo ! Bravo !*). Chacun de nous
emportera le meilleur souvenir du congrès agricole de Nancy
avec la conviction que la Société des agriculteurs de France
est appelée à rendre de grands services dans la voie où la
conduit si vaillamment l'homme d'Etat éminent qu'elle a
l'honneur de voir à sa tête.

Avant de se séparer, les membres du Congrès libre de
Nancy émettront, par acclamation, le vœu que M. Drouyn
de Lhuys veuille bien accepter la présidence de nos premières
assises agricoles. (*Applaudissements prolongés.*)

La séance est levée à midi.

NOTE DU SECRÉTARIAT.

Le mémoire suivant a été adressé au Secrétariat par son
auteur M. Maguin, trop tard, pour être inséré dans le Compte-
rendu de la séance du 26 au rang que lui assignait son objet.

Note de M. Maguin sur l'enseignement agricole.

Lorsqu'à l'occasion de l'enquête agricole, nous nous sommes demandé pourquoi la France n'occupait pas au point de vue de l'agriculture le rôle éminent qu'elle a conquis dans les sphères diverses de
l'activité humaine, nous avons été amenés à reconnaître qu'il fallait
attribuer cette infériorité relative, non pas à nos cultivateurs et à nos
ouvriers, ils sont courageux, intelligents et actifs, mais à nos mœurs
et à nos institutions qui sont contraires plutôt que favorables au progrès de l'agriculture.

Nos institutions agricoles, il est bien difficile de les modifier, parce
qu'elles ont pris place dans notre vie et nos habitudes ; les discussions
mêmes de ce Congrès démontrent avec quelle sage réserve, il faut
demander le changement de ce qui existe.

Mais nous pouvons préparer le progrès de ces institutions, nous le pouvons lentement, mais sûrement, par l'enseignement. Par l'enseignement, en effet, nous ne préparons pas seulement les agriculteurs, mais les législateurs, les administrateurs à venir qui doivent rédiger ou appliquer les lois et règlements qui régiront l'agriculture, et en déterminer ainsi les conditions économiques.

Or, l'enquête a prouvé que les conditions économiques que la loi fait à l'agriculture sont mauvaises parce qu'elles s'opposent généralement à l'amélioration des assolements, à l'extension des cultures fourragères, à l'adoption des instruments perfectionnés d'agriculture, au développement du crédit.

Permettez-moi de justifier cette critique par des exemples :

Aux termes de l'article 826 du Code Napoléon ou de l'interprétation qui lui est donnée par la jurisprudence, les tribunaux annulent le testament qui tout en déterminant des parts égales, composerait ces parts les unes d'immeubles, les autres de meubles ou d'argent (1). Il suit de là que le père de famille, cultivateur, qui a deux enfants, une ferme et des capitaux ne peut pas laisser à l'un sa ferme, à l'autre ses capitaux, les parts fussent-elles parfaitement égales. Il suit de là que la ferme, unité agricole, doit être détruite à chaque génération, que l'exploitation doit être vendue ou divisée, au moment même où le père de famille ayant acquis quelque expérience, pourrait en faire profiter et son fils et le pays tout entier.

C'est cette même ignorance de l'économie rurale qui a eu pour conséquence l'abrogation en 1845 de l'article 2 de la loi de 1824, loi qui facilitait les échanges de parcelles. Le législateur a confondu deux choses cependant très-distinctes : la division qui résulte de l'égalité des partages, et le morcellement qui résulte de la subdivision en 15 ou 20 parcelles en moyenne, quelquefois 400 parcelles de la propriété afférente à chaque propriétaire. L'échange ne crée pas les grandes propriétés, comme on l'a dit si inexactement à la tribune en 1845, non, mais il permet d'en réunir les fragments épars, il permet de les cultiver. Et, en effet, cette subdivision du sol appartenant au même propriétaire ne peut être justifiée par aucune considération. Elle rend

---

(1) La jurisprudence a également étendu cette décision aux partages anticipés, inconvénient plus grave encore pour la petite propriété.

les distances à parcourir par le cultivateur 12 ou 15 fois plus considérables, multiplie les procès, stérilise une partie du sol, parce que
les cultivateurs se prennent et se reprennent des raies en tournant les
uns sur les autres, les empêche de labourer et de herser les sillons
en travers, opération très-utile dans nos terres fortes. Elle rend impossible l'usage de la plupart des machines agricoles dont on nous
recommande l'emploi. Enfin et surtout, elle a pour effet d'enclaver la
presque totalité des parcelles, d'où il suit que pour ne pas dépenser
en indemnités de passage une somme égale ou supérieure au revenu
de leurs terres, les cultivateurs se trouvent obligés de se conformer
à l'assolement de leurs voisins, quelque vicieux qu'il soit. Comment,
en effet, un cultivateur pourrait-il enlever deux, trois ou quatre coupes de luzerne, au milieu de ce quadrilatère qui constitue tantôt la
saison des blés, tantôt la saison des avoines, et qui présente souvent
1 à 2 kilomètres de côté sans aucun chemin ?

Il n'y avait qu'un remède au mal, c'était l'échange, et le législateur
au lieu d'encourager une convention si éminemment utile à l'agriculture, la frappe d'un droit d'environ 2 fr. 50 c. p. 100, droit considérable, si l'on réfléchit qu'à raison des frais d'actes notariés, la dépense
totale s'élève fréquemment au double de cette somme.

Et comme si ce n'était pas assez de ce morcellement, qui multiplie
sous les pas du cultivateur les entraves et les procès, le législateur a
décidé que toute revendication de propriété immobilière si minime
fût-elle, ne s'agit-il que d'une raie de champ, doit être jugée non par
le juge de paix qui est sur les lieux, qui connaît la campagne, mais
par le tribunal d'arrondissement qui en est éloigné et composé d'hommes étrangers aux besoins et aux usages de l'agriculture. Il faudra
donc que le cultivateur laisse se consolider l'usurpation qui date de
plus d'un an, ou qu'il dépense au loin, en frais inutiles, une somme
presque toujours supérieure à celle de l'objet en litige.

Parlerai-je de la protection accordée aux mineurs ? M. Leplay a cité
à ce sujet un fait qui n'est pas exceptionnel, qui se reproduit trop
souvent : une succession immobilière de 900 fr. réduite à 16 fr. 50
par suite des formalités exigées par la loi. Combien de mineurs pauvres ne seraient-ils pas ruinés, endettés même, si les juges de paix
préférant l'humanité à la loi, n'engageaient souvent eux-mêmes les
tuteurs à en éluder les dispositions ?

Le législateur veut encourager l'agriculture et cependant il frappe d'un droit de 6 fr. 50 p. 100, droit souvent doublé par les frais d'acte notarié, la vente immobilière qui a pour effet de faire passer la terre aux mains de ceux qui peuvent en tirer le meilleur parti possible, tandis que les mutations de valeurs mobilières et industrielles sont exemptes de tout droit, ou ne paient qu'un droit insignifiant. D'où il suit qu'en réalité, c'est l'agiotage qui est privilégié au détriment de l'agriculture.

S'agit-il de crédit agricole ? Mêmes entraves, même ignorance des nécessités de l'économie rurale.

Si le cheptel ou bétail livré au colon périt en partie, la perte se répartit par moitié entre le propriétaire et le cheptelier (article 1818, C. N.). Si au contraire le cheptel périt en entier sans la faute du colon, la perte est entièrement à la charge du propriétaire (article 1827, C. N.). Aussi, lors des inondations de la Loire un cheptelier fut aperçu jetant son bétail dans le fleuve, et comme le témoin de cet acte étrange voulait sauver les animaux, le cheptelier faillit le faire repentir de son dévouement, et lui fit comprendre que le cheptel ayant péri en partie, il était intéressé, lui cheptelier, à se débarrasser du surplus pour être libéré (art. 1818, C. N.) par la perte totale du troupeau. C'est ainsi que, suivant la spirituelle remarque de M. de Lavergne, il entendait liquider son compte avec son propriétaire. On comprend comment cette disposition du code tourne précisément au détriment du cheptelier qu'elle semble protéger. Les propriétaires de bétail se gardent bien d'en livrer à de pareilles conditions, et le colon partiaire privé de ce moyen naturel de crédit se voit trop souvent obligé de recourir aux usuriers.

Je pourrais citer encore bien des erreurs législatives funestes à l'agriculture, mais ce serait refaire l'enquête : je crois avoir démontré que si nos législateurs ont souvent entravé les progrès de l'agriculture, alors même qu'ils voulaient la protéger, c'est parce qu'ils sont généralement étrangers aux mœurs et aux besoins de nos campagnes.

Il est temps d'attaquer le mal dans sa racine, dans l'éducation même que reçoivent les classes dirigeantes. Prenez à son début dans la vie ce jeune homme dont une parole ou un trait de plume décidera peut-être du sort de nos campagnes. Au lycée, il n'a appris à les connaître (1) que par les vers que Virgile et Ovide ont consacrés à l'agriculture italienne. Sorti de l'Ecole de droit, où l'on ne lui parle même pas d'économie rurale, devenu avocat, magistrat, administrateur, législateur, il discutera, jugera, décidera, souvent sans appel, les questions agricoles les plus importantes. Nous ne lui demandons pas d'être agriculteur, nous lui demandons seulement de se procurer, à défaut de connaissance pratique une notion au moins théorique des questions qu'il doit décider ou discuter, qu'il sache un peu sur quoi il doit parler ou écrire. Cette conclusion est si évidente qu'elle en paraît naïve, mais il faut bien insister cependant puisqu'elle est contredite.

Cette notion théorique des faits sociaux que nous demandons au jurisconsulte, notion qu'exigeaient déjà de lui les Romains sous le nom de *notitia* (2), constitue heureusement aujourd'hui une science précise, elle s'appelle l'économie politique ; elle embrasse l'économie rurale, industrielle et commerciale. Le jurisconsulte qui ignore cette science et n'y supplée pas par l'expérience plus précieuse encore de la vie pratique, est disposé à commettre à chaque pas ces regrettables erreurs dont notre agriculture souffre aujourd'hui.

Voilà pourquoi l'économie politique doit être enseignée dans nos écoles de droit. On commence à comprendre aujourd'hui l'utilité de cette étude. Déjà elle fait partie du programme de l'enseignement spécial annexé aux établissements d'enseignement secondaire par la décision du 6 avril 1866 ; déjà des cours d'économie politique sont institués dans les Facultés de droit de Paris, Nancy, Toulouse et Grenoble. Déjà 53 cours libres d'économie politique sont autorisés en France, mais il existe encore une double lacune : dans toutes les autres Facultés de droit ce cours n'existe pas, dans celles où il existe, l'économie politique ne fait point partie des matières obligatoires de l'examen de fin d'année, en sorte que les élèves trouvant l'obligation d'un côté, la faculté de l'autre, négligent ce qui est facultatif pour n'étudier que ce qui est obligatoire.

---

(1) Il convient d'observer cependant que le programme de l'enseignement spécial organisé par décision du 6 avril 1866 comprend certaines notions d'économie rurale, mais cet enseignement commence seulement à s'organiser et n'est suivi que par un petit nombre d'élèves ; il ne l'est point notamment par ceux qui se destinent aux Écoles de droit.

(2) Jurisprudentia est justi atque injusti scientia, rerum divinarum atque humanarum notitia.

Je prévois une double objection : le temps et l'argent, dira-t-on, font défaut. Messieurs, on trouve toujours du temps et de l'argent quand il s'agit de l'art qui tue les hommes, nous demandons qu'on en trouve aussi pour protéger l'art qui les nourrit. Je dis : nous demandons, car je ne suis en ce moment que l'interprète de vœux et d'idées que j'ai entendu souvent exprimer. Tout à l'heure le Congrès sur la proposition de l'honorable M. Liégeois émettait le vœu que l'économie politique fût enseignée dans nos écoles primaires. Vous penserez que cette science des faits sociaux, base du droit qui distingue parmi ces faits le juste de l'injuste, doit être, à plus forte raison, enseignée dans nos Facultés de droit. — « Vos ouvriers, disait un homme d'Etat de » l'Angleterre, ne feront point de révolutions, ils savent trop d'éco- » nomie politique. »

Ce que savent les ouvriers anglais, vous penserez que nos classes dirigeantes peuvent et doivent le savoir mieux encore, et vous vous associerez, je l'espère, à un vœu formulé en ces termes..... : que l'économie politique dont l'économie rurale fait partie soit enseignée dans toutes les écoles de droit et faire partie des matières obligatoires de l'examen de fin d'année.

Comme on l'a vu page 216, la proposition de M. Maguin n'a pas été prise en considération et n'a, par suite, donné lieu à aucun vote.

Pour copie conforme des procès-verbaux des séances du Congrès.

Le Secrétaire général,

L. GRANDEAU.

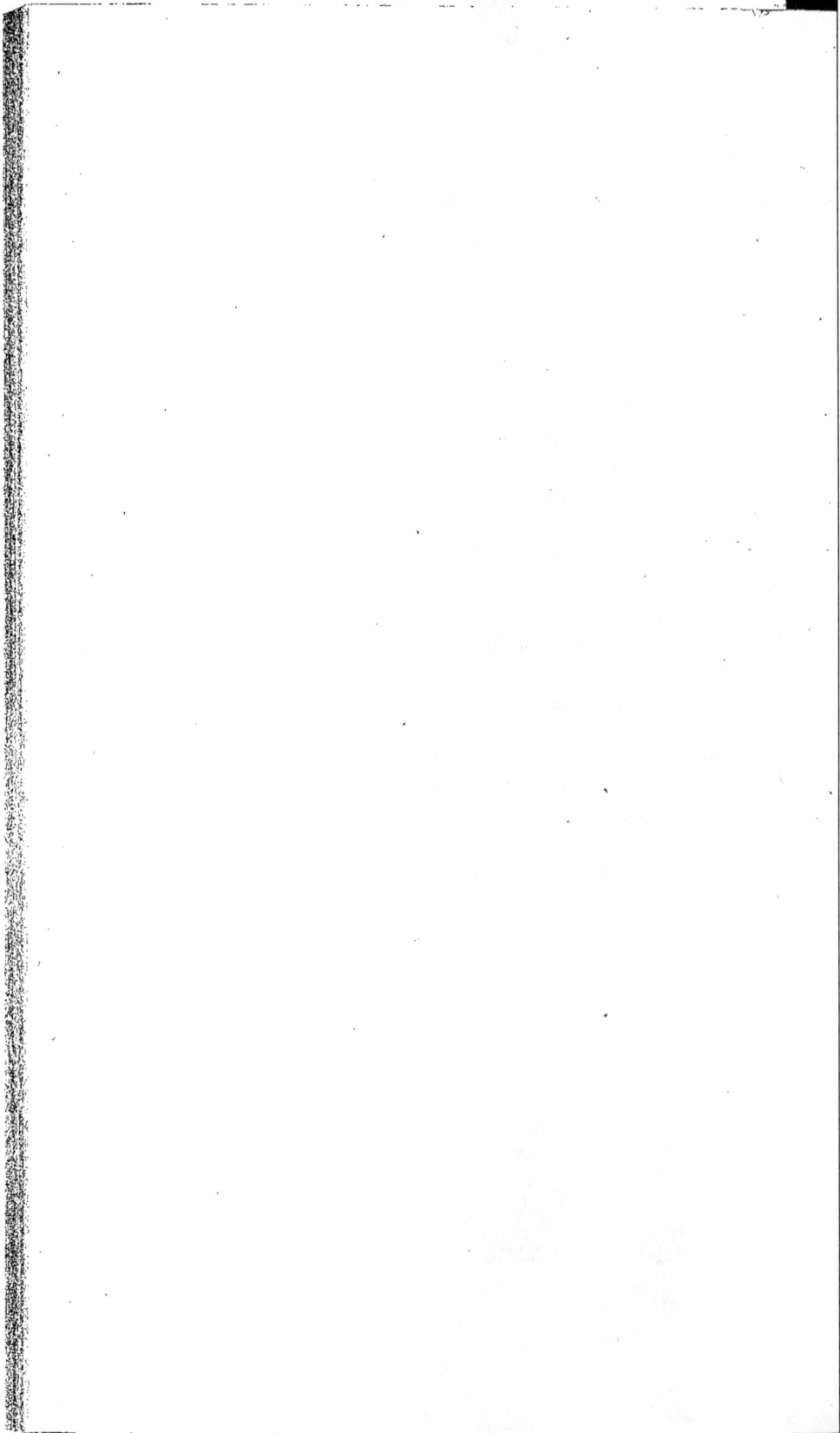

EXCURSIONS

DES 24, 25 ET 26 JUIN 1869

Les organisateurs du Congrès, s'inspirant de l'usage établi de longue date en Allemagne et en Angleterre, ont introduit une heureuse innovation en ajoutant au programme des séances qui devaient être remplies par des discussions d'intérêts aussi graves, des excursions de nature à servir à la fois de délassement et de complément instructif pour les agriculteurs assistant au Congrès.

Dans cet ordre d'idées, le comité avait proposé les excursions suivantes :

1re journée. — Excursion au château de Remicourt;

2e journée. — Excursion à Varangeville;

3e journée. — Visite au champ d'expériences de la station et à la ferme-école de la Malgrange.

Ces visites, disons-le tout de suite, favorisées par un temps splendide, ont été un des grands attraits de la session. Un concours nombreux de visiteurs, la plus grande cordialité de la part des hôtes, ont fait de ces promenades une obligation impérieuse du programme des futurs congrès. L'organisation avait été si complète dans tous ses détails que pour les transports, comme pour le séjour dans les divers lieux d'excursion, rien absolument ne laissait à désirer.

PREMIÈRE JOURNÉE.
Château de Remicourt.

M. de Scitivaux de Greische, vice-président du Congrès, n'avait pas voulu borner son hospitalité à l'invitation si gra-

cieuse adressée par lui à quelques-uns des délégués de l'Allemagne qu'il avait installés dès leur arrivée dans son hôtel
de Nancy. Tandis que les jurés du concours régional allaient
reprendre leurs fonctions après la séance du matin, plus de
cent membres du Congrès se rendaient à Remicourt, où mesdames de Scitivaux leur avaient préparé le plus gracieux
accueil.

Le domaine de Remicourt, bien connu des éleveurs de
l'Est, possède un haras et une étable remarquables par leur
bonne installation. La culture des terres attenantes au magnifique parc qui domine le vallon occupé par la ville de
Nancy, est digne en tous points de la notoriété dont M. de
Scitivaux jouit à juste titre dans le pays. A la suite de la
communication faite par plusieurs agriculteurs de l'Est sur
les semis en ligne, M. de Scitivaux avait convié ceux que
cela pouvait intéresser à visiter un spécimen de culture de
blé en ligne qui donne de belles espérances. M. Anatole de
Scitivaux, sportman distingué, profitait de cette visite pour
montrer aux amateurs les chevaux du haras dont quelques-
uns ont paru particulièrement mériter les suffrages des connaisseurs. Quant à l'étable, dont les sujets les plus remarquables figuraient au concours, on y fait à la fois de la
laiterie et de l'élevage. M. de Scitivaux, nous le rappellerons,
est un des premiers introducteurs de la race durham en
France.

Au retour de ces promenades dans les dépendances de la
ferme, dissimulée si artistiquement par le château lui-même,
mesdames de Scitivaux ont présidé avec une grâce charmante
un luncheon dressé dans le salon d'entrée et élégamment orné
de fleurs et de feuillage. A six heures, on prenait congé des
hôtes aimables de Remicourt, en emportant de cette excellente
journée le meilleur souvenir.

DEUXIÈME JOURNÉE.

Saint-Nicolas-Varangéville.

La séance du matin avait été consacrée en grande partie à l'examen des questions de l'emploi du sel en agriculture et de la dénaturation de ce produit. La visite à Varangéville offrait donc un intérêt tout particulier, puisque les membres du Congrès pouvaient à la fois visiter une des plus belles mines de sel et étudier sur place le traitement de cette précieuse matière.

MM. Daguin, gérant de la compagnie de Saint-Nicolas; Rolland, Pougnet, Evette, administrateurs; Pfetsch, ingénieur-directeur de la saline, et Raspony, directeur commercial, venus à Nancy pour recevoir leurs invités, avaient tout disposé pour une réception princière. Un train spécial, organisé par les soins du comité du Congrès qui avait trouvé chez M. Dessans, inspecteur principal de la compagnie de l'Est, toutes les facilités désirables, et conduit par M. Lebrun, inspecteur de la ligne, partait de Nancy à deux heures vingt minutes, et entrait en gare à Varangéville à trois heures quarante minutes au milieu du concours de toute la population. La Société musicale des mineurs s'était spontanément offerte pour compléter cette réception dont la cordialité ne le cédait en rien à l'éclat.

Le cortége, précédé par M. Drouyn de Lhuys et les directeurs, arrivait à l'usine en longeant le quai du canal garni d'une haie d'ouvriers et de leurs familles accourus de toutes parts pour la fête. On eût dit une entrée de souverains! Les agriculteurs, réunis dans une association aussi puissante, méritaient bien un tel honneur.

Dans la vaste salle ornée de feuillages, de trophées, d'outils et de drapeaux, et dont le fond était occupé par l'exposition des produits bruts et manufacturés de la saline, avait été dressée une table de deux cents couverts. C'est là que, dès l'arrivée, les assistants, désireux de descendre dans la mine, revêtissaient l'uniforme obligatoire ; chapeau de cuir bouilli, pantalon et veste de toile noire imperméable, avec ceinture de cuir et lampe de mineur. Des dispositions avaient été prises pour que les membres du Congrès étrangers à la région pussent les premiers descendre dans la mine, les cages ne pouvant renfermer que quatre personnes à la fois. Le directeur de la saline ne voulant rien laisser à souhaiter à ses invités, tout en prenant les mesures dictées par la sécurité, avait engagé les autres membres à venir visiter un autre jour l'intérieur de la mine, leurs cartes de membres du Congrès leur en assurant l'entrée.

La couche de sel actuellement exploitée, d'une puissance de 7 mètres environ, est la onzième à partir du sol. Elle est située à 180 mètres de profondeur. Les galeries pratiquées à ce niveau ont 7 mètres de largeur et sont séparées par des piliers. Toutes ces galeries en plein sel gemme étaient éclairées par les lampes et présentaient un aspect vraiment féerique. Chacun a pu admirer la remarquable installation de l'exploitation par l'eau introduite par M. Pfetsch. La France n'en présente pas d'autre spécimen. Des coups de mine trop nombreux pour que nous ayons pu les compter enlevaient de minute en minute des blocs énorme de roche. Malgré la quantité considérable de poudre ainsi consommée, l'atmosphère des galeries est restée pure, ce qui prouve combien sont parfaits les procédés de ventilation adoptés par l'habile ingénieur badois qui a installé les travaux de la mine et l'usine.

Revenus au jour, les visiteurs trouvaient des guides qui leur faisaient parcourir les vastes ateliers et leur expliquaient en détail les diverses opérations, depuis l'extraction du sel gemme jusqu'à sa livraison à l'état de sel raffiné. Quant aux visiteurs restés à la surface, ils avaient déjà suivi le même itinéraire. Tous, enfin, se retrouvaient dans la salle du banquet, où M. Daguin, avant de donner le signal, a remercié dans les termes suivants le président de la Société des agriculteurs de France et le Congrès de l'honneur qui lui était fait.

MESSIEURS,

Avant de nous séparer, je tiens à vous remercier tant en mon nom qu'au nom des administrateurs de notre Société, de l'honneur que vous avez bien voulu nous faire en venant visiter notre saline de Saint-Nicolas.

Le Congrès agricole de Nancy restera pour nous un souvenir précieux puisqu'il nous aura donné la bonne fortune de nous rencontrer avec les savants et les agronomes éminents, qui, tant en France qu'en Allemagne, soit au point de vue scientifique, soit au point de vue pratique, ne cessent de contribuer au développement de l'agriculture, la première des industries.

Nous nous félicitons tout particulièrement de posséder ici le président de la Société des agriculteurs de France, le président du congrès agricole de Nancy, S. Exc. M. Drouyn de Lhuys.

Sa présence parmi nous, Messieurs, est un témoignage éclatant de sa sollicitude constante pour les intérêts agricoles et industriels. Son individualité grande et respectée, entourée du prestige de tant de services rendus à l'Empereur et au pays, a puissamment contribué au succès de ces réunions, qui concentrant à un moment donné sur un même point, l'examen d'études et d'idées isolées, en forment un faisceau d'où rayonnent la lumière et le progrès.

L'agriculture n'est pas seule à en profiter, l'industrie elle aussi leur doit des débouchés nouveaux ou agrandis pour ses produits. Les nôtres voient chaque jour leur utilité mieux appréciée et leur emploi se développer.

Mais, Messieurs, les résultats matériels si considérables qu'ils puissent être, ne sont pas les seuls qui doivent nous frapper : les conséquences morales les dépassent encore. Les rendez-vous donnés à tant d'hommes supérieurs, de nationalités diverses, en leur fournissant l'occasion de se connaître, créent entre eux des sentiments d'estime, je dirai presque d'affection qui, en faisant disparaître peu à peu certaines susceptibilités nationales, contribuent à éloigner le fléau de la guerre et à consolider la paix, source du bien-être et de la richesse des nations.

L'honorable président du Congrès agricole, en consacrant avec tant d'abnégation une portion d'une existence déjà si remplie à ces œuvres fécondes, mérite bien de ceux qui préfèrent aux luttes stériles et passionnées l'étude sérieuse et calme des problèmes qui intéressent réellement la société. Aussi, je pense être l'interprète des sentiments de vous tous qui m'écoutez, en proposant un toast en son honneur.

Au président de la Société des agriculteurs de France et du Congrès agricole de Nancy, à S. Exc. M. Drouyn de Lhuys.

A cette allocution, fréquemment interrompue par de chaleureux applaudissements, ont succédé quelques-unes de ces paroles aimables et sympathiques dont M. Drouyn de Lhuys a seul le secret. Le président a voulu en outre laisser un témoignage de la visite du Congrès à la caisse de secours des ouvriers mineurs. Une collecte dont il avait le premier ouvert la liste a produit en quelques instants près de 5oo fr., que le trésorier du Congrès, M. Gourier, a versés aussitôt dans la caisse des ouvriers.

L'heure du départ n'est venue que trop tôt, et l'obligation de prendre le train du retour à heure fixe, a seule empêché de prolonger cette réunion empreinte d'une joie et d'une cordialité que n'oublieront jamais ceux qui y ont assisté. On quittait la station de Varangéville à six heures et demie, précédé, comme à l'arrivée, du corps de musique des volontaires de la mine, auquel le président a témoigné, au nom de tous sa satisfaction bien légitime.

Réunis le soir à la station agronomique de l'Est, dont Mme Grandeau faisait elle-même gracieusement les honneurs les membres du Congrès s'entretenaient à plaisir des incidents de cette intéressante et charmante journée. Cette station, construite depuis l'année dernière, occupe un corps de logis à deux étages et sous-sol, avec salle de végétation, laboratoire d'analyses, laboratoire pour le travail du feu, bibliothèque et collections. Dans ses dépendances se trouvent les caisses de végétation en plein air établies d'après les modèles du professeur Wolf, de Hohenheim. Les directeurs des stations

allemandes y complimentaient à l'envi M. Grandeau sur la
perfection donnée par lui à son établissement, et le président
y remerciait à nouveau M. Daguin d'avoir bien voulu organiser et présider la fête de Varangeville dont il avait eu le
premier l'idée.

TROISIÈME JOURNÉE.

Visite au champ d'expériences de la station et à la ferme-école de la Malgrange.

Le matin, le Congrès s'était occupé surtout de l'enseignement agricole et des stations agronomiques. Cette discussion,
qui portera des fruits, empruntait un intérêt particulier à la
présence des savants directeurs de quelques-unes des stations
de l'Allemagne. On était reconnaissant au comité d'avoir fait
suivre cette séance d'une visite à la Malgrange.

En effet, c'est sur le domaine de la ferme-école, dirigée si
vaillamment par l'un des membres fondateurs de la Société
des agriculteurs de France, M. Nicolas Brice, que se trouve
le champ d'essais de la station agronomique de l'Est, dû à
l'initiative privée. C'est à cette création d'ailleurs que
M. Grandeau a consacré l'allocation de la Société centrale
d'agriculture de la Meurthe. Son regretté président, M. Mon-
nier, l'ami de Mathieu de Dombasle, était, comme on le sait,
le propriétaire de la Malgrange.

A deux heures, comme les jours précédents, rendez-vous
avait été pris dans la cour du Congrès, et malgré une chaleur intense, près de deux cents personnes se rendaient, qui
en voiture et qui à pied, au champ d'expériences situé à 2 kilomètres environ de la ville. Là, M. Grandeau expliquait la
disposition du champ et la composition des engrais appliqués à chacune des récoltes sur pied ; blé d'hiver et d'été,
orge, avoine, seigle ; pommes de terre, betterave, maïs géant,
tabac et sarrasin. Il résumait, en même temps, les résultats
obtenus l'an dernier dans le même champ. Les explications

du savant professeur étaient accueillies par un intérêt des plus marqués.

A quelques pas du champ d'essais, une faucheuse et une moissonneuse mécaniques que M. Paul François, de Vitry-le-François, avait offert de faire fonctionner sous les yeux des membres du Congrès, réunissaient bon nombre de praticiens et leur permettaient d'apprécier les qualités de ces machines exposées au concours.

Plus loin, sous la célèbre charmille de la Malgrange, était dressée une collation servie avec goût. M. Leroy, ingénieur de la Compagnie de l'Est, avait tenu, tout étranger qu'il est à l'agriculture, à témoigner à l'ancien président du conseil d'administration de l'Est le bon souvenir qu'ont gardé de l'éminent homme d'Etat tous ceux que leurs fonctions ont mis en rapport avec lui.

La ferme-école, fondée depuis deux ans seulement, comble une lacune dans l'enseignement agricole de la Lorraine. Une vingtaine d'élèves y apprennent, sous l'excellente direction de M. Brice, les rudiments de l'agriculture en même temps qu'ils s'exercent aux travaux du sol sur 120 hectares de terres autrefois de médiocre qualité et devenues aujourd'hui, dans les mains de M. Brice une des meilleures fermes du pays. Ils y apprennent aussi sous la vigilante tutelle de Mme Brice, modèle d'activité et d'économie, les détails de l'administration intérieure de la ferme (laiterie, jardinage et basse-cour). Les jeunes élèves, en uniforme, attendaient le président et les membres du Congrès, à l'entrée de la cour de la ferme, pour leur souhaiter la bienvenue.

Au collége diocésain, dont le parc confine à la ferme-école, le président, convié par le directeur, haranguait les élèves et leur donnait une marque sensible de sa présence parmi eux, en leur accordant un jour de congé, comme il l'avait fait deux jours auparavant dans sa visite au lycée impérial de Nancy.   A. RONNA.

COMPTE RENDU

DU BANQUET

OFFERT A S. EXC. M. DROUYN DE LHUYS

PRÉSIDENT DU CONGRÈS

Le 26 juin 1869, avant de se séparer, les membres du Congrès agricole libre de Nancy ont offert un banquet à S. Exc. M. Drouyn de Lhuys, leur président, et aux savants agronomes venus des diverses parties de l'Allemagne pour prendre part aux travaux du Congrès.

Une table de 230 couverts avait été dressée dans la grande salle de l'Université, gracieusement mise à la disposition du comité d'organisation par la ville de Nancy et décorée avec goût par les soins de MM. les commissaires du Congrès : des cartouches portant les noms des départements de la région et des diverses puissances représentées au Congrès ornaient les piliers de la salle du festin.

S. Exc. M. DROUYN DE LHUYS, président du Congrès, avait à sa droite M. H. DE RATH, conseiller d'Etat, président de l'association agricole prusso-rhénane, membre du collège d'économie rurale de Berlin, membre étranger de la Société des agriculteurs de France, vice-président du Congrès, délégué de la Prusse ;

A sa gauche, M. LEMBEZAT, inspecteur général de l'agriculture, membre fondateur de la Société des agriculteurs de France.

M. DE SCITIVAUX DE GREISCHE, vice-président du Congrès, président de la Société centrale d'agriculture de la Meurthe, membre fondateur de la Société des agriculteurs de France, avait à sa droite M. le maire de Nancy et à sa gauche, M. A. MÜLLER, secrétaire de l'association centrale agricole de Bavière, vice-président du Congrès, délégué de la Bavière.

Parmi les assistants étrangers à la région, on remarquait:

M. le baron DE MOREAU, membre de l'Association centrale agricole de Bavière, membre étranger de la Société des Agriculteurs de France, et M. le professeur LEHMANN, délégués de la Bavière.

M. DE FEHLING, conseiller aulique, et M. HOFACKER, directeur général des haras, délégués du Wurtemberg.

Le professeur DE GOHREN, délégué de l'Autriche.

M. le Docteur NESSLER, directeur de la station de Carlsruhe, et M. SCHENK, ingénieur des salines badoises.

Le Baron DE STIETENCRON, président de la Société d'Agriculture de Lippe-Detmold, délégué de Lippe-Detmold.

LIMBOURG, président de la Société de Bittbourg, délégué de la Société d'agriculture de la Prusse rhénane.

Le Docteur KÜHN, directeur de la station de Möckern.

LECOUTEUX, secrétaire général de la Société des agriculteurs de France, rédacteur en chef du *Journal d'Agriculture pratique*.

VILLEROY, de Rittershoff, délégué de la Bavière Rhénane.

RONNA, ingénieur, propriétaire du journal d'*Agriculture pratique*, membre de la Société royale d'agriculture d'Angleterre.

Baron DE COURCEL, membre fondateur de la Société des agriculteurs de France.

J.-A. BARRAL, membre du Conseil général de la Moselle, du Conseil de la Société des Agriculteurs de France, directeur du *Journal d'Agriculture*.

Comte PALFI, propriétaire en Hongrie.

BAUDOIN, inspecteur général de l'instruction publique, membre du Conseil général du Doubs.

POINSOT, chimiste, répétiteur à l'École centrale.

Daguin, juge au tribunal de commerce de la Seine, gérant de la Société des salines de Saint-Nicolas.

Au dessert, M. de Scitivaux de Greische, vice-président du Congrès, a porté, en ces termes, la santé de M. Drouyn de Lhuys :

Messieurs, — Je viens vous proposer un toast dont la chaleureuse acceptation est sur toutes les lèvres : ce toast est un solennel remerciement à S. Exc. M. Drouyn de Lhuys qui a bien voulu apporter au milieu de nous cette parole qui charme, qui persuade et qui sait si bien exprimer les sentiments d'une sage et progressive indépendance. *(Applaudissements.)*

L'initiative qu'a prise dans cette voie de liberté et de progrès, la Société des Agriculteurs de France, et la présidence que notre illustre hôte de ce jour a acceptée dans cette grande association, nous indiquent la ligne à suivre et en garantissent la sûreté et la sagesse.

Honneur à l'habile et savant pionnier qui trace le chemin!

Honneur à celui qui, sans se préoccuper de sa haute situation, vient se dévouer à la propagation de cette grande vérité que, surtout en agriculture, on ne fait bien ses affaires que soi-même. *(Applaudissements prolongés.)*

Honneur au membre éminent du Sénat et du Conseil privé de l'Empereur qui a voulu joindre à ces titres celui de président de la vaste association des Agriculteurs de France et celui de président de notre premier Congrès agricole.

A M. Drouyn de Lhuys! A notre illustre président! *(Triple salve d'applaudissements.)*

S. Exc. M. Drouyn de Lhuys a répondu :

Messieurs, — je vous remercie du cordial accueil que vous venez de faire au toast si bienveillant proposé par M. de Scitivaux. J'emporte en quittant Nancy non-seulement le souvenir le plus agréable de l'hospitalité Lorraine, mais encore la plus haute idée du caractère solide et sûr des habitants de cette région. *(Applaudissements.)*

Vous avez accompli par vos seuls efforts et votre persévérance une œuvre qui mérite d'être donnée en exemple à la France entière.

L'éclatant succès de notre Congrès agricole montre que nous avons pris la bonne voie : sachons nous y tenir et nous sommes assurés d'atteindre notre but. *(Applaudissements redoublés.)*

Les nations qui nous entourent, l'Allemagne dont nous nous honorons de voir figurer dans cette réunion les dignes représentants; l'Angleterre qui nous convie cette année à son grand concours de Manchester organisé par les forces libres de la Société Royale d'agriculture, nous ont précédé dans la féconde carrière qu'ouvrent aux peuples modernes l'initiative individuelle et l'association spontanée des citoyens. *(Longue et enthousiaste acclamation.)*

Nous ne resterons pas en arrière, car c'est là, n'en doutez pas, pour notre siècle et notre pays, la vraie forme du progrès, la véritable solution des redoutables problèmes qui troublent devant nos yeux l'avenir; c'est le service que nos populations rurales doivent attendre de la Société des Agriculteurs de France et des Congrès qui se tiennent sous ses auspices. *(Vifs applaudissements.)*

M. Fabvier, conseiller municipal, donne, au nom de M. le maire de la ville appelé à un incendie au moment du banquet, lecture du toast suivant :

Messieurs, — au nom de la ville de Nancy, je porte la santé des hommes distingués qui ont bien voulu quitter leurs travaux et leur pays pour apporter à notre réunion l'autorité de leur talent et l'éclat de leur parole.

Notre illustre et honoré président, dans un discours que vous avez tous retenu, signalait ce que cette vérité a de flatteur pour notre ville, qu'elle marque comme la première étape du courant scientifique qui entraine l'une vers l'autre l'Allemagne et la France. *(Applaudissements.)*

Permettez-moi d'aller plus loin et de saluer leur présence comme le présage et l'aurore du jour désiré qui doit unir, par les liens d'une intime fraternité, les peuples de notre vieille Europe. *(Vifs applaudissements.)*

Puissent les fils de la scientifique Allemagne et les fils de notre chère et glorieuse patrie française, ne plus se rencontrer que dans ces arènes pacifiques où s'agitent les problèmes de l'art et de la science, où le combat ne laisse pas de vaincus, où la victoire est un triomphe pour tous et un progrès pour l'humanité. *(Chaleureuse acclamation.)*

Que nos hôtes éminents reportent à leurs concitoyens ce vœu parti du cœur. Qu'ils reçoivent l'assurance des sentiments d'estime et de sympathie qu'ils ont inspirés à tous ceux qui les ont approchés. *(Vive approbation.)* Qu'ils gardent de nous quelque souvenir et qu'ils nous laissent l'espoir de leur retour.

Je bois à nos hôtes Allemands! à leurs souverains! à leurs nations! *(Applaudissements prolongés.)*

M. H. de Rath remercie en ces termes le maire de Nancy :

Messieurs, — permettez-moi, à moi qui ai eu l'honneur d'être accepté comme membre de la Société des Agriculteurs de France, de répondre, au nom de mes compatriotes de toutes les contrées de l'Allemagne, aux paroles si cordiales qui viennent de nous être adressées.

Pour un observateur sérieux, votre belle ville de Nancy est depuis longtemps un exemple vivant de cette fraternité à la fois utile et nécessaire qui *peut*, qui *doit* s'établir, entre les hommes d'abord, entre les nations ensuite, pour produire l'harmonie et la prospérité. *(Applau- dissements.)*

Déjà et depuis bien des années, nos industries étaient sœurs, deux sœurs également heureuses et richement dotées; elles vivent à côté l'une de l'autre de l'échange de bons services et de bons procédés; elles s'enrichissent réciproquement des trésors que la nature leur a si généreusement prodigués. Les minerais de fer et les houilles voyagent journellement et de plus en plus librement entre Nancy et Saarbrück. *(Vive approbation.)*

L'agriculture est, dans chacune de nos nations, la sœur de l'in- dustrie.

Chez nous, comme chez vous, c'est l'aînée de la famille. Labo- rieuse, prudente, énergique, elle a travaillé avec constance à l'inté- rieur, tandis que la cadette éprouvait le besoin de vivre plus en dehors de la vie du monde. Mais, pour avoir des goûts, des tendances, des besoins différents, les deux sœurs n'en sont pas moins intimement unies. *(Rires d'assentiment.)*

Au retour de chacun de ses voyages, la cadette rapporte au domicile

commun des renseignements utiles, des expériences nouvelles ; elle
facilite le travail de la maison en répétant les leçons qu'elle a reçues
et dont elle a su profiter d'abord. Aujourd'hui, la sœur ainée est prise
à son tour d'humeur voyageuse et malgré son grand âge elle n'a pas
craint de prendre place dans l'équipage rapide de sa cadette pour
venir, au delà d'une frontière, serrer la main calleuse de sa vieille
amie. Elle aussi, a senti le besoin de renouveler ses idées par l'é-
change avec celles de sa chère voisine. *(Applaudissements chaleureux.)*

Elle est venue, elle a vu et elle vous dit par ma bouche : « Nancy
je t'ai saluée avec bonheur, j'ai admiré la richesse de ta verte toilette
printanière, tes verdoyantes campagnes, l'activité de ta vie; après
cette courte visite je comprends mieux que jamais la vérité de ce vieux
dicton français : *l'union fait la force. (Bravo! Bravo!)*

» Nos esprits se sont entendus malgré la difficulté du langage; nos
cœurs se sont compris dès notre première entrevue. *(Très-bien!)*

» Puisqu'il faudra nous quitter demain pour reprendre nos travaux à
domicile, je te remercie de ton accueil si affectueux; je ne t'oublierai
jamais. A ton tour, conserve notre souvenir tant que tu vivras.

» Adieu, Nancy, sois heureuse, merci à toute ta famille. »—Messieurs!
à la santé de Nancy, une des perles de la belle France. *(Applaudissements prolongés.)*

M. Lecouteux, secrétaire général de la Société des agriculteurs de France, prend la parole en ces termes :

Messieurs, — je vous propose un toast au Ministère de l'Agriculture,
à son digne représentant au concours de Nancy, M. Lembezat, qui s'est
fait inscrire l'un des premiers sur la liste des membres fondateurs de la
Société des Agriculteurs de France, et qui, par cela même, a donné le
bon exemple de l'union entre l'agriculture officielle et l'agriculture
libre. *(Bravo.)*

Nous la désirons tous cette union, car, dans l'état actuel des choses
et pour longtemps encore, elle est l'une des premières conditions de
succès du nouveau régime économique qui, soyons—en bien convain-
cus, ne pourra prospérer que par le large développement de l'initiative individuelle. *(Vifs applaudissements.)*

L'Empereur l'a dit : toutes les libertés sont sœurs, et le jour où l'Em-

pire a proclamé la liberté du commerce des produits agricoles, ce
jour-là, sous peine de faillir à sa tâche, il a posé le principe de la
liberté d'expansion de l'idée agricole. Ce jour-là, il a posé le principe
de ces grandes associations qui doivent habituer l'agriculture à faire ses
affaires par elle-même (*bravos*). Ce jour-là aussi, il a posé le principe
des Congrès venant se placer à côté des Concours régionaux ; utile rap-
prochement, Messieurs, car si les concours régionaux nous donnent le
spectacle de la lutte entre les machines, les bestiaux et les produits du
sol, les congrès nous donnent le spectacle bien autrement instructif de
l'échange des idées qui doivent transformer le cultivateur lui-même.
(*Applaudissements.*)

Qu'on laisse faire ; qu'on laisse passer ces idées ! Elles sont de celles
qui rapprochent les hommes ; elles sont de celles, vous l'avez vu ici,
qui rapprochent les peuples (*bravo, bravo*), de celles qui conso-
lident la paix, et par la paix, tout ce qui élève et épure l'opinion publique. (*Longues et bruyantes acclamations.*) Or, l'opinion publique,
largement infusée de l'esprit rural, c'est la puissance de demain
(*très-bien, très-bien*), et ils seront bien forts les gouvernements qui,
au lieu de chercher à l'entraver dans ses utiles manifestations, l'ac-
cepteront franchement comme leur meilleur conseil, comme leur meilleur point d'appui. (*Vifs applaudissements.*)

Messieurs, à l'union de toutes les forces qui ont pour but le progrès
agricole.

Réponse de M. Lembezat au toast de M. Lecouteux.

Messieurs, — je suis profondément touché des paroles beaucoup
trop élogieuses que vous venez d'entendre à mon sujet.

Dans les circonstances présentes, je trouve que je n'ai rempli que
mon devoir, en faisant un bon accueil à la Société des Agriculteurs de
France, et je suis persuadé que tout autre en eût fait autant à ma
place. (*Non, non.*)

Personnellement, je suis très-heureux que le Congrès ait choisi la
ville de Nancy, pour être le siége de sa troisième session, car cette
circonstance a considérablement augmenté l'intérêt et l'importance du
concours régional. (*Vifs applaudissements.*)

Je relève, dans le toast de M. Lecouteux, la partie qui a trait à l'alliance de l'agriculture officielle, et de l'agriculture libre et je lui dis :

« Au nom de l'administration, je vous tends la main *(très-bien)* : nos efforts sont communs; notre but est le même; comme nous, vous voulez le développement du progrès dans l'ordre matériel et dans l'ordre moral; comme nous, vous souhaitez l'amélioration des conditions de la vie humaine, sachant parfaitement que les facilités de l'existence permettent l'élévation du niveau intellectuel *(très-bien)*, et qu'une nation est d'autant plus forte et plus prospère, que les citoyens qui la composent, sont plus instruits. *(Applaudissements.)* Dans cet ordre d'idées, Messieurs, vous trouverez toujours l'administration prête à seconder vos efforts, et à applaudir à vos succès. Ce qu'elle a fait jusqu'ici pour l'agriculture, doit vous être un sûr garant de ses intentions, et je remercie M. Lecouteux de l'avoir reconnu, en des termes aussi chaleureux que sincères. Continuons, Messieurs, à marcher dans cette voie féconde et soyez persuadés qu'il y a place pour tous quand il s'agit du bien et de la prospérité de la France. » *(Approbation générale.)*

Moi aussi, Messieurs, je veux porter un toast, d'abord à notre illustre président, l'honorable M. Drouyn de Lhuys, grand dignitaire de l'Empire, qui, après avoir rempli les plus hautes fonctions dans l'Etat, n'a pas hésité à consacrer au développement de notre Société, sa haute intelligence, son influence, et mieux que cela, Messieurs, son dévouement et son cœur tout entier. *(Acclamations chaleureuses.)*

A M. Lecouteux, le fondateur et l'infatigable secrétaire de la Société des Agriculteurs de France : à M. Lecouteux, que je ne saurais mieux comparer qu'à ces hardis pionniers du Far-West d'Amérique, qui tracent incessamment le sentier de la civilisation et du progrès, à travers les forêts vierges et le désert et qui chassent devant eux l'ignorance et la barbarie. *(Bravos prolongés.)*

Enfin, Messieurs, je porte un toast de sympathique reconnaissance, à tous les savants étrangers qui sont venus d'Outre-Rhin se mêler à nos réunions, et qui nous ont apporté le tribut de leurs importants travaux scientifiques et de leurs nombreuses observations agricoles. *(Vives acclamations.)*

M. Grandeau, secrétaire général du Congrès, se lève pour parler; les acclamations sympathiques de l'assemblée l'empêchent pendant quelques instants de prendre la parole. Il s'exprime ensuite en ces termes :

J'ai peur, Messieurs, à voir l'accueil que vous me faites, que vous ne vouliez pas m'entendre ; car l'émotion que je ressens en venant remercier les éminents chimistes agricoles de l'Allemagne dont j'ai à plusieurs reprises déjà éprouvé, au delà du Rhin, la cordiale hospitalité, est doublée par vos applaudissements si inattendus pour moi. *(Nouveaux bravos.)* Je porte la santé des fondateurs et des directeurs des stations agronomiques de l'Allemagne dont je m'efforce de suivre de loin les brillants et féconds travaux. Je les remercie du fond du cœur du concours si précieux qu'ils me prêtent par leur visite à la première station française. Agronomes allemands présents au milieu de nous, reportez à nos amis de l'Allemagne mes meilleurs témoignages de gratitude. *(Applaudissements.)*

Je termine, Messieurs, par un toast auquel vous vous associez tous par avance, j'en suis certain.

A la santé de l'illustre fondateur de la théorie minérale de la nutrition des végétaux.

A l'éminent professeur auquel la chimie doit tant d'admirables découvertes. Au fondateur de la chimie agricole. Au promoteur des stations agronomiques. A notre maître vénéré, dont la présence nous eût causé tant de joie. Au baron de Liebig. *(Chaleureuses acclamations, bravos prolongés.)*

M. Adam Müller, au nom des cultivateurs allemands, s'exprime ainsi :

Messieurs, — j'ai demandé la parole pour vous remercier au nom des cultivateurs allemands de l'accueil amical que vous nous avez préparé chez vous. *(Bravo.)*

Il m'est difficile de trouver des expressions qui soient en rapport avec les sentiments de gratitude et de reconnaissance dont nos cœurs sont remplis. *(Applaudissements.)*

Vous nous avez prodigué cette hospitalité aimable et généreuse, par laquelle les Français se sont toujours distingués et pour laquelle le peuple français peut servir de modèle à toutes les nations.

Je compte que cette réunion ne restera pas sans fruits salutaires ;

j'espère que les relations amicales dont la Société des Agriculteurs de France a pris l'heureuse initiative se continueront et deviendront de plus en plus intimes. (*Oui, oui.*)

Messieurs, mon cœur de cultivateur bat plus haut, je me sens monter en grade quand je vois les grands dignitaires de l'État, descendre de leur position élevée et se mettre à la tête du progrès agricole. (*Applaudissements prolongés.*)

Je me sens inspiré d'une sécurité bienfaisante en voyant les hommes de science les plus éminents se vouer à l'étude des questions agricoles, et porter la lumière dans la voie difficile et épineuse que nous, cultivateurs, avons à suivre. (*Acclamation.*)

Messieurs, un des orateurs du Congrès a dit : résoudre les problèmes d'agriculture, c'est résoudre les problèmes les plus difficiles de notre époque. Les problèmes que l'orateur a voulu désigner sont internationaux, — le remède doit être international aussi, — (*très-vive approbation*), la Société des Agriculteurs de France a entrepris de résoudre ces difficultés, — c'est pourquoi je vous propose le toast :

A la prospérité de la Société des Agriculteurs de France!!! (Longue et bruyante acclamation.)

M. le docteur Nessler répond en ces termes au toast de M. Grandeau, au nom des directeurs des stations allemandes :

Messieurs, — vous avez bien voulu nous inviter à assister à votre Congrès; nous vous en remercions de tout cœur. Les questions que vous avez discutées sont de la plus grande importance pour l'agriculture. Les discussions ont été fort intéressantes; nous regrettons seulement de n'avoir pas su assez bien le français pour pouvoir prendre part aux débats autant que nous l'aurions voulu. (*Si, si. Bravo.*)

On a quelquefois, dans cette session, relevé les mérites des stations agronomiques de l'Allemagne. En effet, Messieurs, nous possédons un certain nombre de stations qui se donnent toute la peine possible pour faire avancer l'agriculture et principalement pour l'établir sur des bases scientifiques. (*Très-bien.*)

Mais, Messieurs, je n'ai qu'à vous rappeler les noms de Saussure et de Boussingault pour vous faire souvenir que c'est en France qu'on a posé le fondement de la solution scientifique des questions les plus importantes de l'agriculture. Aujourd'hui vous avez une station agronomique. Je ne doute pas un instant que vous ne reconnaissiez tous l'importance des stations et que vous n'ayez la confiance nécessaire au parfait développement de cette institution. (*Applaudissements.*)

Nous, chimistes agricoles de l'Allemagne, qui avons l'honneur de connaître M. Grandeau, nous avons la confiance la plus complète en sa direction. (*Oui, oui.*) Je ne sais pas ce que nous estimons le plus en lui de son savoir, de son zèle et de son aimable caractère. (*Applaudissements.*) Nous admirons en lui toutes les qualités nécessaires à un chimiste agricole distingué. Je suis persuadé que vous tous reconnaissez les mérites de M. Grandeau et que tous vous aimerez à lui donner la preuve de votre confiance en portant avec moi sa santé.

A M. Grandeau! Au fondateur de la première station agronomique française! (*Applaudissements prolongés.*)

S. E. M. Drouyn de Lhuys donne la parole à M. Grandeau pour *une surprise.* (*Vifs applaudissements.*)

M. GRANDEAU. — Messieurs, je reçois à l'instant la dépêche suivante : c'est la réponse au toast que j'avais envoyé en votre nom à M. Liebig. (*Marques d'étonnement et d'approbation.*) Munich, 26 juin, 5 heures du soir.

Docteur Grandeau, Nancy.

Très-touché du toast Grandeau. Mille remerciements et souhaits pour le progrès des stations agronomiques en France. — Elles sont le lien d'union de la science et la pratique. LIEBIG.

(*Acclamations générales.*)

M. le baron Moreau, de Munich, dit qu'il s'empressera de reporter à M. de Liebig l'accueil enthousiaste fait à sa dépèche et qu'il agit conformément à l'intention de son illustre compatriote en exprimant la vive et sincère sympathie qu'il porte à la nation française. Que les populations de la France et celles de l'Allemagne, dit-il ensuite, vivent en bonnes voisines et elles feront de grandes choses en cheminant fraternellement dans la voie du progrès. (*Vifs applaudissements.*)

M. Chevandier de Valdrôme porte en ces termes la santé
des organisateurs du Congrès :

Messieurs, — j'hésiterais à prendre la parole, après les toasts nombreux qui viennent d'être portés, après les discours pleins de charme
et d'esprit de nos amis de l'Allemagne, si je n'avais à vous proposer
un acte de reconnaissance.

Cet acte, Messieurs, c'est un toast aux organisateurs si zélés du
Congrès qui depuis quatre jours nous réunit à Nancy. (*Applaudissements.*)

Ce témoignage de reconnaissance, nous le leur devons à plus d'un
titre.

D'abord pour les relations aimables et nouvelles que cette réunion a
établies entre nous ; ces relations, je l'espère, deviendront, en se continuant, utiles et fécondes par l'échange des idées, des découvertes,
des observations que chacun de nous est appelé à faire dans sa sphère
de travail.

Puis, pour les enseignements que tous nous avons trouvés dans les
discussions si intéressantes qui ont rempli nos séances.

Mais, surtout, ce qui mérite aux promoteurs de ce Congrès agricole
toute notre reconnaissance, c'est qu'ils ont été les premiers à mettre
en pratique, dans nos départements de l'Est, la pensée si féconde qui
a présidé à la formation de la Société libre des Agriculteurs de France ;
l'agriculture faisant ses affaires par elle-même, ne comptant que sur
ses propres efforts, sur l'initiative de chacun de ceux qui l'aiment ou
la pratiquent, pour réaliser des progrès qu'une tutelle, toujours bienveillante, je m'empresse de le dire, mais parfois peut-être quelque
peu gênante, ne pourrait réaliser à elle seule. (*Bravo ! Bravo !*)

Nulle part, Messieurs, cette grande pensée ne devait être ni mieux
accueillie, ni mieux appréciée que dans nos belles provinces de l'Est,
qui renferment tant de cœurs généreux, tant d'esprits fiers et intelligents, ne voulant relever que d'eux-mêmes pour accomplir ce que,
dans leur libre initiative, ils jugent être bon, juste, nécessaire, le plus
utile à leurs intérêts, dont ils veulent rester les seuls juges, parce
qu'ils savent que nul ne peut en être un meilleur juge qu'eux.

Et je suis heureux que ce soit à Nancy, dans notre vieille capitale
Lorraine, que nous ayons vu se produire cette grande et pacifique

manifestation du pays faisant ses affaires par lui-même, comme il le veut, comme il l'entend. *(Applaudissements prolongés.)*

Je m'arrête, Messieurs, car je me sens entraîné, malgré moi, sur un terrain et vers un ordre d'idées que ne comportent ni le lieu, ni l'objet de cette réunion. *(Rires d'assentiment.)*

Qu'il me soit cependant permis d'ajouter que les promoteurs de notre Congrès nous ont donné, à la fois, un grand exemple et un grand enseignement. J'espère qu'ils ne seront pas perdus pour mon pays. *(Bravos prolongés.)*

Je bois à Messieurs les organisateurs du Congrès de Nancy.

Réponse de M. Fraisse au toast précédent :

Monsieur, — si nous n'étions au dessert, je ne manquerais pas de me dire profondément ému des remerciements que vous exprimez avec tant de délicatesse et de cordialité. Mais de peur d'éveiller notre malignité gauloise, j'abandonne cette formule pour vous dire simplement et sincèrement : merci !

Les félicitations que vous adressez au comité provisoire d'organisation du Congrès, je les accepte ; permettez toutefois, à l'un de ses membres, qui l'a vu de près à l'œuvre, d'en faire, au nom de ses collègues, la juste distribution.

A M. Grandeau revient la plus grande part. *(Applaudissements.)*

Apôtre, parmi nous, des doctrines libérales de la Société des Agriculteurs de France, il a été le promoteur ardent, l'organisateur infatigable de ce Congrès.

Secondé par nos honorables présidents, MM. de Scitivaux et Guerrier de Dumast, appuyé du concours gracieux de M. Drouyn de Lhuys, il a entrepris résolûment cette campagne. Soldats dévoués, nous l'avons suivi et un succès inespéré a couronné nos efforts.

Mais ce triomphe, Messieurs, c'est à la puissance des idées nouvelles et fécondes de décentralisation et d'initiative privée que nous le devons. *(Très-bien, très-bien.)*

C'est au concours empressé de vos présidents de Comices et de Sociétés agricoles de la région, c'est à vos adhésions sympathiques et nombreuses qu'il doit d'avoir été si éclatant.

Aussi, Messieurs, au nom du Comité provisoire d'organisation, je porte le toast suivant : Buvons aux adhérents allemands et français. *(Longs applaudissements.)* Buvons aux adhérents présents et absents.

M. Tachard, dans une improvisation humoristique, porte la santé des hôtes des membres du Congrès : il fait en terminant trois souhaits. Il voudrait vivre à Remicourt, où M. de Scitivaux exerce si libéralement l'hospitalité; il voudrait être actionnaire de Varangéville, et souhaiterait enfin d'envoyer ses fils à la ferme-école de la Malgrange sous l'égide de Mme Brice. — Ce toast, interrompu par de fréquents rires d'approbation, se termine par l'hilarité générale.

M. C. Hofacker, directeur général des haras du Wurtemberg, demande la parole et s'exprime en ces termes :

Messieurs, — vous connaissez tous la Société libre des agriculteurs et forestiers Allemands, société qui a été fondée, il y a 50 ans, d'après les principes même qui servent de base à la vôtre. Le Congrès de cette Société aura lieu l'année prochaine presque aux portes de la France, dans la ville de Stuttgart. C'est, Messieurs, la capitale du pays auquel j'ai l'honneur d'appartenir; et je remplis une tâche des plus agréables et des plus sympathiques qu'on eût pu me confier, celle de vous y inviter. *(Bravo.)*

Nous n'essayerons pas, Messieurs, de vous surpasser en hospitalité, c'est impossible; mais nous ferons de notre mieux, et les agriculteurs français peuvent être sûrs qu'ils seront reçus à bras ouverts. *(Très-bien, très-bien.)*

Je ne puis vous promettre non plus, Messieurs, de vous faire voir d'aussi brillantes choses que celles que vous nous avez montrées dans votre belle patrie; cependant vous verrez là-bas un peuple industrieux et laborieux qui tend au progrès par tous les moyens et de toutes ses forces, par la pratique et par la science. Peut-être, Messieurs, y aurait-il aussi quelque intérêt pour vous à visiter un de ces petits États de l'Allemagne du Sud, État dont la surface égale à peine celle de cinq départements de France réunis, et qui naturellement ne peut avoir la prétention de vouloir étonner le monde par le nombre de ses soldats et de ses machines de guerre, mais qui cherche sa gloire et sa grandeur dans la liberté de ses institutions et dans la prospérité de ses citoyens. (*Acclamations générales.*) Venez donc, Messieùrs, vous serez tous les bienvenus, vous, les nobles représentants de ce beau et glorieux pays. Et maintenant associez-vous au toast que je vous propose de tout mon cœur, et qui, je le sais, trouvera un écho dans les vôtres, — Messieurs, à la France! (*Bravos prolongés.*)

M. Kühn porte très-courtoisement et avec beaucoup de grâce la santé des dames de Nancy. Il est acclamé et les verres s'entrechoquent avec un entrain et une cordialité puisés dans le sujet même.

M. Ponsard boit ensuite à la santé des agriculteurs; à défaut du texte exact de ce toast, nous le résumons ainsi à l'aide de nos souvenirs :

Messieurs, — nous avons porté la santé des hommes qui marchent à la tête du progrès, qui portent les bannières destinées à nous guider. (*Bravo.*) Pensons aussi, Messieurs, à cette masse laborieuse dont les courageux efforts, la constance, l'abnégation, sont l'indispensable condition de tout progrès réalisé.

A la santé des travailleurs agricoles et des populations rurales au milieu desquelles nous vivons tous avec bonheur. (*Applaudissements prolongés.*)

M. Paté, de la Netz, a la parole :

Je propose de boire à la santé des ouvriers agricoles et aux fabricants de machines qui viennent en aide à l'Agriculture.

La fabrique de Nancy est une de celles qui méritent particulièrement nos éloges.

Depuis sa fondation, qui remonte à l'illustre Mathieu de Dombasle, trois générations s'y sont succédé, et toujours cette fabrique a livré ses instruments avec la même probité. C'est un devoir pour les cultivateurs de constater que ce brillant héritage n'a point faibli.

A la santé des ouvriers agricoles, à la santé des fabricants de machines agricoles. (*Très-bien, très-bien.*)

La plus franche gaîté n'a cessé de régner pendant toute la durée du banquet. Tous les toasts ont été chaleureuse-

ment applaudis et l'on soulignait avec intention par des re-
doublements de bravos les mots initiative privée, indépendance, association spontanée, liberté, décentralisation, paix
générale.

A dix heures et demie, le président, suivi de la plupart
des membres du Congrès, se rendait à l'aimable invitation
de M. le maire de Nancy. Le bal offert à l'occasion du Concours régional terminait ainsi fort agréablement les réunions du Congrès.

Le dimanche matin, M. Drouyn de Lhuys a désiré visiter
l'Ecole impériale forestière où l'attendaient MM. Nanquette,
directeur de l'Ecole, Mathieu, sous-directeur, et Lorentz,
conservateur des forêts, fils du fondateur de l'Ecole. A cette
visite s'étaient joints MM. Lecouteux, de Courcel, de Rath, de
Stietencron, Chevandier de Valdrôme, Ronna et Grandeau.

Au Jardin botanique, voisin de l'Ecole, s'étaient rendus,
pour recevoir le président, MM. Guerrier de Dumast, président de la Société régionale d'acclimatation ; Leupol, secrétaire général ; Godron, directeur du Jardin botanique, et Ingelrelst, jardinier en chef de la ville.

A une heure, le président prenait congé à la gare du comité
d'organisation qu'il remerciait une fois encore de son accueil
et qu'il complimentait du brillant succès de cette manifestation d'initiative privée, en l'assurant que l'exemple donné
par lui porterait ses fruits.

LISTE PAR ORDRE ALPHABÉTIQUE

DES MEMBRES DU CONGRÈS

A.

Adam, Substitut du Procureur Impérial, Nancy.

Adam, directeur de l'Ecole de dressage, Nancy.

Adrian, cultivateur, Hommarting.

Andlauer, Contrôleur des tabacs, Nancy.

Ancelon (E.-A.), Docteur en Médecine, Dieuze.

André (E.), agriculteur, Pont-à-Mousson.

Arguès (Le Baron d'), lieutenant-colonel du 57e de ligne, Nancy.

Arnould Drapier, pépiniériste, Nancy.

Antoine (Etienne), cultivateur, Coussey (Vosges).

Aubertin (Emile), propriétaire, Morhange (Moselle).

Aubry, à la faïencerie de Belle-vue Toul.

Aubry, ancien notaire, Raon-L'Etape (Vosges).

Audécoud, propriétaire, Walsheim par Molsheim (Bas-Rhin).

Augustin, directeur de l'Institut agronomique d'Insming (Meurthe).

Aulnois (des), Pagny-sur-Moselle (Meurthe).

B.

Bailleux, Nancy.

Ballaudier, négociant, Remiremont (Vosges).

Baraban, percepteur, Neuviller (Meurthe).

Baradès, Juge au Tribunal de Commerce, Nancy.

Barbaut, ancien pharmacien, Nancy.

Barbe, maître de forges, Nancy.

Barbe (fils), Nancy.

Barizet, cultivateur, Deuxville (Meurthe).

Barral (J.-A.), directeur du *Journal de l'Agriculture*, Paris.

Barthélemy, avocat, Nancy.

Barthélemy, propriétaire, Nancy.

Baser (Frédéric), négociant en vins, Metz.

Bastien, ancien notaire, Nancy.

Batail, notaire, Foug (Meurthe).

Batremeix, propriétaire, Nancy.

Baudin (A.) médecin vétérinaire, Epernay (Marne).

Baudoin, Inspecteur général de l'Université, Paris.

17

Bausson, instituteur, Pulney.

Bazaille, propriétaire, Nancy.

Bazin, cultivateur, Méréville (Meurthe).

Bazoche (père), président de la Société d'Agriculture de Commercy (Meuse).

Bazoche (fils), notaire, Commercy (Meuse).

Bazoche, Nancy.

Beau, Nancy.

Bécus (E)., ancien notaire, Nancy.

Beer, propriétaire, Nancy.

Benel, propriétaire, Nancy.

Benoit, bibliothécaire de la ville, Nancy.

Benoit (Auguste), propriétaire, Nancy.

Benoit, doyen de la faculté des lettres, Nancy.

Berment, notaire, Neuviller (Meurthe)

Bernard, Maire, Dieulouard (Meurthe).

Berthemy, Nançois-le-Gr. (Meuse).

Bertrand (L.), Châlons-sur-Marne.

Bertrand (Nestor), Membre du Conseil général, Nancy.

Besval, ancien notaire, Nancy.

Betz, propriétaire, Vihr-en-Plaine (Haut-Rhin).

Billy, propriét., Spincourt (Meuse).

Binger, vice-président de la Société centrale d'agriculture de la Meurthe, Bainville-aux-Miroirs.

Blaise, marchand de bois, Nancy,

Blanpied (Onésime), cultivateur, Jallaucourt (Meurthe).

Boinette, propriétaire, Bar-le-Duc.

Boiselle, propriétaire, Nancy.

Bonault, Nancy.

Boppe, docteur en médecine, Nancy.

Bossu (E.), ancien directeur des Salines de Dieuze, Nancy.

Bossu (père), Bazoilles, près Neufchâteau (Vosges).

Bossu (fils), Bazoilles, près Neufchâteau (Vosges).

Boullenois (de), Président du Comice agricole de Vouziers (Ardennes).

Bour, greffier au tribunal, Nancy.

Bourdon, Maire de Lenoncourt.

Bourgon, négociant, Niederviller, près Sarrebourg.

Boutellier (de), député de la Moselle, Metz.

Bouvier (H. de), gérant du journal *la Commune*, Nancy.

Bouygues, Nancy.

Braconnier, Ingénieur des Mines, Nancy.

Braun, Teterschen (Moselle).

Brégand (Victor), Craincourt (Meurthe).

Bretagne, directeur des contributions directes, Nancy.

Brice (François), cultivateur, Belleau (Meurthe).

Brice (Dominique), cultivateur, Belleau (Meurthe).

Brice, Champigneulles (Meurthe).

Brice, directeur de la ferme-école de la Malgrange, près Nancy.

Brice (fils), à la Malgrange.

Brisac, ancien Elève de l'Ecole Polytechnique, Lunéville.

Broissia (le Vicomte de), Nancy.

Brulé (Edouard), négociant, Rethel (Ardennes).

Bruneau, secrétaire de la Société régionale d'acclimatation, Nancy.

Brunement, ancien notaire, Nancy.

Buchholz, vice-président du Comice de Wissembourg (Bas-Rhin).

Buffet, député des Vosges.

Buquet, directeur des Salines de Dieuze (Meurthe).

Burtin, négociant, fauhourg St-Pierre, Nancy.

Burtin (V.), agriculteur, Xirxanges, par Maizières-les-Vic (Meurthe).

Burtin (Adrien), négociant, membre de la Société d'agriculture de Nancy, Tomblaine.

Busy, agriculteur, Woippy (Moselle).

Bussienne, cultivateur à la Chiennerie, près Nancy.

C.

Carcy (de), Nancy.

Cartaux, propriétaire, Nancy.

Casanova, lieutenant au 57e de ligne, Nancy.

Cauwès (père), propriétaire, Nancy.

Cauwès (fils), agrégé à la Faculté de droit de Nancy.

Cerfbeer, agriculteur, Oberviller, par Sarrebourg (Meurthe).

Cézard (J.) propriétaire, Nancy.

Chabert (F.-M.), membre de la Société d'horticulture et de l'Académie de Metz.

Chappuy, chef d'escadron d'artillerie en retraite, Nancy.

Chatillon (Henry), propriétaire, Terville, près Thionville (Moselle).

Chautard, professeur à la Faculté des sciences, Nancy.

Chavane, propriétaire, Bains (Vosges).

Chevandier de Valdrôme, député, Cirey (Meurthe).

Cherisey (Marquis de), Cherisey (Moselle).

Chevigny (de), secrétaire du comice agricole de Metz, Cuvry (Moselle).

Choub, ancien notaire, membre du comice agricole de St-Dié, Raon-l'Etape (Vosges).

Claude, avocat, Toul (Meurthe).

Claude, rentier, Pont-à-Mousson (Meurthe).

Claudin, propriétaire, St-Mansuy (Toul).

Clère, propriétaire, Veauvillers.

Cloché, notaire, Freistroff (Moselle).

Cochard, propriétaire, membre fondateur de la Société des agriculteurs de France, Metz.

Coëtlosquet (Maurice du), propriétaire, Mercy-le-Haut (Moselle).

Colin, membre du conseil d'arrondissement, Ménil-la-Tour (Meurthe),

Collet, propriétaire, Vigneulles, près Rosières (Meurthe).

Collin, confiseur, Nancy.

Collin, instituteur, Bouxières-aux-Chênes (Meurthe).

Collot (François-Pre), propriétaire, Essey-les-Nancy (Meurthe).

Collot (Jean-Baptiste), propriétaire, Essey-les-Nancy.

Constantin (aîné), directeur de l'usine à gaz, Nancy.

Constantin (Jules), architecte, Nancy.

Constantin (René), directeur de l'usine à gaz, Nancy.

Corrard des Essarts, architecte, Nancy.

Courcel (Baron de), membre de la Société des agriculteurs de France, Paris.

Cournault (E.), propriétaire, Nancy.

Courtils de Bessy, au château de Thas, par Pleures (Marne).

Crouet-Tisseron, cultivateur, St-Marcel (Ardennes).

Cuny, architecte, Nancy.

D.

Daguin, gérant de la saline de St-Nicolas (Meurthe).

Danis, juge de paix, Remiremont (Vosges).

Darguet, Nancy.

Danlnois, commandant du génie en retraite, Nancy.

Davau, proviseur du lycée, Nancy.

Debuisson, membre du Conseil général de la Meurthe, Nancy.

Degoutin (L.) propriétaire, Vandelainville (Meurthe).

Delcominete, pharmacien, Nancy.

Delecey de Changey, Président du Comice agricole de Neuilly, membre délégué de la Société des agriculteurs de France, Langres (Haute-Marne).

Deligny (E.), vice-président du Comice agricole de Toul.

Demazure, propriétaire, Châtelet, par Bains (Vosges).

Desailly, négociant, membre fondateur des Agriculteurs de France, Grandpré (Ardennes).

Desoer (Napoléon), Salières, province de Liège (Belgique).

Desoer (Oscar), à Salières, province de Liège (Belgique).

Desrobert, propriétaire, Metz.

Dessaus, Inspecteur principal du chemin de fer de l'Est, Nancy.

Deville (Henri-Ste-Claire), membre de l'Institut, Paris.

Didier, Secrétaire du Comice de Lure (Haute-Saône).

Dietrich, cultivateur, Rouffach.

Dieudonné (Mme V^e), propriétaire, Neuviller (Meurthe).

Dormagen (Valérie), propriétaire, Neuviller (Meurthe).

Dosseur, inspecteur général adjoint de l'agriculture.

Dron (Charles-Aimé), Dombasle (Meurthe).

Dron (Charles), brasseur, Dombasle (Meurthe).

Drouin, propriétaire, Xaffévillers par Rambervillers (Vosges).

Drouot (Vte), député, Nancy.

Drouot, Inspecteur général des Mines, Nancy.

Drouot (François), propriétaire, Nancy.

Drouyn de Lhuys, président de la Société des agriculteurs de France, membre du Conseil privé, sénateur, membre de l'Institut.

Dubocq, Ingénieur en chef des Mines, Strasbourg.

Dubois, professeur à la Faculté de droit, Nancy.

Dufour, Nancy.

Dumont (père), Sainte-Catherine, Nancy.

Dumont (fils), Sainte-Catherine, Nancy.

Dury (A.) propriétaire au Bois-la Klaisse, par Villers-la-Montagne, (Moselle).

E.

Egremont (d'), propriétaire, Maxéville (Meurthe).

Ehrlen (Louis), propriétaire, Colmar, (Haut-Rhin).

Elie-Baille, président du tribunal de commerce, Nancy.

Elie (Edmond), propriétaire, Nancy.

Euriat, à Roville (Meurthe.)

F.

Fabvier, conseiller, Nancy.

Fabvier (Ch.), officier d'ordonnance du général de division, Alger.

Fabvier (Edouard), propriétaire, Nancy.

Fagot-Neveux, agriculteur à la Haute-Maison, Mazerny, par Poix-Terron (Ardennes).

Falatieux (J.), maître de forges, Bains (Vosges).

Faveret, professeur d'agriculture, Rouffach (Haut-Rhin).

Favier-Fricoteau, Vaux-Montreuil (Ardennes).

Faucompré (C^t), vice-président de la Société d'agriculture du Doubs, délégué de cette Société, Besançon.

Fehling (de), Conseiller privé, professeur à l'Ecole polytechnique de Stuttgart, délégué du Wurtemberg.

Ferry, ancien représentant, Merviller (Meurthe).

Ferry (Ct.-H.), vice-président du Comice agricole de St-Dié (Vosges).

Feuillette (H.) agriculteur, St-Dizier (Haute-Marne).

Fèvre, ancien notaire, rue des Quatre-Eglises, Nancy.

Fevrel, manufacturier, Vice-Président du Comice de Remiremont (Vosges).

Fidrit, propriétaire, Dieulouard (Meurthe).

Fisson, Ingénieur, Sarrebourg.

Fistié, propriétaire, Grosbliederstroff (Moselle).

Fliche, professeur à l'Ecole forestière, Nancy.

Florentin, cultivateur, Manoncourt-en-Vermois (Meurthe).

Flurer, agriculteur et maire, Saar-Union (Bas-Rhin).

Foblant (de), propriétaire, Nancy.

Fontaine, propriétaire, Bréhain-la-Cour, par Aumetz (Moselle).

Forthomme, professeur à la Faculté des sciences, Nancy.

Fournel, propriétaire, Nancy.

Fraisse, secrétaire de la Société centrale d'agriculture de la Meurthe, Nancy.

François (Eugène), Bezaumont (Meurthe).

François (Paul), fabricant d'instruments aratoires, Vitry-le-Français (Marne).

Franiatte (Louis), Craincourt (Meurthe).

Fréhaut (Vte de), Vittonville (Meurthe).

G.

Gaignot, propriétaire, Rethel (Ardennes).

Galland, propriétaire au Grand-Sauvoy, Nancy.

Gallois (J.), Président du Comice agricole de Thionville (Moselle).

Gaudelet, propriétaire, Nancy.

Gardeur, agriculteur, Fontenoy-le-Château (Vosges).

Garola, directeur de la Ferme-Ecole de *Saint-Eloi* (Haute-Marne).

Gauckler, membre de la Société des agriculteurs de France, Wissembourg (Bas-Rhin).

Gazin, agriculteur, Moyenvic (Meurthe).

Genay (Paul), agriculteur, Frouard.

Gérardin (Marc), avocat, Nancy.

Génin, conservateur des forêts, Metz.

Genty, fabricant de papier, Maimbottel (Moselle).

Germain, cultivateur, Kerprick-aux-bois (Meurthe).

Gilbert (E.), agriculteur, Brienne par Neufchâteau-sur-Aisne (Ardennes).

Girard (Jules), propriétaire, Laneuveville (Meurthe).

Godard, secrétaire de la Société d'agriculture de Bar-le-Duc (Meuse).

Godard-Desmarets, membre du Conseil général de la Meurthe, maire à Baccarat.

Godron, doyen de la Faculté des Sciences, Nancy.

Gœtzmann, cultivateur au Placieux, Villers-les-Nancy (Meurthe).

Gohren (de), docteur, professeur à

l'Institut agronomique de Tetschen-Liebwerd (Bohême).

Goldschœn, Trésorier du Comice agricole, Wissembourg (Bas-Rhin).

Gomien, garde général des forêts, Nancy.

Gomien (Alfred), rue Stanislas, Nancy.

Goudchaux (Jules) dit Schill, négociant, Nancy.

Gony, propriétaire au château de Renémont, près Nancy.

Gouy de Bellocq, prop., Nancy.

Goy (Stephen de), membre du Conseil agricole de Metz.

Grandeau (L.), secrétaire de la Société des agriculteurs de France, directeur de la Station agronomique de l'Est, Nancy.

Grandeau-Lacretelle, propriétaire, Pont-à-Mousson.

Grandidier, agriculteur à Layville, annexe de Sillegny (Moselle).

Grandgeorges, de Dompaire (Meurthe).

Grandjean, professeur à l'Ecole de Médecine, Nancy.

Grangeorges, Cours Léopold, Nancy.

Granville, Nancy.

Grébus, principal du collège, Toul.

Grenier, Vendeuil (Aisne).

Grillon, avocat, Nancy.

Grober, Nancy.

Guepratte-Mauchand (Jules), Fontenoy-le-Château (Vosges).

Guerrier de Dumast, correspondant de l'Institut, président de la Société régionale d'acclimatation, Nancy.

Guérin, propriétaire, Lunéville.

Guérin (Auguste), propriétaire, Nancy.

Gourier, propriétaire, Nancy.

Guillaume, propriétaire, Saint-Dizier (Haute-Marne).

Guima, directeur de la colonie agricole d'Oswald (Bas-Rhin).

Guaita (de), membre du Conseil général de la Meurthe, membre fondateur de la Société des agriculteurs de France, Nancy.

Gutton, directeur des tabacs, Nancy.

Guyot, garde général, Mirecourt (Vosges).

H.

Hachotte, Seichamps (Meurthe).

Hainguerlot, agriculteur à Alaincourt par Tagnon (Ardennes).

Hainguerlot (fils), Alaincourt (Ardennes).

Hanus (fils), avocat, Remiremont (Vosges).

Hanus, secrétaire du Comice agricole de Remiremont (Vosges).

Harmand (Ch.), propriétaire, Nancy.

Hasse, professeur à l'Ecole normale primaire, Nancy.

Haussonville (le comte d'), membre de l'Académie française, Paris.

Haussonville (fils d'), avocat à la Cour impériale, Paris.

Hauter, agriculteur à Schweigenhoff-Altkirch (Haut-Rhin).

Hégny, professeur au lycée, Nancy.

Henriet (Désiré), secrétaire du Comice agricole, Sarrebourg.

Henrion, président de la Commission d'horticulture, Nancy.

Henriot, inspecteur d'Académie à Metz.

Henrion-Barbesau, propriétaire, Nancy.

Henriot père, Frouard (Meurthe).

Herment-Bidault, agriculteur, Jussecourt-Minecourt (Marne).

Hertzog, notaire, Rohrbach (Moselle).

Heylandt, membre de la Société d'agriculture de Colmar (Haut-Rhin).

Hofacker, directeur général des haras, délégué du Wurtemberg, Stuttgart.

Hoffer, propriétaire, Nancy.

Houard, propriétaire, Nancy.

Hory-Hory, Morey (Haute-Saône).

Humbert, architecte, Nancy.

Humbert, cultivateur, Méréville (Meurthe).

I.

Ingelrelst, jardinier en chef de la ville de Nancy.

J.

Jacob (Léon), Nancy.

Jacotin, fabricant de sucre, Rethel (Ardennes).

Jannin, instituteur communal, Tomblaine (Meurthe).

Jaubert (le comte de), propriétaire, Plombières (Vosges).

Jeanpierre (Edouard), membre fondateur de la Société des agriculteurs de France, Bellin par Faulquemont (Moselle).

Jenin, propriétaire, Bulligny (Meurthe).

Jobard, président du Comice agricole de Gray (Haute-Saône).

Jobert, directeur des salines de Rosières-Varangéville (Meurthe).

Joybert (de), propriétaire, Bussy par Saint Remy-en-Bouzemont (Marne).

K.

Karst, maire à Grosbliederstroff (Moselle).

Kayser, propriétaire, Domnom (Meurthe).

Keller (Edmond), propriétaire, Lunéville.

Klensch (L.), propriétaire, Tiércelet (Moselle).

Klopstein (Baron de), vice-Président du Comice agricole de Sarrebourg, Nancy,

Knecht, agent-comptable à la Ferme-Ecole de la Malgrange près Nancy.

Knoertzer dit Martin, Nancy.

Koechlin-Yvan, Thaon (Vosges).

Koenig, secrétaire de la Société départementale d'agriculture du Haut-Rhin, Colmar.

Koenig (Dr), directeur de la fabrique d'engrais de Kaiserslautern.

Kopp (J.), vétérinaire à Strasbourg.

Krantz, membre du Conseil général des Vosges, Nancy.

Kühn (Docteur), directeur de la station de Möckern (Saxe).

L.

Lacoste (Bon de), membre fondateur de la Société des agriculteurs de France, ex-secrétaire de la Commission supérieure de l'Enquête agricole, Pont-à-Mousson.

Lacroix, propriétaire, Saint-Max, près Nancy.

Lacour, instituteur, Laxou (Meurthe).

Ladoucette (Bon de), député au Corps législatif, Paris.

Laflize, avocat, Nancy.

Lafontaine, pharmacien, Nancy.

Lafontaine, vétérinaire, Nancy.

Lahache, pharmacien, Bruyères (Vosges).

Lalande, censeur au lycée, Nancy.

Lallement, docteur en médecine, Nancy.

Lallemand, propriétaire, Sarreguemines (Moselle).

Lambel (Vte de), propriétaire, Fléville (Meurthe).

Lambel (comte de), Fléville (Meurthe).

Lambert, à la Malgrange près Nancy.

Lametz, fabricant d'engrais à Metz.

Landres (B^on de), ancien Président du Comice de Vouziers (Ardennes).

Lapointe, membre de l'Académie et Vice-président du Comice agricole de Metz.

Laprévote, Nancy,

Launois d'Arramy (E. de), Nancy.

Laurent, agriculteur, Remiremont (Vosges).

Lebègue, Nancy.

Leblanc (Joseph), Voël (Meuse).

Leblanc (Léon), propriétaire, Voël (Meuse).

Lebœuf, propriétaire à Lagarde, Nancy.

Leclerc, Nancy.

Lecomte, professeur au lycée, Nancy.

Lecomte, professeur au collége de Phalsbourg (Meurthe).

Lecouteux, directeur du journal l'*Agriculture pratique*, secrétaire général de la Société des agriculteurs de France, Paris.

Lefebvre de la Forest, Nancy.

Lefebvre, professeur au lycée, Nancy.

Lehmann, directeur de la Station agronomique centrale de Munich, délégué de la Bavière.

Lejeune, Nancy.

Lejeune (Jules), avocat, gérant du journal la *Commune*, Metz.

Lemachois, rédacteur en chef du *Journal de la Meurthe et des Vosges*, Nancy.

Lemaire (Louis), agriculteur, Fontenoy-le-Château (Vosges).

Lembezat, inspecteur général de l'agriculture, Paris.

Lemercier, officier supérieur en retraite, Metz.

Lequiu, directeur de la Ferme-Ecole de Laheyvaux.

Lequiu, gérant de la saline d'Art-sur-Meurthe, Nancy.

Leroy, ingénieur principal au chemin de fer de l'Est.

Le Roy, propriétaire, Landèves près Vouziers (Ardennes).

Lévy, Metz.

Lévy-Aaron, Nancy.

Lévy (Anatole), Nancy.

Lhuillier, cultivateur, Sivry (Meurthe).

Liebig (Baron de), président de l'Académie des sciences de Bavière, associé étranger de l'Institut de France.

Liégeois, professeur à l'Ecole de droit, Nancy.

Lièvre-Dreyfus, négociant, Nancy.

Limbourg, président de la Société d'horticulture, Metz.

Limbourg, président de la Société agricole de Bittbourg délégué de la Prusse Rhénane.

Liocourt (de), notaire, Nancy.

Loche, directeur de la *Lorraine*, Nancy.

Lombard, Nancy.

Lombard, cultivateur, Aulnois-en-Perthois (Meuse).

Lorentz, conservateur des forêts, Strasbourg.

Loriu, Jeanjean, cultivateur, Carignan (Ardennes).

Lorquet (Henri), propriétaire, Gorze (Moselle).

Loué, conducteur des Ponts et Chaussées, Secrétaire du Comice de Toul.

Louis, avoué, Remiremont (Vosges).

Louis (Ch.), cultivateur, membre de la Société centrale d'agriculture de la Meurthe, à Tomblaine.

Louis (Antoine), Tomblaine.

Ludre (comte Gaston de), au château de Richardménil (Meurthe),

Lyon-Caën (Charles), agrégé à la Faculté de droit, Nancy.

M.

Maggiolo, recteur de l'Académie de Nancy.

Maguin, président du Comice agricole, Metz.

Maguien, pharmacien, Nancy.

Mabalin, président du Comice agricole, Toul.

Maillot (A.), président du Comice de Chaumont, Léz-Armand (Haute-Marne).

Maire (Charles), propriétaire, Lunéville (Meurthe).

Malglaive (de), propriétaire, Neuviller (Meurthe).

Mandell (baron de), au Châlet près Frouard (Meurthe).

Mangeot, membre du Conseil général des Vosges et de la Société centrale d'agriculture, Bruyères (Vosges).

Manson, charron, Gorze (Moselle).

Mansuy, vétérinaire, Remiremont (Vosges).

Marchal, Nancy.

Marchal, docteur en médecine, Nancy.

Marchand, propriétaire, Vigneulles (Meuse).

Marcon, agriculteur, Sainans (Doubs).

Marcot, Réméréville (Meurthe).

Marcot-Lotz, Nancy.

Maréchal, inspecteur de l'instruction primaire, Lunéville.

Marie, économe au Lycée, Nancy.

Marlier, directeur de l'Ecole normale primaire, Nancy.

Martimprey (Vte de), membre de la Société centrale d'agriculture, Cirey-sur-Vesouze (Meurthe).

Martin, Blevaincourt (Vosges).

Martin, vérificateur des tabacs, Nancy.

Martin, curé, Pagny-sur-Moselle.

Martin (Ch.), Bettancourt-la-Fertée, (Haute-Marne).

Marx-Picard (E.), Nancy.

Masson (Alphonse), Vignes-aux-Bois.

Masson (Ernest), Vignes-aux-bois.

Mathieu, professeur à l'Ecole forestière, Nancy.

Mathieu (Ch.), vice-président du tribunal, Epinal (Vosges).

Mathis, propriétaire, Ville-sur-Illon, (Vosges).

Mauseucal, Châlons-sur-Saône.

Maudheux (fils), président du Comice agricole, Epinal (Vosges).

Mayer, membre de la Société centrale d'agriculture de la Meurthe, marchand de vins à la Côte de Toul, Nancy.

Melin, architecte, Nancy.

Ménardière (de la), professeur à la Faculté de droit, Nancy.

Margerie (de), professeur à la Faculté des lettres, Nancy.

Meixmoron - Dombasle, fabricant d'instruments aratoires, membre fondateur de la Société des agriculteurs de France, Nancy.

Mesuy, membre du Conseil général, Vic (Meurthe).

Metz-Noblat (A. de), membre de la Société des agriculteurs de France, Nancy.

Metz-Noblat, fils (de), Nancy.

Michaud (Paul), administrateur de la cristallerie, membre de la Société des agriculteurs de France, Baccarat (Meurthe).

Michel, agriculteur, Raon-l'Etape (Vosges).

Michel (Charles), cultivateur, Jallaucourt (Meurthe).

Mieuville, greffier de paix, Saint-Nicolas (Meurthe).

Mies, représentant de la Maison Vilmorin et Cᵢₑ, Paris.

Minette, ancien greffier, Remiremont (Vosges).

Misset-d'Eté, agriculteur, Ecly (Ardennes).

Moinel, ancien conducteur des ponts-et-chaussées, Epinal (Vosges).

Moitessier, agriculteur, Mirecourt (Vosges).

Moitrier, négociant, Nancy.

Monal, pharmacien, Nancy.

Mont (Frédéric de), Nancy.

Moreau (Baron de), membre de l'Association bavaroise, délégué de la Bavière, Munich.

Morel, sous-inspecteur des forêts, Nancy.

Morey, architecte de la ville de Nancy.

Morville (comte de), maire, Mailly,

Mouchette, négociant en grains, place Carrière, Nancy.

Mougel, inspecteur de l'instruction primaire, Nancy.

Mouget, professeur au collége de Remiremont (Vosges).

Motsch, propriétaire, Cernay (Haut-Rhin).

Moyse, propriétaire, Metz.

Moyse (Léon), propriétaire, Etain (Meuse).

Müller (Adam), secrétaire de l'Association bavaroise, délégué de la Bavière (Munich).

Muller (Edouard), membre de la Société des agriculteurs de France, Nancy.

Muller (l'abbé), Nancy.

N.

Nafziger, cultivateur à Toul.

Nanquette, directeur de l'Ecole forestière, Nancy.

Nels, cultivateur, Haute-Yutz, près Thionville (Moselle).

Nessler, directeur de la Station agronomique de Karlsruhe, délégué du Grand duché de Baden.

Nicolas, architecte, Pont-à-Mousson.

Noël, Président du Comice agricole, Remiremont (Vosges).

Noël, Président du Comice agricole de Lunéville, Sommerviller (Meurthe).

Noiriel, Nancy.

Noisette, propriétaire, St-Benoît (Meuse).

Nouvieux, propriétaire, Thionville (Moselle).

O.

O'Kerrins (W.), propriétaire, Maxéville (Meurthe).

Onimus (Auguste), Botzenheim (Htᵗ-Rhin).

Ostermann, propriétaire, Osthein (Haut-Rhin).

Ostermeyer, Inspecteur des Tabacs, Nancy.

Oyon, propriétaire, Nancy.

P.

Pabst, propriétaire, Colmar.

Panges (Mᵢˢ de), Panges (Moselle).

Parant, propriétaire, Faulquemont (Moselle).

Pardieu (Comte de), directeur des Haras, Rosières (Meurthe).

Parfait, négociant, Nancy.

Pargon (père), agriculteur, Salival (Meurthe).

Pargon (fils), agriculteur, Salival (Meurthe).

Pariset, propriétaire, Loupi (Moselle).

Parisot (L.) professeur à l'école de médecine, Nancy.

Parmentier (L.), Lunéville.

Pasquay (Louis), membre fondateur de la Société des agriculteurs de France, Vasselonne (Bas-Rhin).

Pasté-Norlet, cultivateur, Nanteuil par Rethel (Ardennes).

Pâté, agriculteur, La Netz (Moselle).

Perdrix (J.), propriétaire, Bazoilles-sur-Meuse (Vosges).

Perette, instituteur, Haussonville (Meurthe).

Perret-Belluy, marchand de bois, Badonviller (Meurthe).

Perrin, vétérinaire, Vézelise (Meurthe).

Perrot, rédacteur en chef du *Moniteur de la Meurthe*, Nancy.

Perrot, cultivateur à la Côte de Toul, Nancy.

Pesnelle (Albert), à la Malgrange, près Nancy.

Petermann, docteur ès-sciences, chimiste attaché à la station agronomique de l'Est, Nancy.

Pfetsch, ingénieur directeur des Salines de Saint-Nicolas, (Meurthe).

Phlurer, propriétaire, Sarreguemines (Moselle).

Picot d'Aligny (B⁰ⁿ), Montmirey (Jura).

Pierson (fils), avocat à la Cour Impériale, Nancy.

Plas (de) percepteur, Nancy.

Pleurre, agriculteur, Lunéville.

Poinsignon, jardinier chef à la ferme école de la Malgrange, près Nancy.

Poinsot, répétiteur à l'École centrale, Paris.

Poirson (André), Nancy.

Poirson (E.) secrétaire-adjoint du Comice d'Epinal.

Ponleroy (P.-F. de) membre fondateur de la Société des agriculteurs de France, Paris.

Ponsard, président du Comice agricole de la Marne et membre fondateur de la Société des agriculteurs de France, Châlons-sur-Marne.

Pont de Romémont (du), Château de Romémont, près St-Nicolas (Meurthe).

Porterie, Consul du Pérou à Bayonne.

Potier, Nancy.

Pougnet, propriétaire, Landroff, par Faulquemont (Moselle).

Poupard (F.), ancien notaire, St-Dié (Vosges).

Pruines (A. de), maître de forges à Semouse (Vosges).

Pruines (Victor de), maître de forges, Semouse (Vosges).

Puel, archiviste de la Société centrale d'agriculture de la Meurthe, Nancy.

Q.

Quintard, propriétaire, Nancy.

Quintard (Ferdinand), Nancy.

R.

Radouan, Remennecourt (Meuse).

Raspony, directeur commercial des salines de St-Nicolas (Meurthe).

Rath (de), président de l'association agricole Prusso-Rhénane, délégué de la Prusse.

Ravignaux, à la ferme de Bagbel, près Mouzon (Ardennes).

Ravignaux (Félix), cultivateur, Martincourt (Meuse).

Ravinel (Baron de) Président du Comice agricole de Ramberviller à Villé (Vosges).

Ravon, cultivateur, Brantigny (Vosges).

Redon (de), propriétaire, Metz.

Regneault (C.), sous-inspecteur des forêts, Nancy.

Regnault, greffier en chef de la Cour, Nancy.

Regnault (Gonzalve), avocat, Nancy.

Renard, vétérinaire, Mogneville, (Meurthe).

Regnauld, inspecteur des forêts en retraite, Nancy.

Rennepout (de), Nancy.

Renouard, directeur des salines du Midi, Paris.

Rey (Baron), inspecteur des enfants assistés, Nancy.

Richard, notaire, Remiremont (Vosges).

Richard, Nancy.

Richert, docteur en médecine, Boulay (Moselle).

Riocourt (le comte de), membre du Conseil général de la Meurthe, Aulnois (Meurthe).

Risler (père), président du comice agricole de Cernay (Haut-Rhin).

Rinck, propriétaire, rue St-Dizier, Nancy.

Rivals (Charles de), Nancy.

Roxard de la Salle, propriétaire, Phlin, (Meurthe).

Robert (Auguste), directeur des contributions indirectes, en retraite, Nancy.

Robert (Valentin), juge suppléant, Sarrebourg.

Rolland, propriétaire, Remilly, Moselle.

Rolland, directeur général des manufactures de l'Etat.

Rollet, maire, Thiaucourt (Meurthe).

Rollet (fils), Thiaucourt (Meurthe).

Rollin (Adolphe), Fécocourt (Meurthe).

Rollin (Jules), Brichambeau, près Nancy.

Ronna, ingénieur, Paris.

Rougieux, Lenoncourt (Meurthe).

Rougieux, vétérinaire au Haras, Rosières (Meurthe).

Roussel - Tixier, propriétaire, Nancy.

S.

Salmon, Nancy.

Salmon (J.), Nancy.

Salmon (fils), Nancy.

Saint-Clou, propriétaire, Seppois-le-Bas (Haut-Rhin).

Saint-Fergeux (Théodore de), président de la Société historique et archéologique de la Haute-Saône, Vesoul.

Schaller, ingénieur de la manufacture des tabacs, Nancy.

Schenck, directeur des salines badoises, délégué du grand duché de Bade.

Schiffenstein, vice-président du Comice agricole de Strasbourg, Mommenheim (Bas-Rhin).

Schmidt (père), pasteur protestant Nancy.

Schmidt (Edouard), pasteur protestant, Nancy.

Schneider, instituteur protestant, Fénétrange (Meurthe).

Schultz (fils), Blotzheim, (Haut-Rhin),

Scitivaux (Anatole de), Remicourt, près Nancy.

Scitivaux (de) père, Remicourt.

Séligmann, Nancy.

Sépulchre (Victor), Nancy.

Sépulchre (H.), Quercigny, canton de Delme (Meurthe).

Sibille (E.), architecte, Briey (Moselle).

Simon (Léon), pépiniériste, Metz (Moselle).

Somborn (E.), Paris.

Sordoillet, imprimeur, Nancy.

Souillard, professeur, Nancy.

Stietencron (baron de), délégué du duché de Lippe-Detmold.

Steltzel, peintre, Nancy.

Stoecklin, propriétaire, Colmar (Haut Rhin).

Suzainnecourt (Comte de), directeur de la Colonie pénitentiaire de Gentilly, près Nancy.

T.

Tachard, député du Haut-Rhin, Niedermorschwiller, par Dornach.

Thiéry, propriétaire, Morfontaine, près Villers-la-Montagne (Moselle).

Thiry, agriculteur, membre de la Société centrale d'agriculture de la Meurthe, Champigneulles.

Thomas, chef de culture de MM. L. Simon, Metz

Thomas, avocat, Remiremont, (Vosges).

Thouvenin, professeur au lycée, Nancy.

Thurn (Henry Im.), agriculteur au château de Kattenhorn-Schaffhouse (Suisse).

Tisserand, vétérinaire, Nancy.

Tisserand, (Eugène), directeur des domaines de la Couronne au Ministère d'Etat, Paris.

Tourtel, brasseur, Tantonville (Meurthe).

Tourtel, brasseur, Tantonville (Meurthe).

Tuffler, bijoutier, rue St-Dizier, Nancy.

V.

Vagner, rédacteur en chef du Journal l'Espérance, Nancy.

Vaillaut (J.-C.), propriétaire, Bulligny (Meurthe).

Valentin, Nancy.

Vannesson (Jean-Bte.), propriétaire, Lenoncourt (Meurthe).

Varroy, ingénieur du chemin de fer, Nancy.

Vatry (de), propriétaire, Piombières (Vosges).

Vaugiraud (marquis de), membre de la Société centrale d'agriculture de la Meurthe, Montaigu, près Nancy.

Vautrain (père), agriculteur, Gorze (Moselle).

Vautrin (L.), Nancy.

Vergne, notaire, Nancy.

Vianson, maire de Plappeville, près Metz (Moselle).

Vienne (de), Nancy.

Vigneron, agriculteur, Monacourt (Meurthe).

Vigneron, propriétaire, Gondreville (Meurthe).

Villemin, agriculteur, Autreville (Meurthe).

Villermin (Alfred), Nancy.

Villermin (Arthur), Nancy.

Villeroy, agriculteur, Rittershoff (Bavière-Rhénane), délégué de la Bavière-Rhénane.

Viriot (Mme Ve), Laneuveville, près Nancy.

Viriot (François), propriétaire, Pixerécourt, près Nancy.

Vital-Collet, cultivateur à la Borde par St-Nicolas (Meurthe).

Voignier aîné, Houdemont, près Nancy.

Voignier (Emile), Houdemont, près Nancy.

Vollant (père), avocat, membre du Conseil général de la Meurthe, Nancy.

Vosgien, propriétaire, Thorey, par Vézelise (Meurthe).

Vouaux, professeur au lycée de Nancy.

W.

Wavre, propriétaire, Malzéville.

Welche, avocat, maire de Nancy.

Wirth, inspecteur de l'instruction primaire, Nancy.

Wohlhütter, instituteur, Uhn-viller, par Reichshoffen (Bas-Rhin).

X.

Xardel, Nancy.

Xardel, père, Malzéville (Meurthe).

Xardel, fils aîné, Malzéville (Meur-the).

Xardel, fils jeune, Malzéville.

Z.

Zundel, vétérinaire, Mulhouse (Haut-Rhin).

TABLE DES MATIÈRES

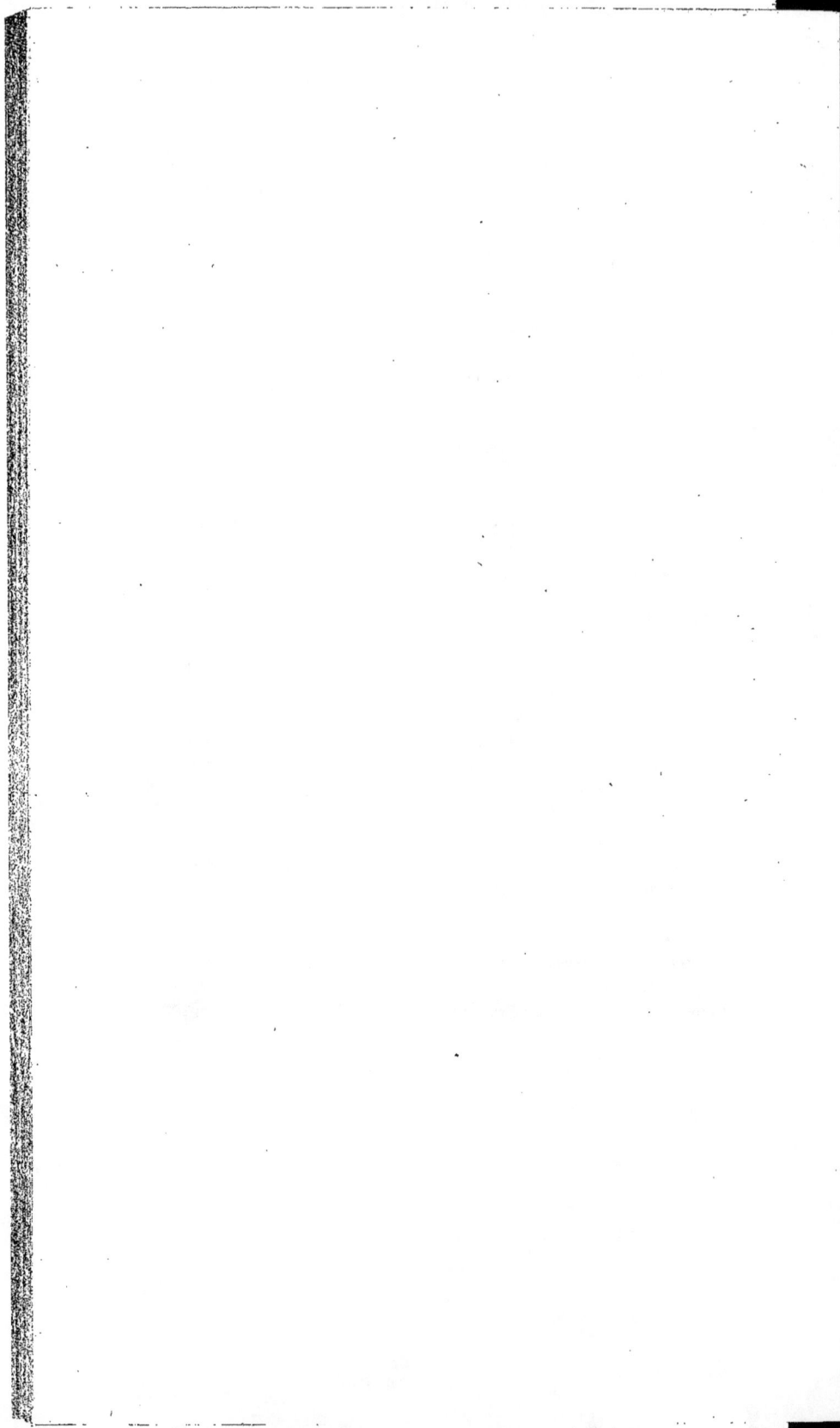

APPENDICE

EXPLICATION DES PLANCHES ET TABLEAUX

RELATIFS A LA STATION AGRONOMIQUE DE L'EST

Les planches I, II, III et IV qui représentent en élévation, plan et coupes le laboratoire de la station et ses dépendances donnent une idée suffisante des installations pour qu'il soit inutile de les décrire ici. Je me bornerai à quelques indications que ne peut remplacer un dessin.

Le laboratoire du rez-de-chaussée est spécialement affecté aux opérations qui nécessitent l'emploi de températures élevées (fusions, calcinations, etc.). Il est pourvu d'un bon fourneau à vent, d'un four Schlœsing avec pompe de compression et régulateur, d'un moufle à gaz pour incinération de plantes, d'une étuve, d'une forge, d'une lampe Deville, etc., enfin des instruments indispensables pour l'application des hautes températures aux recherches chimiques.

La chambre obscure est destinée aux recherches de chimie optique. On y trouve un spectroscope à deux prismes et ses accessoires, un appareil de polarisation, des photomètres, une bobine de Ruhmkorff qui reçoit l'électricité par des fils venant de la cour située à côté du laboratoire.

Le laboratoire du premier étage est spécialement affecté aux travaux de chimie analytique et pourvu de tous les instruments nécessaires, balances de précision, appareils pour dosage par liqueurs titrées, vaste étuve, cuve à eau et à mercure, bains de sable, machine pneumatique, etc... Ce laboratoire communique avec la salle de végétation, vitrée latéralement et par le haut. C'est dans cette salle que se font les essais de culture dans l'eau, et dans des sols artificiels, l'étude des propriétés physiques des sols, etc. Ces diverses salles sont pourvues abondamment de gaz et d'eau, ce qui rend possible un très-grand nombre de recherches de physiologie et de chimie agricoles.

La planche V, qui représente les plan, coupe et élévation des caisses de végétation, nécessite quelques explications.

Ces caisses, au nombre de huit, sont cubiques ; elles ont chacune une contenance de 1 mètre cube. Elles sont établies au niveau du sol dans le terrain attenant à la station. Les parois latérales et celle du fond sont en granit. La face antérieure est fermée par une paroi mobile en fer qui peut être enlevée à volonté, ce qui permet, à un moment donné, d'étudier la marche des racines dans le sol sans arracher la plante. Le fond, déclive, communique par un tuyau E avec l'extérieur, comme l'indique la coupe transversale : cette disposition permet de recueillir toute l'eau qui a filtré au travers du sol, dans une bouteille F.

Trois thermomètres (1, 2 et 3) de $0^m,60$ de longueur, sont placés horizontalement dans chacune des couches du sol et sous-sol A B C qui remplissent les caisses et donnent ainsi la température du sol à diverses profondeurs.

L'une des caisses est destinée aux observations pluviométriques. A cet effet, sa face supérieure est recouverte par un pluviomètre en cuivre rouge de 1 mètre carré de surface P, dont la partie inférieure communique avec une bouteille Q qui est pesée après chaque pluie. On a donné à ce pluviomètre une surface de 1 mètre carré (surface des caisses) de manière à éviter tout calcul dans la détermination de la quantité d'eau tombée.

Les essais en cours d'exécution pour cette année portent sur la culture du tabac dans les sols différents. Ces caisses sont, à quelques modifications près, la reproduction de celles qu'a établies, à Hohenheim, M. le professeur Wolff.

Le tableau I représente, en plan, le champ d'expériences avec ses cultures pour l'année 1869. Ce champ, situé dans le diluvium, a une superficie de 1 hectare (chemins non compris) divisé en 100 parcelles égales séparées les unes des autres par des sentiers d'un mètre de largeur.

Le tableau II est un extrait du registre d'observations de la station. Il contient l'indication des principales données relatives aux essais de cultures faits (sur 50 ares seulement) en 1868. — Le directeur de la station délivre des tableaux en blanc, conformes à ce modèle, aux cultivateurs qui veulent établir des champs d'expériences, en les priant de lui retourner, après les récoltes, le tableau rempli par eux.

Conġrès agricole libre de Nancy.

ÉLÉVATION

ORATOIRE.

Congrès agricole libre de Nancy.

Plan du premier Étage.

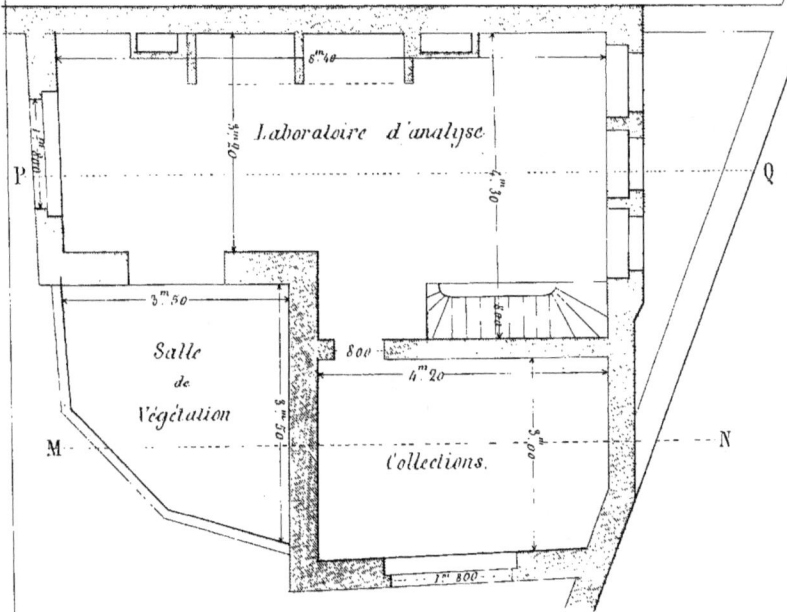

8ᵐ40

Laboratoire d'analyse

P — — — — — — — — — — — — — Q

3ᵐ50

Salle
de
Végétation

800

4ᵐ20

M — — — — — — — — — — — — — N

Collections.

1ᵐ800

Echelle de

PLAN DES

Plan du Rez-de-Chaussée.

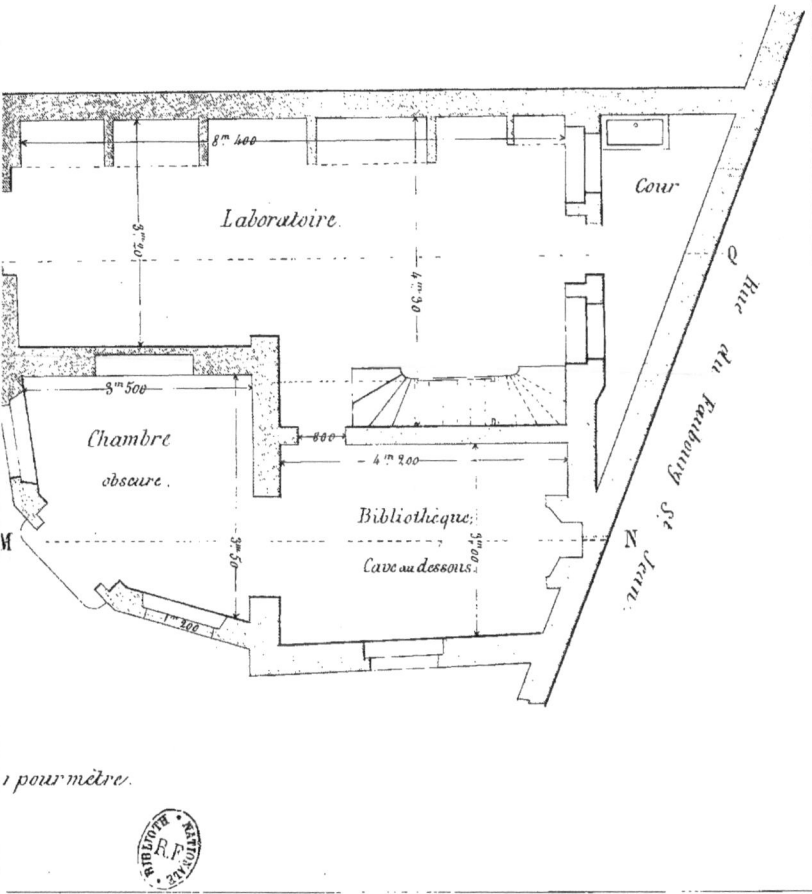

Laboratoire.

Cour

Rue du Faubourg St. Jean

Chambre obscure.

Bibliothèque.

Cave au dessous.

pour mètre.

Lith. L. Christophe à Nancy.

RATOIRES.

Congrès agricole libre de Nancy.

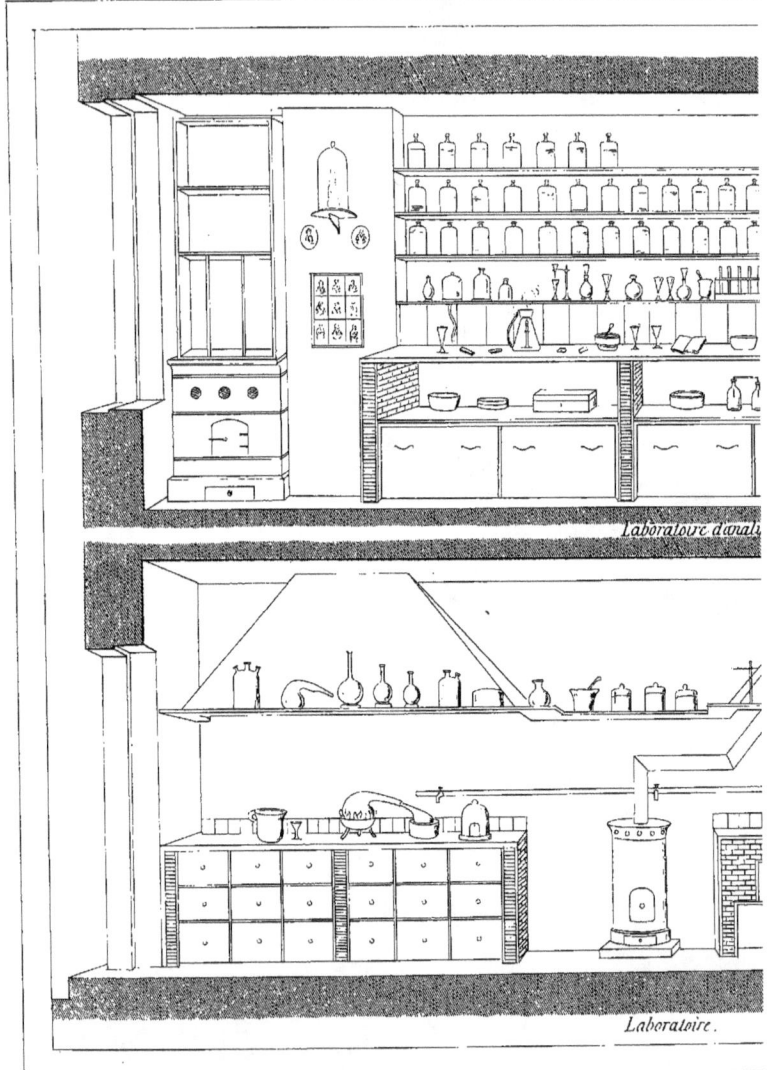

Laboratoire d'anali...

Laboratoire.

Wiesbach. Arch. del.

LAB

Coupe

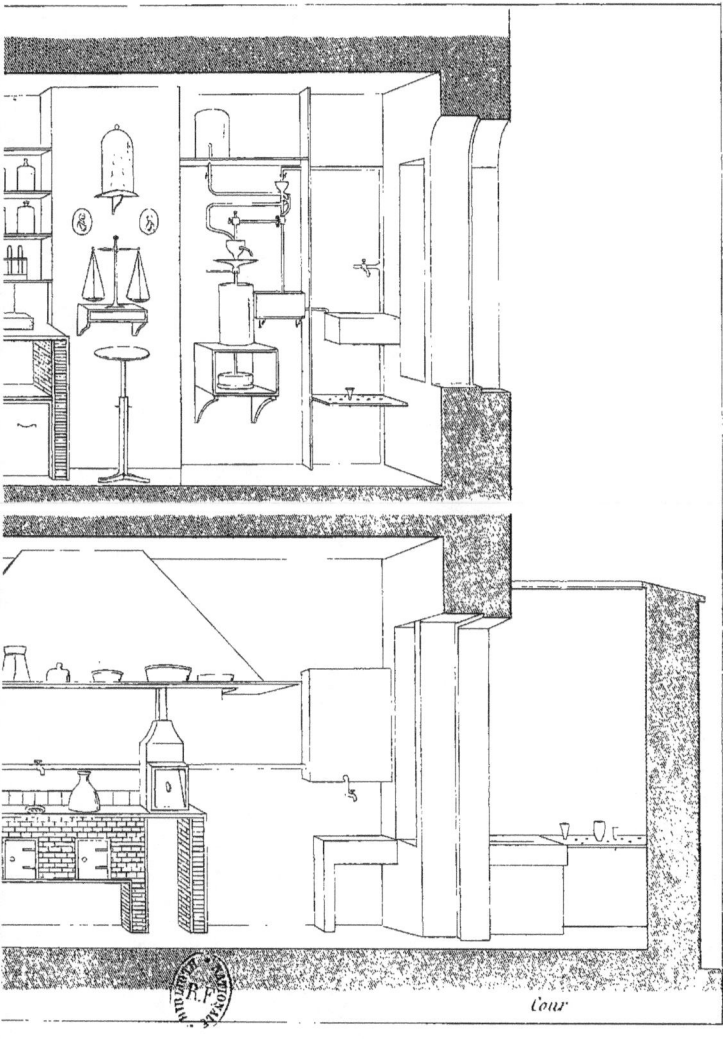

Cour

'OIRES.

ant P Q.

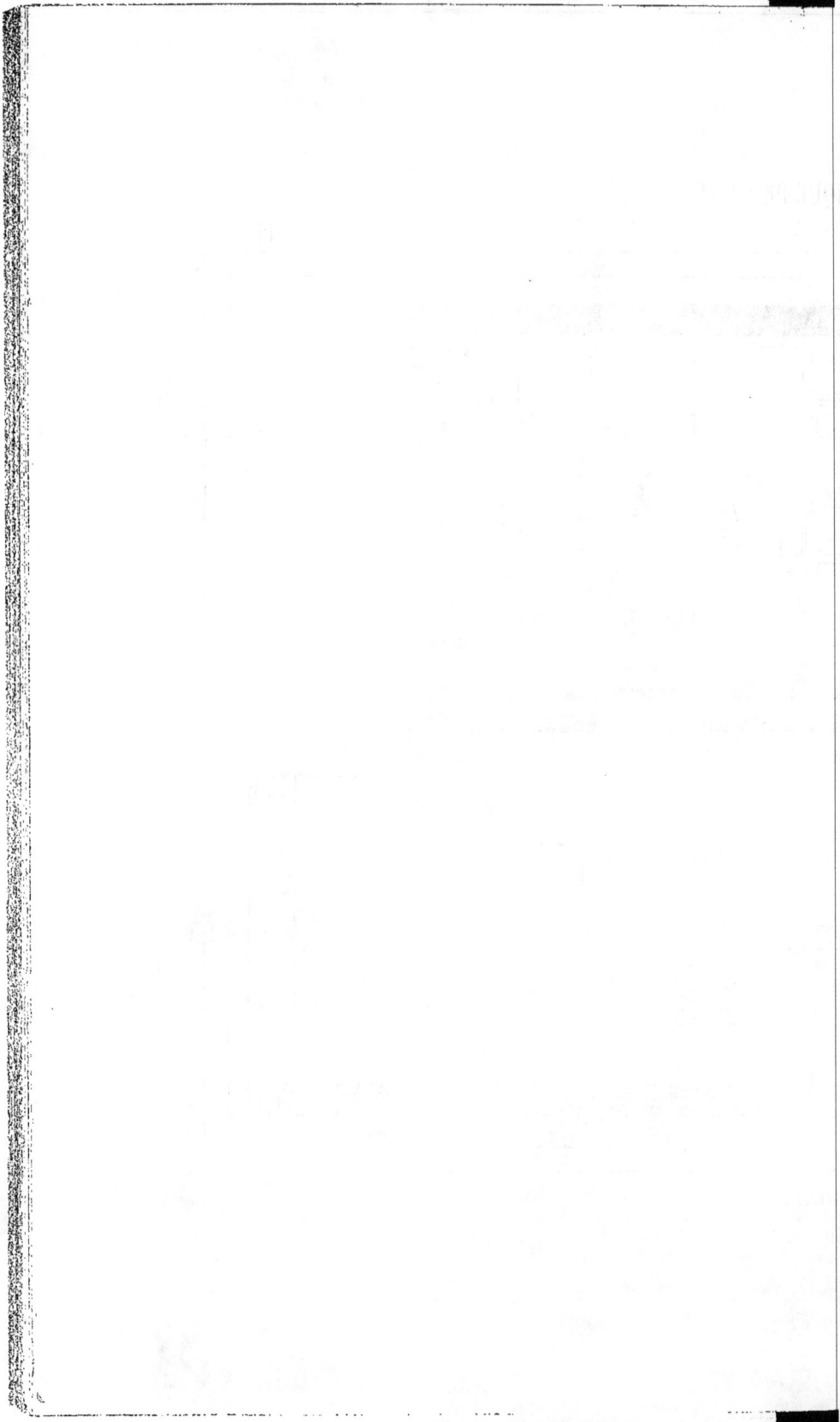

Congrès agricole libre de Nancy.

Salle de végétation.

Chambre obscure.

Hannon. Arch. del

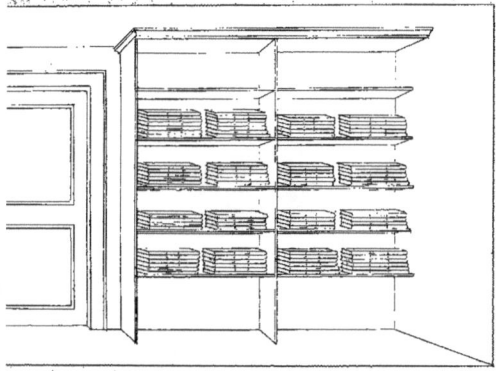

Salle de collection et des balances.

Bibliothèque.

OIRES

ant M N.

Congrès agronomie libre de Nancy.

PL. V

A

B

C

D

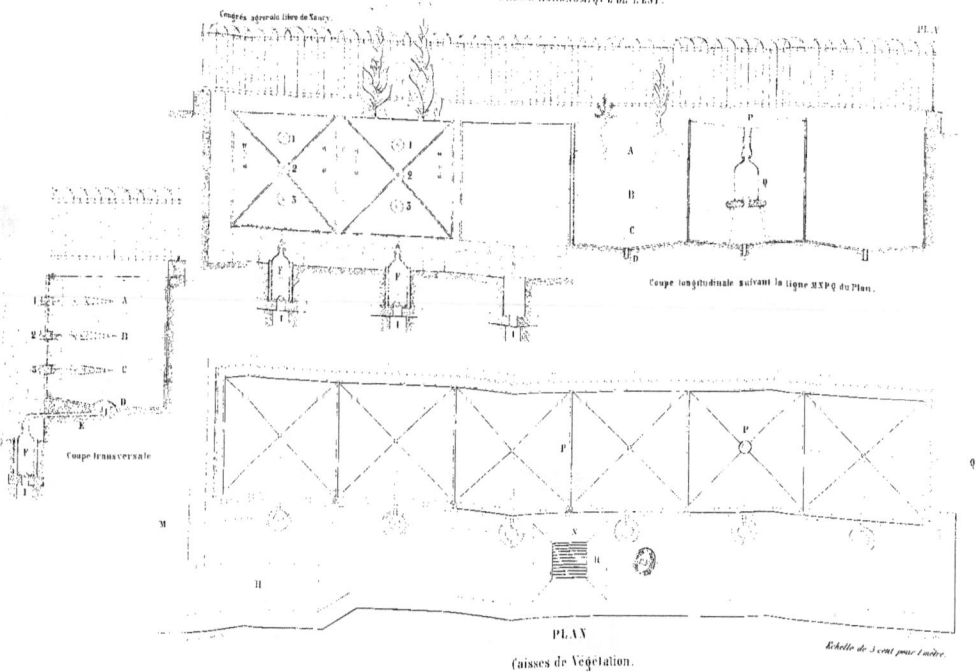

Coupe longitudinale suivant la ligne MNPQ du Plan.

A

B

C

D

E

Coupe transversale

M

H

9

PLAN

Caisses de Végétation.

Échelle de 5 cent pour 1 mètre.

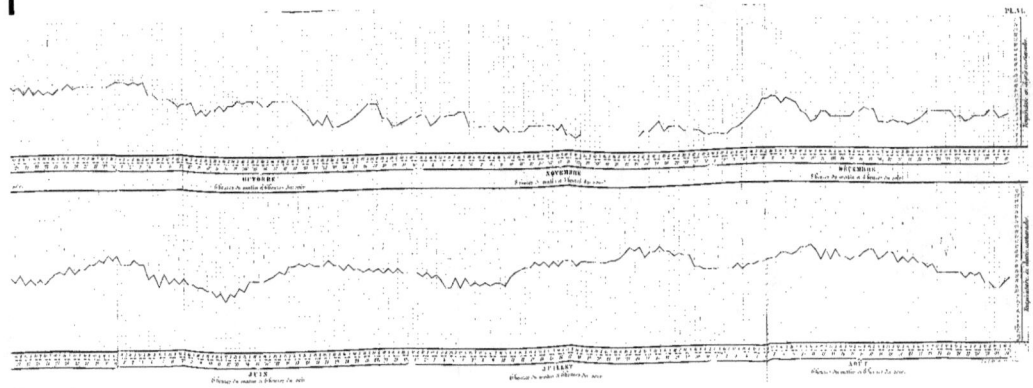

OCTOBRE   NOVEMBRE   DÉCEMBRE

JUIN   JUILLET   AOÛT

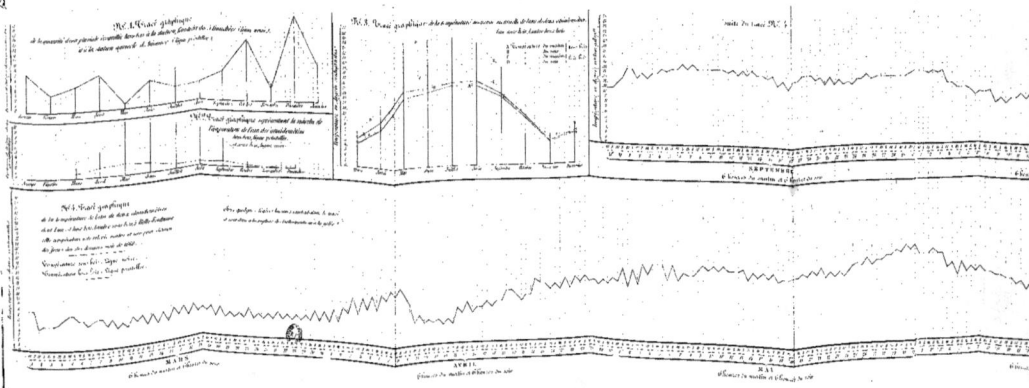

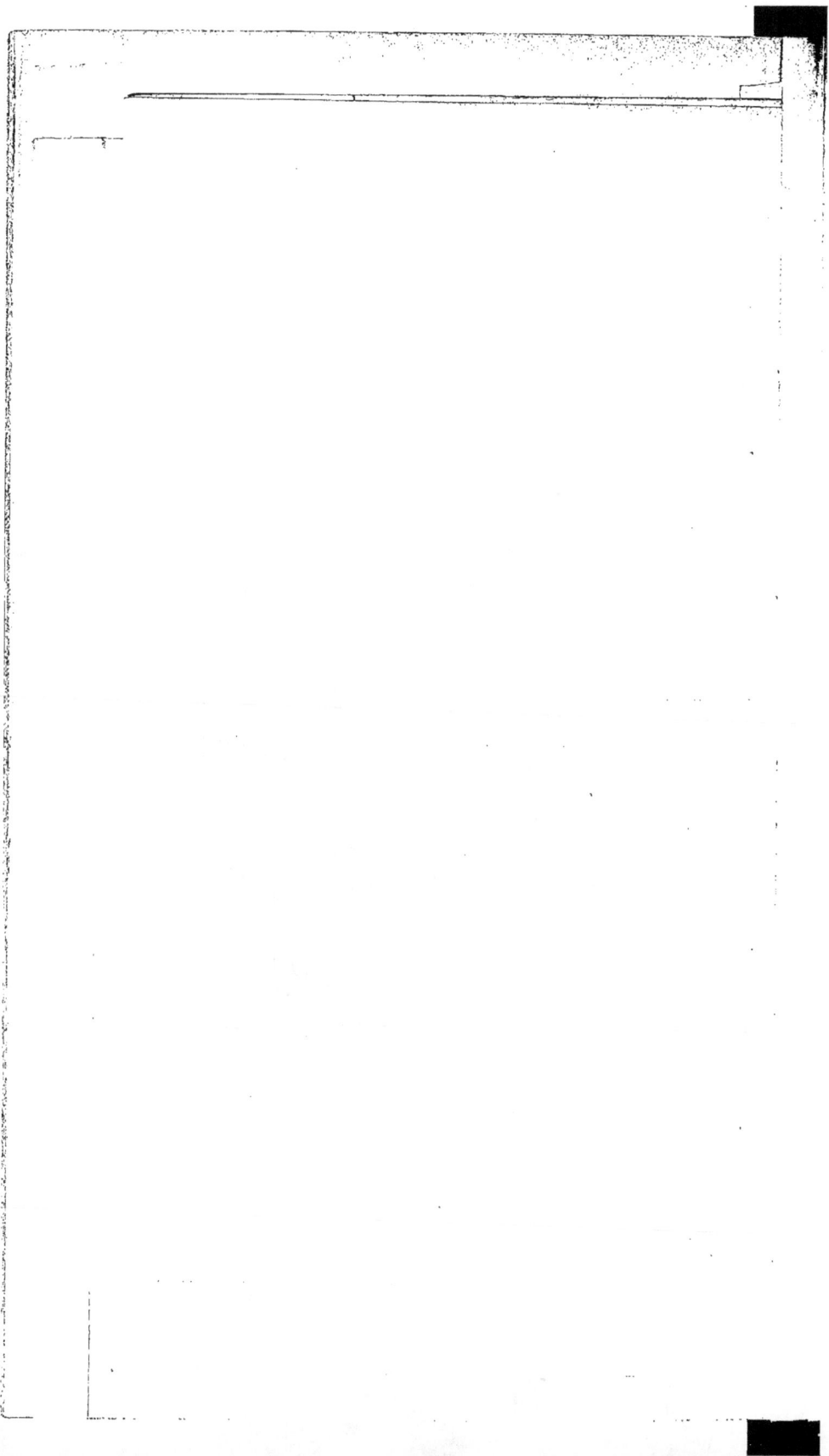

STATION AGRONOMIQUE DE L'EST

CHAMP D'EXPÉRIENCES ÉTABLI A LA MALGRANGE

Commune de Jarville, arrondissement de Nancy, département de la Meurthe

RÉCOLTES DE L'ANNÉE 1868.

NATURE DU SOL (1)	CULTURES ou FUMURES ANTÉRIEURES (2)	NATURE DE L'ENGRAIS	Numéro des parcelles	NOM de LA PLANTE CULTIVÉE	ESPACEMENT des LIGNES.	ESPACEMENT des PLANTS.	QUANTITÉ de semence employée (3)	DATE de 1868.	QUANTITÉ de semence. (4)	PRIX de l'engrais. Hect.	PRIX de l'engrais. Quintal.	DÉPENSE de l'engrais par are.	DÉPENSE de l'engrais. La récolte.	ÉPOQUE de	POIDS DE LA RÉCOLTE Céréales. Paille.	POIDS DE LA RÉCOLTE Céréales. Grains.	POIDS DE LA RÉCOLTE Racines. Tubercules.	POIDS DE LA RÉCOLTE Racines. Feuilles.	OBSERVATIONS
		A. Engrais complet intensif. (G. Ville.)	1 2 3 4 5	Blé de Chiddam. Betteraves. Pommes de terre. Avoine. Orge.	0 27 0 33 0 50 0 77 0 77	0 60 0 60	2 litres. 50 grammes. 15 kilog. 2 litres. 2 litres.	1er et 2 mai. id. id. id. id.	70 litres ou 16 kilog.	28 fr. 50 (2)		4 fr. 55		13 août 1868. 26 octobre. 28 septembre. 26 juillet. id.	13 k. 300 17 800 14 »	9 k. 700 12 500 9 200	275 k. 103		Les parcelles n° 2, 6, 12, 4 22, 27, 37, 47, 17 et 47 ...
		B. Engrais complet. (G. Ville.)	6 7 8 9 10	Betteraves. Pommes de terre. Avoine. Orge. Sarrazin.	0 33 0 50 0 87 0 77 0 33	0 60 0 60	50 grammes. 15 kilog. 2 litres. 2 litres. 1/2 litre.	id. id. id. id. 75 mai.	18 litres ou 16,5 kilog.	25 fr. (4)		2 fr. 95		27 octobre. 28 septembre. 20 juillet. id. 1er et 8 sept.	10 500 12 700 20 »	12 » 17 » 8 »	279 76		
		C. Engrais complet et engrais n° 2. (Laflize.)	11 12 13 14 15	Blé de Noé. Betteraves. Pommes de terre. Avoine. Orge.	0 77 0 33 0 50 0 77 0 77	0 60 0 60	2 litres. 50 grammes. 15 kilog. 2 litres. 2 litres.	15 avril. id. id. id. 75 mai.	15 litres n° 1 14 litres n° 2 ou 12 kilog. n° 1 14 kilog. n° 1	3 fr. n° 1 et n° 2	1 fr.		7 août. 26 octobre. 29 septembre. 27 juillet. id.	9 500 16 700 17 500	7 100 10 500 9 »	950 213		
		D. Aucun engrais.	16 17 18 19 20	Betteraves. Pommes de terre. Avoine. Orge. Sarrazin.	0 33 0 50 0 87 0 77 0 33	0 60 0 60	50 grammes. 15 kilog. 2 litres. 2 litres. 1/2 litre.	id. id. id. id. 75 mai.						26 septembre. 28 octobre. 20 juillet. id. 1er septembre.	9 500 10 800 23 »	7 700 12 400 5 »	195 114		
		E. Engrais n° 2.	21 22 23 24 25	Avoine. Betteraves. Pommes de terre. Orge. Maïs.	0 77 0 33 0 50 0 77 0 60	0 60 0 60	2 litres. 50 grammes. 14 kilog. 2 litres. 300 grammes.	16 avril. id. id. id. 6 mai.	30 litres ou 24 kilog.	3 fr.	0 fr. 90			27 juillet. 27 octobre. 29 septembre. 28 juillet. 4 septembre.	14 200 12 »	11 100 14 700 33 »	210 171		
		F. Chaux. (Laflize.)	26 27 28 29 30	Avoine. Betteraves. Pommes de terre. Orge. Maïs.	0 77 0 33 0 50 0 77 0 60	0 60 0 60	2 litres. 50 grammes. 15 kilog. 2 litres. 300 grammes.	16 avril. id. id. id. 6 mai.	30 litres ou 29 kilog.	1 fr. 15	0 fr. 45			28 juillet. 26 octobre. 29 septembre. 27 juillet. 4 septembre.	15 400 7 800 13 »	8 200 7 400	78 151		
		G. Phosphate de chaux des os. (Nœrdl.)	31 32 33 34 35	Avoine. Betteraves. Pommes de terre. Orge. Maïs.	0 77 0 33 0 50 0 77 0 60	0 60 0 60	2 litres. 50 grammes. 15 kilog. 2 litres. 300 grammes.	22 avril. id. id. id. 7 mai.	7 1/2 litres ou 4,5 kilog.	14 fr.	0 fr. 90			28 juillet. 26 octobre. 29 septembre. 29 juillet. 6 septembre.	15 700 9 700 31 »	8 800 9 400 500	949 724		
		H. Super-phosphate de chaux. (Nœrdl.)	36 37 38 39 40	Avoine. Betteraves. Pommes de terre. Orge. Maïs.	0 77 0 33 0 50 0 77 0 60	0 60 0 60	2 litres. 50 grammes. 15 kilog. 2 litres. 300 grammes.	22 avril. id. id. id. 7 mai.	7 1/2 litres ou 5 kilog.	14 fr. 50	0 fr. 75			28 juillet. 27 octobre. 29 septembre. id. 6 septembre.	11 » 12 700 17 »	8 700 10 500 900	100 700		
		I. Glaux phosphoriée. (Laflize.)	41 42 43 44 45	Avoine. Betteraves. Pommes de terre. Orge. Maïs.	0 77 0 33 0 50 0 77 0 60	0 60 0 60	2 litres. 50 grammes. 15 kilog. 2 litres. 300 grammes.	23 avril. id. id. id. 11 mai.	20 litres ou 13 kilog.	2 fr.	0 fr. 40			21 et 29 juillet. 26 octobre. 29 septembre. 7 septembre.	16 » 27 500	11 400 10 700 27 500	951 196		
		K. Sulfate d'ammoniaque. (De paramètres du gaz.)	46 47 48 49 50	Avoine. Betteraves. Pommes de terre. Orge. Sarrazin.	0 77 0 33 0 50 0 77 0 88	0 60 0 60	2 litres. 50 grammes. 15 kilog. 2 litres. 1/2 litre.	23 avril. id. id. id. 24 juin.	20 litres ou 16,15 kilog.	46 fr. (2)	0 fr. 40			20 juillet. 27 octobre. 26 septembre. 29 juillet. 6 septembre.	11 700 15 500	6 200 15 200 3 500	130 175		

(1) Indiquer dans cette colonne la constitution de la terre, l'exposition du champ, dire s'il est drainé, etc.; donner enfin toutes les indications de nature à faire connaître, le mieux possible, le sol du champ.
(2) Indiquer l'assolement, la nature des engrais qu'a reçu chaque parcelle dans les années précédentes.
(3) Prix en gare à la Villette.
(4) Ces données numériques se rapportent à l'are.